101 Dinge, die ein Rennradfahrer wissen muss

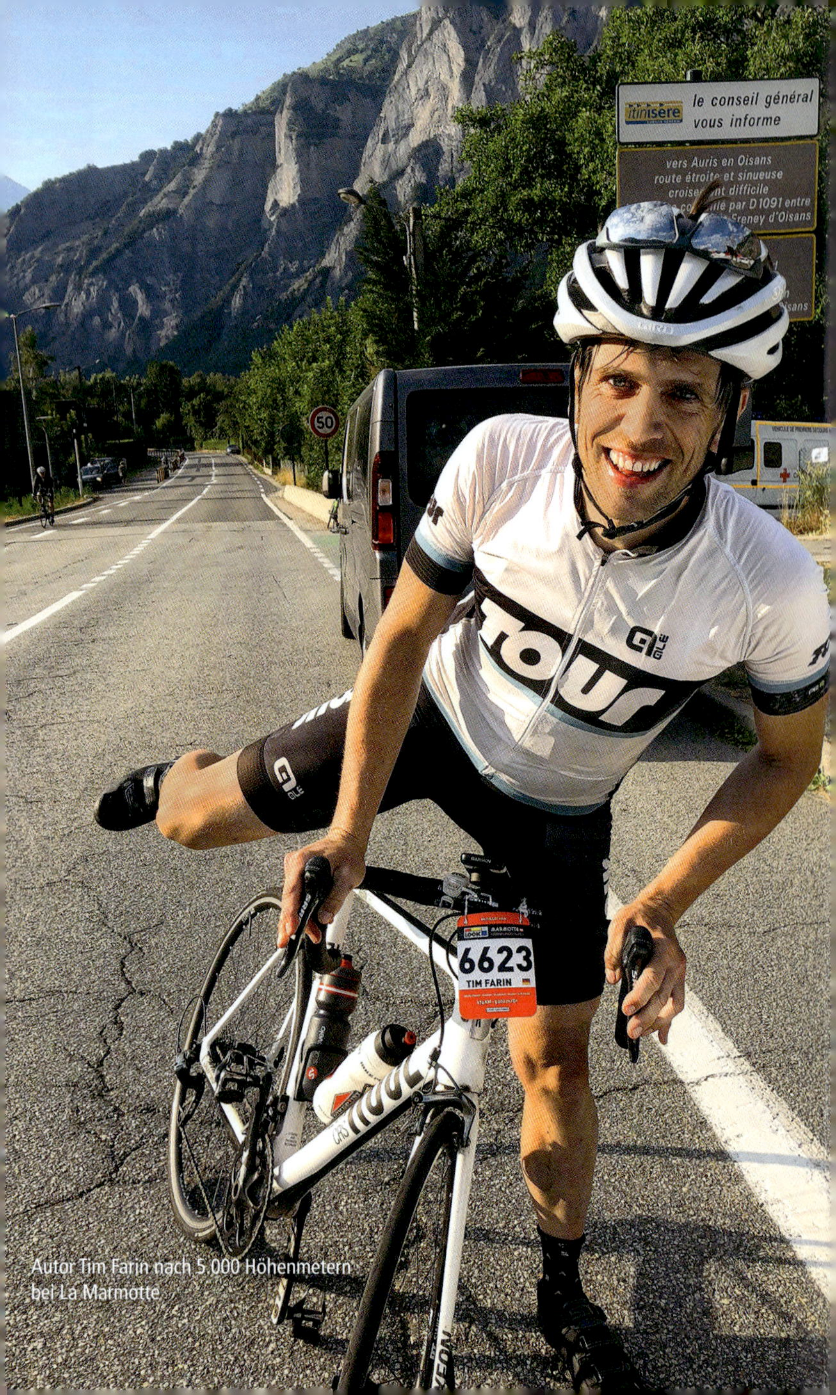

Autor Tim Farin nach 5.000 Höhenmetern bei La Marmotte

Tim Farin

101 Dinge
die ein
Rennradfahrer
wissen muss

BRUCKMANN

Inhalt

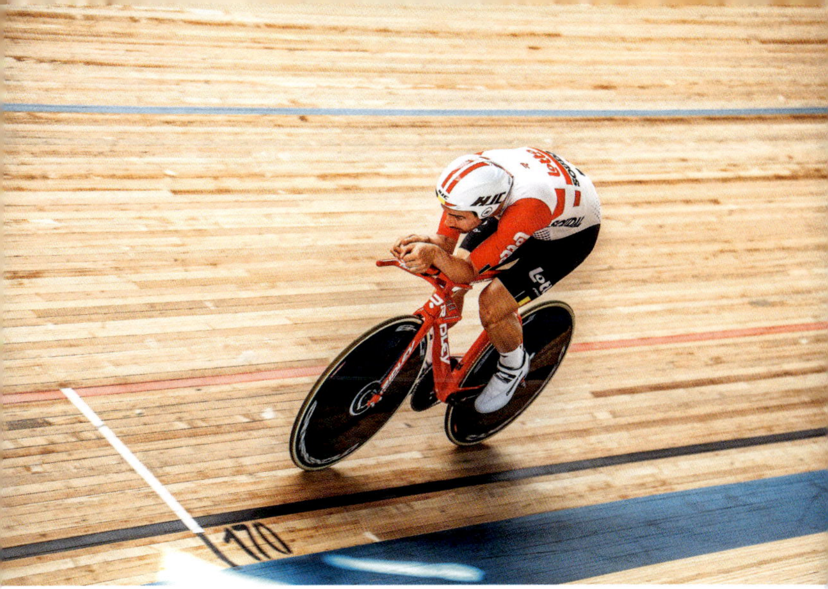

Wenn alles stimmt: der Stundenweltrekord auf der Radbahn

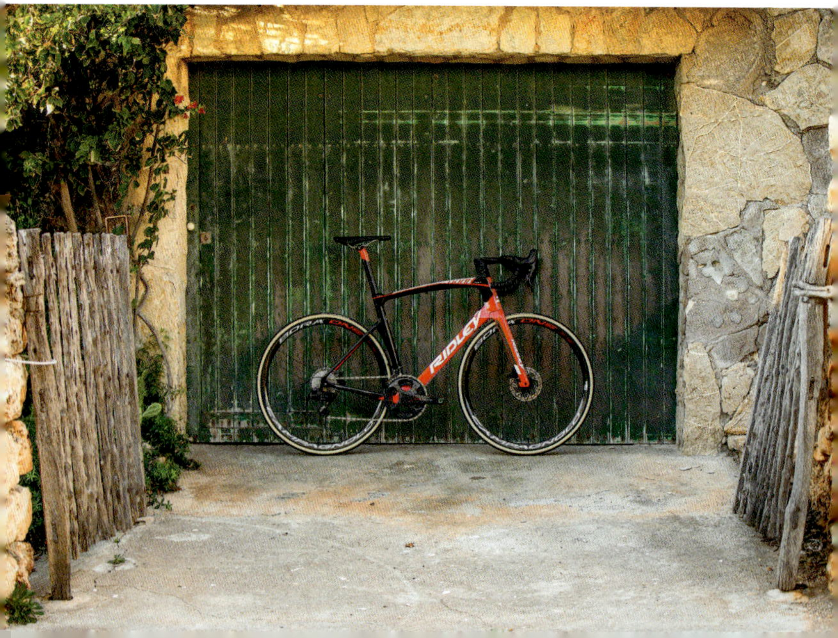

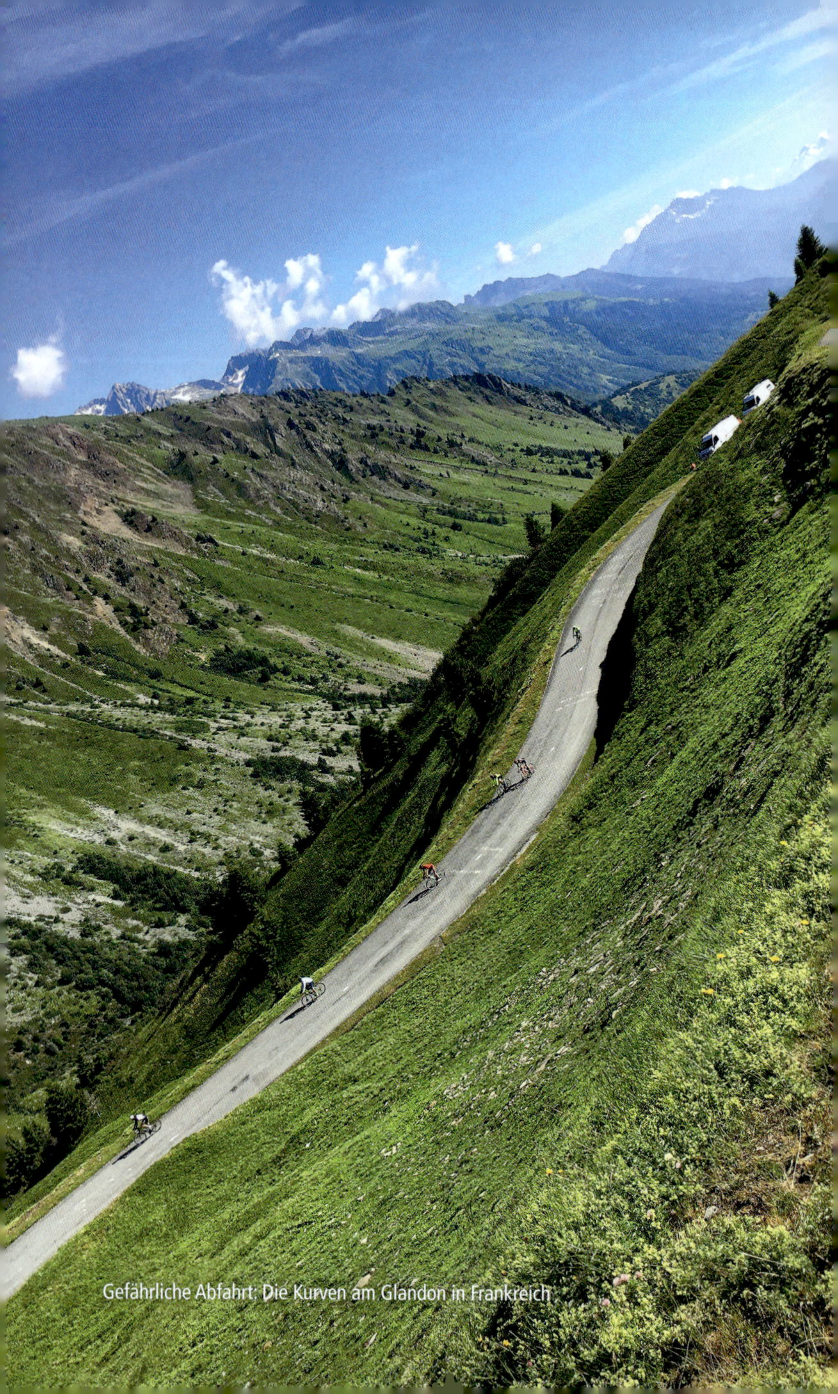

Gefährliche Abfahrt: Die Kurven am Glandon in Frankreich

Liebe Leserin, lieber Leser,

die erste Auflage dieses Buchs erschien 2020, pünktlich zum Beginn jener einschneidenden Phase, als Menschen im Corona-Blues nach Auswegen suchten. Sehr viele, vor allem auch Frauen, fanden ihn im Radsport, der Markt boomte. Rennradfahren ist seitdem für immer mehr Menschen zur Passion geworden.

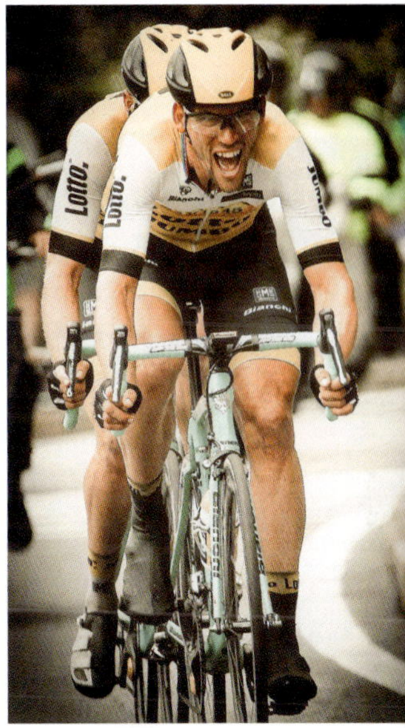

Alles geben und reintreten – das ist Radsport.

Es ist schön zu wissen, welche persönlichen Geschichten, welche bereichernden Erlebnisse die Menschen mit diesem Sport verbinden. Seitdem dieses Buch zum ersten Mal in den Handel kam und gerade auch nachdem mein Freund David Korsten und ich auf seiner Grundlage einen Podcast zu diesem kleinen gelben Klassiker starteten (inzwischen unter dem Titel „It's All Ride"), sind wir im regen Austausch mit Menschen, für die Radsport alles mögliche sein kann: Ausgleich, Abenteuer, Ausflucht, Anstachelung, Angeberei. Für alle ist er Teil des Lebens geworden. Er geht nicht mehr weg.

Das hier ist sicher kein Fachbuch. Es gibt für jedes Spezialthema im Radsport – vom Werkzeug über den Materialkauf bis zur Trainings- und Ernährungslehre – hervorragende, detaillierte Literatur und auch Hilfe im Internet. Damit kann und will ich nicht ins Wettrennen gehen. Mir geht es um die Vielfalt dieses Sports. Deshalb bekommt auch Profisport einigen Platz. Selbst wenn wir als Hobbyfahrer mit Berufsfahrern wenig gemein haben, wenn wir uns auch die Rennen nicht anschauen – der Rennradsport zieht seine Essenz immer wieder aus den Bildern und Wegmarken, die die begabtesten, leidensfähigsten und skrupellosesten Vertreter der Art produzieren.

Radsport ist Teamsport. Deshalb ist Dank geboten. Ich bedanke mich bei Maria Bravo für die Hilfe bei der Recherche. Bei David Korsten für wichtiges Feedback und den Podcast, mit dem wir sogar schon auf die Kleinkunstbühne geladen wurden. Bei Orhan Akkus, Philipp Hympendahl und Christian Parth für optische und mentale Bereicherung. Und bei Ina Plodroch, weil sie weiß, wie wichtig das Radfahren ist, damit es Leuten wie mir gut geht.

Ich wünsche Ihnen gute Unterhaltung – und warne vor gelegentlicher Ironie!

Kette rechts, *Ihr Tim Farin*

Quäl dich, du Sau!

1

Leidensfähigkeit (und Masochismus) gehören dazu

Sind Sie sicher, dass Sie Rennrad fahren wollen? Mögen Sie es, sich über Stunden zu kasteien, über Monate auf das Weizenbier am Abend zu verzichten und bei Eiseskälte oder glühender Hitze den Elementen zu trotzen? Neigen Sie vielleicht dazu, sich selbst unter Druck zu setzen und dann durchzuziehen, wenn andere schon auf der Couch entspannen?

Wenn Sie gerade ganz laut und mehrfach »ja« gedacht haben, könnten Sie mit diesem Hobby gut bedient sein. Denn der Rennradsport bedeutet zu einem großen Teil, kontinuierlich äußere und innere Widerstände zu überwinden. Egal, wie Sie es drehen und wenden: Sie müssen Spaß daran haben, in Probleme zu geraten. Sonst sind Sie hier falsch.

»Quäl dich, du Sau!« Dieser Ausruf beschreibt ziemlich gut, was gefordert wird von einem Rennrad-Athleten — egal ob Spitzensportlerin oder Hobbyfahrer. Inzwischen ist er zum geflügelten Wort geworden, das Zitat hört man in Trainingsgruppen immer wieder. Es stammt von Udo Bölts, einem Arbeitstier von Profisportler aus der Pfalz. Bölts, der gestandene Kollege, schrie mit diesen wenig zimperlichen Worten auf den noch bubenhaften deutschen Shootingstar Jan Ullrich ein. Und »Ulle« schindete sich, überwand sich besser als die Konkurrenz, triumphierte 1997 bei der Tour de France. Bölts hat

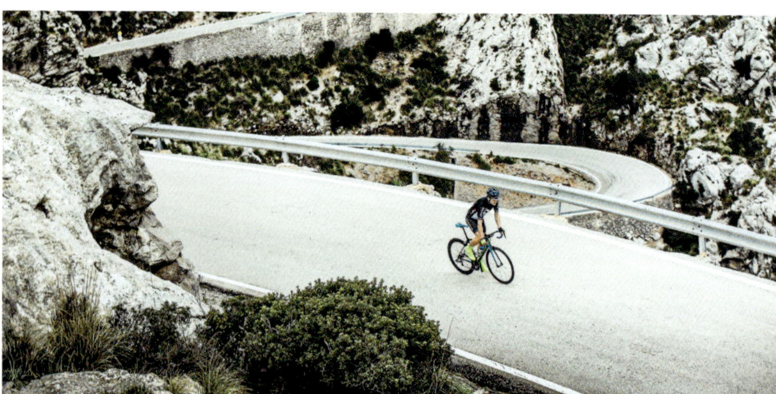

Anstiege überwinden, hoch hinauskommen – etwa in Sa Calobra, Mallorca.

über seine Erlebnisse und Ethik ein Buch geschrieben, das den Aufruf ebenfalls im Titel trägt.

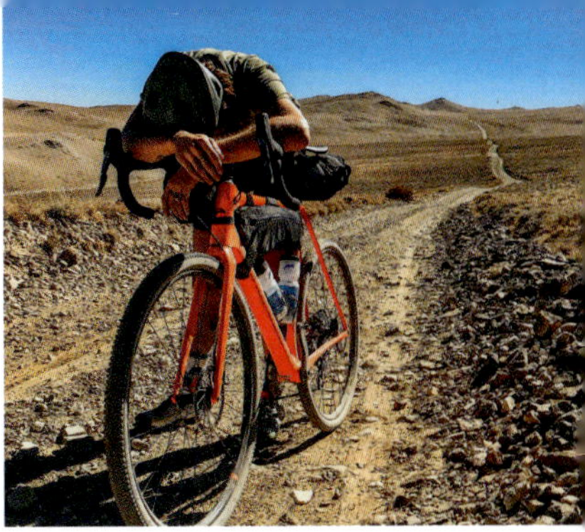

Die Krise gehört zum Radsport wie das Rad.

Nichts wird einfacher

Wie die meisten Konditionssportarten bietet der Radsport seinen Aktiven ein verlockendes System: Wer sich viel abverlangt, bekommt dafür auch etwas zurück. Das mag draußen in der Welt oft anders erlebt werden, wo Einsatz und Ertrag nicht selten im Missverhältnis zueinander stehen. Aber beim Radfahren bleibt der Konnex erhalten. Investieren wir viel, werden wir stärker, und wenn wir stärker werden, wollen wir weiterkommen und steilere Berge mit besserem Tempo bezwingen. Es ist diese Steigerungslogik, die einen Teil des Leidenskults ausmacht. »It doesn't get any easier, you just get faster«, hat der amerikanische Toursieger Greg LeMond in einem Zitat für die Ewigkeit formuliert. Es wird nicht leichter, man wird nur schneller.

Stürze, Blut und Schotter

Wer den Radsport liebt, für den gehören gerade die Geschichten der größten Überwindung zum Repertoire. Man sucht sich die spannenden Herausforderungen, zum Beispiel ein Rennen auf derselben Strecke wie die Profis. Wer das als Normalsterblicher bezwingen will, wird garantiert keinen lockeren Tag erleben. Nach einem Alpenmarathon oder einer Frühjahrsrunde durch die Ardennen spricht kaum jemand über das, was glatt gelaufen ist. Kaltes Wetter, fieser Regen, Materialprobleme, vielleicht noch Stürze – das sind die Zutaten für eine Radsporterzählung, die hängenbleibt.

Natürlich sind es die Besten, die dieses Bild mitprägen. Die Profis, die stürzen und meistens wieder aufstehen. Die mit blutigem Trikot ins Ziel rollen. Bei denen Knochenbrüche einfach dazugehören. Wer sich länger mit dem Hobby auseinandersetzt, wird über Kurz oder Lang die Bilder aus den Urzeiten des Sports sehen – und sie bewundernd abspeichern. Die schwarz-weißen Bilder von Männern, die auf Schotterwegen über die Bergpässe fahren, damals noch umzingelt von wilden Tieren. Wer das sieht, weiß, dass sie noch zäher waren als wir heute: Schließlich hatten sie all das moderne Material nicht, fuhren schwerere Räder ohne Gangschaltung. Also bitte nicht jammern!

Wie alles losrollte

2

Die lange Geschichte der Radrennen

Der Radsport hat eine lange Tradition. Sie reicht weit zurück ins 19. Jahrhundert, in dem überhaupt erst die Fortbewegung auf zwei Rädern in die Welt gekommen war. Das erste Radrennen, so ist es zumindest überliefert, soll am 31. Mai 1868 im Parc de Saint-Cloud in der französischen Hauptstadt Paris stattgefunden haben. Die Durchschnittsgeschwindigkeit, schrieb der Schweizer Verleger Paul Salvisberg, habe 18,75 Stundenkilometer betragen. Eine andere Quelle beziffert den Speed auf 22,5 Stundenkilometer. Über den Sieger gibt es verschiedene Behauptungen, weil an dem Tag mehrere Rennen stattfanden und nicht so recht klar ist, welches als erstes ausgetragen wurde. Häufig genannt wird der Brite James Moore, und er selbst blieb Zeit seines Lebens dieser Ansicht. Moore wurde 1849 geboren und war einer der besten Rennfahrer der frühen Ära. Seine Version wird aber bestritten, nicht nur vom niederländischen Soziologen Benjo Maso in seinem großartigen Buch »Der Schweiß der Götter«. Überhaupt soll es bereits vor diesem Renntag an anderen Orten Wettbewerbe gegeben haben.

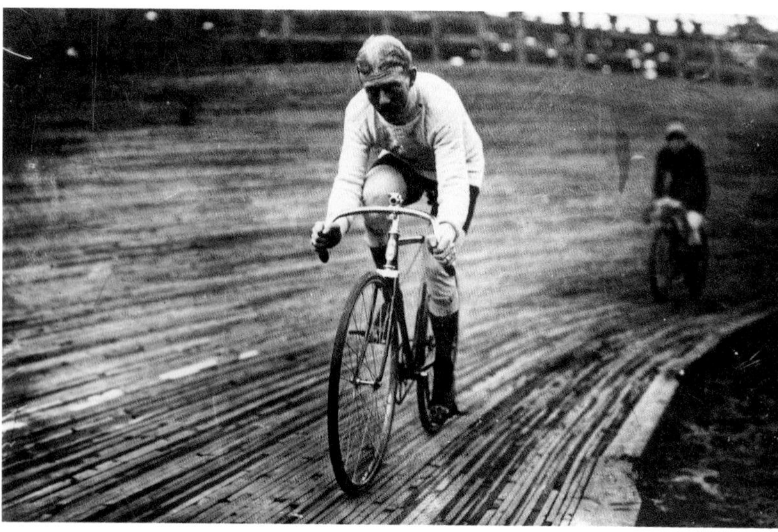

Ein Bild aus dem Jahr 1909 zeigt den US-Profi Robert Walthour.

Wer gewann wirklich?

Moore erzielte seine ersten Erfolge auf einem Veloziped, einem der frühen Fahrräder mit Pedalen am Vorderrad. Er saß auf einem schmiedeeisernen Rahmen, die Holzräder mit Eisen umspannt. Diese Gefährte waren eine Weiterentwicklung des Laufrads, das Karl Drais 1817 vorgestellt hatte. Der Radtyp, auf dem Moore seine Karriere machte, wurde von den Zeitgenossen »Boneshaker«, Knochenschüttler, genannt. Moore war es auch, der das erste Straßenradrennen gewann, in 10:45 Stunden legte er die 123 Kilometer von Paris nach Rouen zurück. Über seine Materialwahl an jenem Tag sind die Quellen ebenfalls diffus.

Der Diamantrahmen

Die frühen Räder, die Michaulinen und Hochräder, haben wenig gemeinsam mit den Rennrädern von heute. Doch blickt man auf die Bilder der ersten Tour de France von 1903, dann sind die Grundzüge der Technik seither ähnlich geblieben: Räder mit Diamantrahmen, also ein Konstrukt aus zwei Dreiecken, Oberrohr/Unterrohr/Sitzrohr und Sitzrohr/Kettenstreben/Sitzstreben. Den Kettenantrieb in der heute bekannten Form gibt es seit dem Ende des 19. Jahrhunderts. Eine Gangschaltung gab es in den frühen Zeiten noch nicht, aber die Fahrer waren dennoch flott unterwegs.

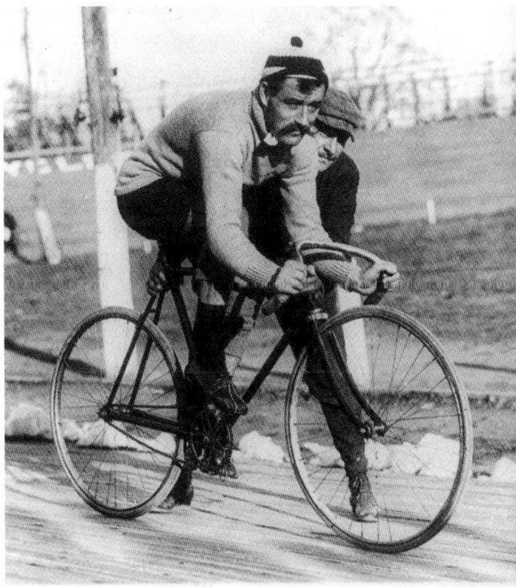

Karriere vor und nach dem Ersten Weltkrieg: der Franzose Léon Georget

Ende des 19. Jahrhunderts war auch bereits an der nächsten, bis heute relevanten Technik geforscht worden, die moderne Rennradfahrer auf jeden Fall benötigen – es sei denn, sie gehören der Bahn- oder Fixieszene an. Auch damals gab es Widerstände gegen Neuerungen, der Tour-de-France-Gründer Henri Desgrange etwa lehnte Schaltungen vehement ab. Dennoch zogen sie in den Sport ein. Schon in den 1930ern kamen die Gebrüder Nieddu mit einer Schaltung namens Vittoria Margherita auf den Markt, die allerdings nur beim Rückwärtstreten benutzt werden konnte. Es war also nicht die Firma Campagnolo, wie oft behauptet wird, die die Kettenschaltung einführte. Aber: 1946 lieferte sie das erste wirklich nützliche System zum Schalten während der Fahrt, benutzbar mit Hebeln am Rahmen.

Die Systemfrage

3

An Schaltgruppen scheiden sich die Geister

Vor ein paar Jahrzehnten war die Sache einfach: Rennradfahren war eine Sportart, deren Erscheinungsbild und technische Ausstattung in Italien definiert wurde. Wer in den 70ern und 80ern mit Leidenschaft Rennrad fuhr, hatte ziemlich sicher eine »Campa« am Rad. Aus jener Zeit stammt der magische Ruf der Firma aus dem italienischen Ort Vicenza.

Allerdings sieht die Lage heute deutlich anders aus: Wer sich für eine Ausstattung – Schaltung, Bremsen, Kurbeln, Umwerfer – entscheidet, kann gleich zwischen mindestens vier ernstzunehmenden Anbietern wählen, hinzu kommen Hersteller etwa aus China, über deren Qualität es sehr unterschiedliche Meinungen gibt. Längst sind die Pioniere von Campagnolo vom japanischen Riesen Shimano überholt worden – zumindest in Sachen Marktanteile. Daneben gibt es mit SRAM ein Unternehmen, das mit technischem Erfindergeist aufgeholt hat. Rotor wiederum kam mit einem komplett hydraulischen System ins Spiel.

Preis, Gewicht, Glaube

Die Frage, was man an seinem Rad einsetzt, könnte man ganz nüchtern angehen. De facto ist die Ausstattung für viele Rennradfreaks eine Glaubensfrage. Es geht um nichts weniger als die Emotionen und das, was man in der Welt für richtig hält.

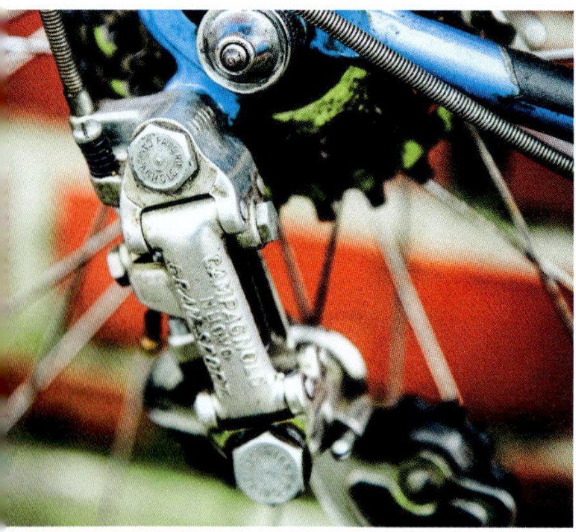

Noch immer geliebt: Teile von Campagnolo

Es ist auch nicht so, dass eine Firma eindeutig bessere Produkte herstellt als die andere. Schalten tun sie inzwischen eigentlich alle sehr gut, egal ob beim Top-Modell oder in der Einsteigerklasse. Was sich aber weiterhin unterscheidet, das ist das spezifische Handling und das sind spezifische Ausgestaltungen der Systeme. Das Gewicht ist ein Faktor. Und die Kombinierbarkeit des jeweiligen Systems. Was sich auch unterscheidet: der Preis. Aber das hängt wiederum auch von der ge-

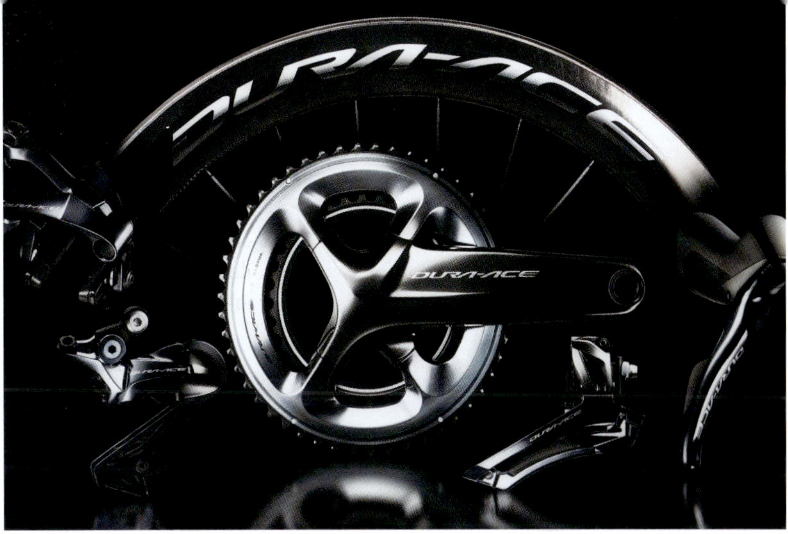

Die elitäre Shimano-Gruppe Dura Ace

wählten Qualitätsstufe ab. Sie sehen: Es ist kompliziert. Fest aber steht: Der Siegeszug elektronischer Schaltsysteme Di2, EPS und AXS ist nicht mehr aufzuhalten. Gerade auch beim Nachjustieren haben sie viele Vorteile.

Tatsächlich gibt es in der Handhabung der Schalt- und Bremshebel zwischen den Systemen markante Unterschiede. Wer normalerweise mit einem Shimano-System unterwegs ist und dann mit einer SRAM-Gruppe schalten möchte, braucht erst einmal Orientierung. Die Amerikaner haben nämlich eine Technik auf den Markt gebracht, bei der man mit derselben Griffbewegung hoch- und runterschaltet – und mit demselben Hebel auch noch bremst. Entscheidend ist dabei der Druck. Campagnolo wiederum zeigt sich ebenfalls gern als Innovationstreiber, doch setzt bewusst auf analoge Gefühle.

Einfachschaltgruppen weit verbreitet

Welches System Sie wählen sollen? Keine Ahnung! Das hängt natürlich auch davon ab, in welcher Preisklasse sie unterwegs sein möchten. Inzwischen weit verbreitet sind auch Einfach-Schaltungen am Rennrad. Die Idee: Man kann mit nur 11, 12 oder 13 Gängen genauso gut durch den Nachmittag kommen wie mit einem hochpräzisen Schaltwerk mit allerlei Hebeln. Das lässt sich mit einem recht neuen System des belgischen Herstellers Classified nochmal steigern, indem er über die Hinterradnarbe so etwas wie eine virtuelle Schaltung ermöglicht. Dann hat mal wieder doppelt so viele Gänge zur Auswahl, ohne Umwerfer vorne. Aber es könnte sein, dass die Traditionalisten darüber spotten.

Die Bräunungskante

4

Was die Haut über den Trainingszustand verrät

Jetzt mal ganz ehrlich, ganz unter uns: Freuen Sie sich auch, wenn Sie irgendwann im März oder April die ersten paar Stunden mit richtiger Frühlingssonne gefahren sind? Natürlich mit kurzen Sachen. Und wenn Sie dann im Spiegel sehen, dass Ihre Haut genau bis dorthin dunkler wird, wo die strengen Bündchen an Arm und Bein das Trikot begrenzen?

Ja, dann sind Sie soweit! Sie haben es in jenen Zirkel von Menschen geschafft, bei denen der Sport zu einer merkwürdig veränderten Wahrnehmung der Ästhetik führt. Jetzt sind Sie das Gegenstück zu jenen Leuten, die sich möglichst nahtlos bräunen und dafür entweder die knappestmögliche Kleidung auftragen oder gleich ganz auf Textil verzichten.

Blick auf die Vorbilder

Aber Sie sind jetzt ein richtiger Radsportler, eine richtige Radsportlerin – und das möge man bitte auch sehen! Vielleicht lassen Sie deshalb sogar auch mal absichtlich die Sonnencreme weg, damit sich der Effekt schneller einstellt (wovon natürlich aus medizinischer Sicht dringend abzuraten ist). Verständlich wär‘s: Schließlich prägt nicht nur die objektive Vernunft unser Selbstbild, sondern auch der Blick auf die Vorbilder.

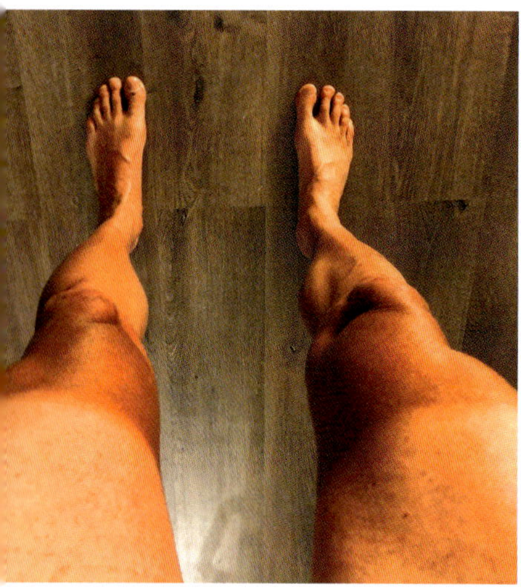

Gut gebräunte Beine – zumindest teilweise

Und da möchten wir eben gern so ausschauen wie die jungen Topsportler, die schon im Februar mit Sommersprossen aus dem Trainingslager auf den Kanaren kommen. Im Sommerurlaub wollen wir am Strand auffallen mit unserem weißen Bauch, aber wahnsinnig braunen Armen. An der Bräunungskante sollt Ihr uns erkennen. Oder finden das die Nichtrennradfahrer womöglich etwas schräg?

Es knarzt

5

Die Suche nach dem Ursprung der Geräusche

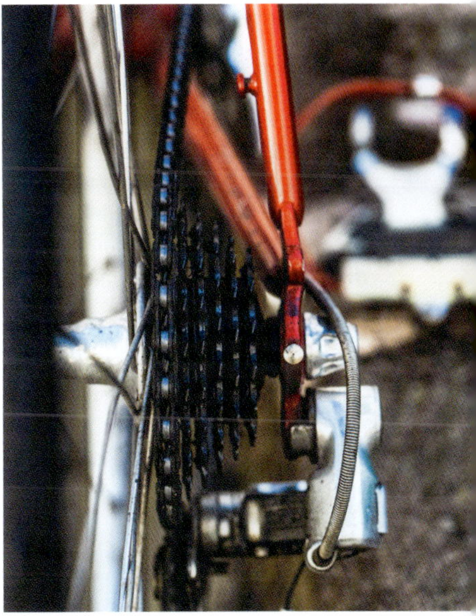

Woher kommen bloß die störenden Geräusche?

Aktive Rennradfahrerinnen und Radrennfahrer lassen sich durch kleinste Dinge aus der Ruhe bringen. Eines dieser Dinge ist das Knarzen. Es ist wie die Maus, von der wir wissen, dass sie da irgendwo in der Wohnung nagt. Wir suchen und suchen, das Knabbern, Fiepen und Schaben quält uns, aber wir finden sie nicht.

Das Knarzen ist elementarer Bestandteil des Rennradfahrens. Es tritt schlagartig auf oder schleicht sich heran. Es ist nur bei Wärme da oder wenn wir vorne auf dem kleinen Blatt fahren. Es hängt vielleicht an der Hose oder daran, dass man schon länger nicht mehr in der Inspektion war. Jedenfalls nervt es tierisch. Man versucht dann, während der Ausfahrt den eigenen Tritt anzupassen, und ja, für ein paar Momente hilft das vielleicht. Oder man rückt auf dem Sattel ein bisschen nach vorne.

Man hat niemals Ruhe

Wenn es knarzt, hat man keine Ruhe, auch wenn das Rad in der Ecke steht. Denn die Ursachenforschung erweist sich meist als ziemlich kompliziert. Hier ein paar Tipps: Oft ist es nicht das Tretlager, auch wenn es beim Fahren so klingt. Häufiger ist es eine Schraube an der Sattelstütze, die man lieber nochmal auf Drehmoment festschrauben sollte. Oder ist es doch das Plättchen unterm Schuh, das uns nervt?

In jedem Fall gilt: Viel Erfolg bei der Suche. Sie werden Geduld brauchen. Vor allem, wenn der Schrauber Ihres Vertrauens das Geräusch in der Werkstatt nicht hört.

Kampf um KOM und QOM

6

Das soziale Netzwerk Strava verbindet Sportler

Der Wettbewerb um Bestzeiten tobt heute überall und jederzeit. Plötzlich leuchtet das Smartphone auf und benachrichtigt den Nutzer: Er hat seinen Rekord verloren! Mist, schnell reinschauen, wer war das und wie war das möglich?

Das soziale Netzwerk Strava gehört für Millionen Radsportler und Radsportlerinnen fest zum Training und zur Nachbearbeitung, dient zum Kontaktaustausch mit Gleichgesinnten, zur Inspiration für Trainingsstrecken und auch zur schlichten Prahlerei. Strava, das sich aus dem schwedischen Wort für Anstrengen ableitet, verleiht dem Rennradfahren eine zweite, virtuelle Ebene.

Das 2009 in San Francisco gegründete Start-up zeichnet die Trainingsfahrten der Sportler zunächst einmal auf. Das funktioniert mit GPS-Daten, die entweder mithilfe von Smartphone, Tacho, Trainingsuhr oder Navigationsgerät am Tacho dokumentiert werden. Diese Strecken laden die Nutzer dann in ihren persönlichen Account hoch. So entsteht ein Trainingstagebuch, das sich über Jahre zurückverfolgen lässt. Das ist praktisch, weil man etwa auch Pulsdaten, Wattwerte und weitere Informationen hinterlegen kann.

Alle Leistungen vergleichbar

Aber Strava nutzt niemand für sich allein. Auf der Plattform geht es immer auch um Wettbewerb. Klar, das lieben wir Radsportler. Auf der virtuellen Plattform geht das so: Die User legen auf den Strecken sogenannte Segmente an. Das können die letzten zwei Kilometer auf einem Feldweg vor der Hauptstraße sein oder alpine Passstraßen vom Kreisverkehr bis zum höchsten Punkt. Strava ordnet nun automatisch die Leistungen auf diesen Segmenten ein. Jedes Mal, wenn ein Sportler seine Aktivität beendet hat, legt das Netzwerk die Daten ab. So lässt sich blitzschnell herausfinden, wie man an einem beliebigen Tag, in einem bestimmten Jahr oder seit Beginn der Aufzeichnung auf diesem Segment abgeschnitten hat.

Die höchste Auszeichnung ist natürlich der Titel KOM oder QOM – was für »King« bzw. »Queen of the Mountain« steht, auch wenn die Spitzenleistung im Flachen geschieht. Dann verteilen die Strava-Fans »Kudos«, indem sie die Aktivitäten anderer Sportler mit einem Daumen nach oben versehen. Es gibt Kommentare und Herausforderungen, die man jeden

Monat aufs Neue bestehen kann. Auf Strava gibt es also immer was zu tun und zu sehen. Wie bei den meisten sozialen Medien besteht auch immer die Gefahr, darin zu versinken.

Betrug auf den Segmenten?

Während die Software-Ingenieure in Kalifornien weiter daran arbeiten, dass die GPS-Daten möglichst genau die tatsächlichen Werte einer Fahrt widerspiegeln, spielen sich draußen in aller Welt wilde Diskussionen ab. Manchem Segment-Rekord ist einfach nicht zu trauen. Trainingsgruppen legen mitunter alles darauf aus, die perfekten Bedingungen für einen Rekord zu nutzen. Man muss sich bei manchen Zeiten schon fragen, ob der KOM wohl mit dem E-Bike oder doch mit dem Auto unterwegs war. Aber das, sagen die Gründer von Strava, ist eben auch Teil des Spieles. Und wenn eine Sache wirklich merkwürdig wirkt, kann man sie immer noch bei den Betreibern der Plattform melden.

Natürlich gibt es sie, die Retrofans, die immer noch nicht auf Strava mitmachen. Aber die haben bestimmt auch keinen Fernseher zuhause und kein smartes Phone. Wir dagegen, die wir genauso wenig stillstehen wie unsere Räder und der Fortschritt, steuern schon jetzt auf den nächsten Strava-Upload zu.

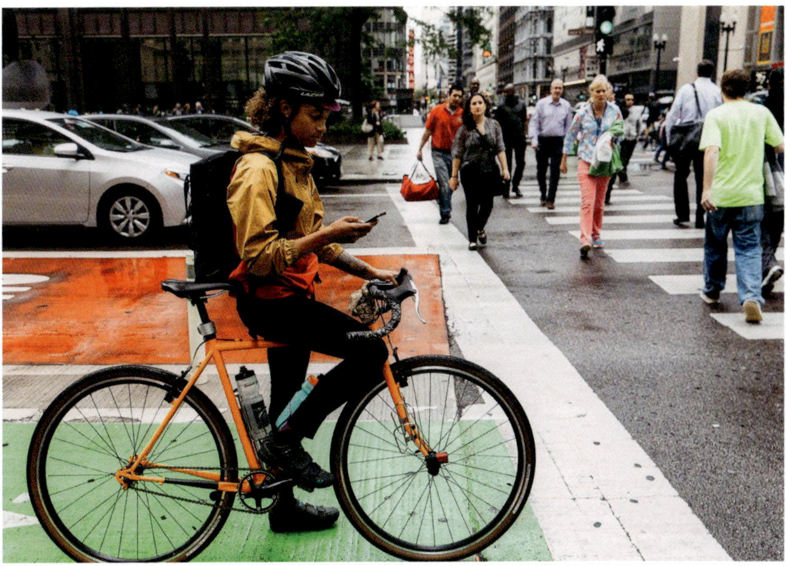

Tracking mit Strava gehört heute vielerorts dazu.

Silberling und Superfood

7

Gute Verpflegung unterwegs ist entscheidend

Die Fantasie kennt beim Essen kaum Grenzen. In Israel zum Beispiel zog ein Gesprächspartner einen ganz besonderen Radfahrersnack aus der Trikottasche: einen in Alu eingepackten Fladen, in der Mitte selbst zubereiteter Hummus – ein schneller Nährstoffspender nach einer Bergtrainingsfahrt. Lecker, abwechslungsreich, nahrhaft. Auf Mallorca gibt es Riegel aus Feigen – süß und wirksam. Essen und Trinken beim Sport, kurz davor und auch danach sind wichtig, um während der Tour nicht einzubrechen und danach zu regenerieren. Deshalb sollte die Ernährung bei einer Ausfahrt nicht unterschätzt werden. »Das Wichtigste, damit du durchhältst, ist immer das Essen«, hat vor ein paar Jahren ein Ultrasportler gesagt, der beim Langstreckenrennen Mallorca 312 in der Schlussgruppe die Teilnehmer eskortierte. Es ist eine simple Botschaft, die man aber während der Belastung mitunter vergisst. Es lohnt sich, sie zu beherzigen.

Wissenschaftliche Berechnung

Das erste – und wichtigste –, das man wissen muss: Gerade bei längeren und kraftzehrenden Touren sollte man sich möglichst sklavisch an einen Plan halten. Es geht darum, dem Körper genug Energie zu spenden, um ihn vor einer Unterversorgung zu schützen. Das geht hochwissenschaftlich. Bei Rennen etwa gibt es nicht wenige, die ihren Bedarf an Kohlenhydraten wie folgt berechnen: 50–60 Gramm Kohlenhydrate pro Stunde, was natürlich vom Umsatz abhängt. Oder: an jeder Verpflegungsstelle anhalten und abwechslungsreich nachfüllen, was gerade reinpasst.

Grundsätzlich gilt: Während der Belastung und kurz danach sind Kohlenhydrate wichtig. Die lassen sich im Körper nur begrenzt vorhalten. Wenn der Körper die eigenen Fettreserven zurückwandelt, liefert er den Muskeln zwar auch Energie. Aber eben nicht schnell genug, um das Tempo zu halten. Deshalb bunkern Radsportler in der Trikottasche gern spezielle Kohlenhydrat-Snacks, die während der Fahrt Energie spenden.

Von Riegeln und Gels

Früher nannte man den mitgebrachten Snack noch Silberling. Der Name geht auf die Alufolie zurück, in die der Imbiss eingewickelt war. Heute sind die meisten Sportler mit gekauften Snacks unterwegs. Bei gut

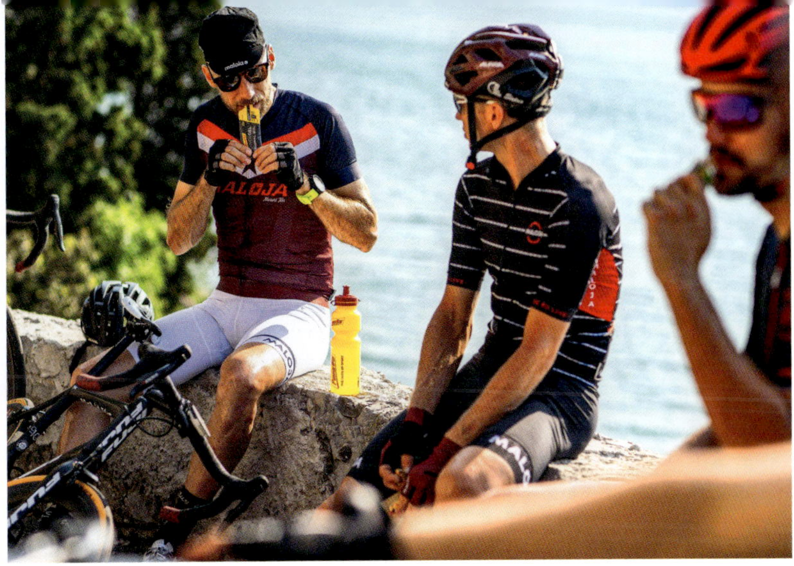

Unterwegs sollten ständig Kohlenhydrate nachgeführt werden.

sortierten Drogeriemärkten findet man Riegel, die für Radsportler geeignet sind – leicht kaubar, schnell verdaulich. Gerade für Rennen greifen viele Athletinnen auf Gels zurück. Das sind klebrige Flüssigkeiten mit Kohlenhydraten, Salz und manchmal auch Koffein. Sie stellen dem Körper die nötige Energie blitzschnell zur Verfügung. Ganz neu ist auch so etwas wie Gummibärchen für Sportler. Wer all das dabeihat, dem geht schnell auf, dass Radfahren auch umweltschädlich ist. Achtung, dass der Müll nicht auf die Straße fliegt!

Ein weiteres wichtiges Element der Verpflegung sind Elektrolyte. Beim Schwitzen gerät der Flüssigkeitshaushalt durcheinander. Wer dann über längere Zeit nur Wasser nachführt, bekommt es über Kurz oder Lang mit einem Salzmangel zu tun. Das kann schmerzhaft enden, mit schweren Krämpfen oder gar Krampfanfällen. Daher empfiehlt es sich, regelmäßig Elektrolyt-Pulver ins Wasser der Trinkflasche zu geben. Als akute Hilfe gegen Krämpfe haben sich übrigens gepresste Salzpastillen bewährt.

Nach dem Sport kommt es besonders auf zwei Dinge an: Hat man sich richtig verausgabt, sollte man direkt im Ziel Zucker zu sich nehmen. Die Profis essen häufig Gummibärchen. Na also! Das hilft der Muskulatur und verhindert auch eine Energie-Unterversorgung, die das Immunsystem schwächt. Außerdem ist bald danach die Zeit für Eiweiß gekommen. Ob es wirklich ein Superfood-Weizenproteinshake sein muss? Es geht auch mit Vollmilch-Kakao.

Der Griff zum Bidon

8

Trinkflaschen gehören zur Grundausstattung

Die Dinger sauber zu bekommen und dann auch noch von innen wirklich trocken, weckt bei vielen Radsportlern einen erheblichen Konstrukteursgeist. Sie bauen sich für die Spüle Drahtgestelle und versuchen, mit Bürsten noch in den letzten Winkel des Gefäßes vorzudringen. Es soll bloß kein Schmutz oder Schimmel zurückbleiben in den harten Plastikflaschen. Das kann man durchaus verstehen, schließlich sind die »Bidons« (französisch für Kanister) jene Begleiter auf der Straße, die so intimen Kontakt zum »Rouleur« haben, wie sonst nur ein Partner beim französischen Kuss.

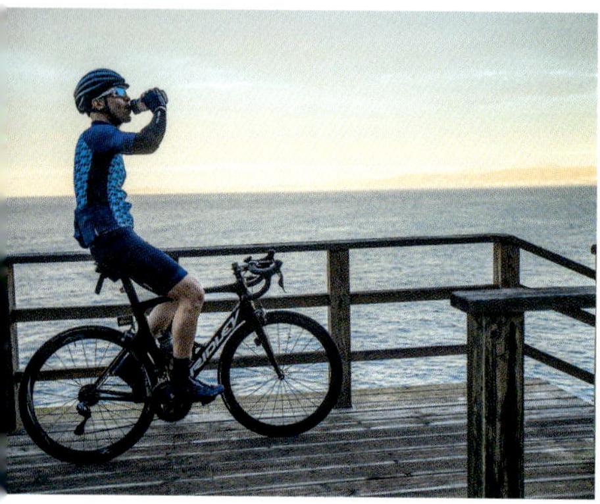

Flüssigkeit sollte immer mit dabei sein.

Wer nicht ganz so zimperlich ist, hält solche Mühen sicher für übertrieben. Jedenfalls gehören die Trinkflaschen zur Grundausstattung jeder Rennradtour. An den meisten Rahmen befestigen Fahrerinnen deshalb Flaschenhalter. Früher waren das praktische Metall- oder Plastikgerippe, heute sind es oft leichtgewichtige Aero-Carbon-Varianten. Der Materialismus der Radfahrer ist ausgeprägt.

Große Unterschiede zwischen Flaschen

Auch wenn die Flaschen sich vorderhand ähneln: Die Unterschiede bei ihrer Handhabbarkeit und der genauen Funktion des Verschlusses sind beträchtlich. Manche Flaschen tropfen immer ein bisschen auf den Oberschenkel, bei anderen reißt man hin und wieder im Eifer des Gefechts den Deckel mit den Zähnen ab. Die richtigen Bidons für die Straße wollen wohlgewählt sein. Was den Inhalt anbelangt: Wasser wäre nicht schlecht. Mitführen kann man natürlich auch Elektrolytdrinks. Die Tabletten dafür lassen sich unterwegs auch in Kranwasser lösen, wenn man sie hinten in der Trikottasche mitführt. Der regelmäßige Griff zur Flasche gehört auf jeden Fall zum ausgewogenen Training.

9

Überwiegend sitzende Tätigkeit

Beim Sattel haben Sie die Qual der Wahl

Es gibt Leute wie den Autor dieser Zeilen, die setzen sich auf ein Fahrrad und los geht's. 50 oder 300 Kilometer, mit eigenem oder fremdem Sattel – ganz egal. Und dann gibt es unter Rennradkolleginnen und -kollegen jene, die jahrelange Leidensgeschichten durchleben. Grund: Die Kontaktstelle zwischen Mensch und Maschine führt zu anatomischen Problemen.

Bei Sätteln gibt es große Unterschiede. Die meisten Rennradversionen sind deutlich härter als die Modelle am Trekkingrad oder auf dem Lastenrad, sie sind ja auch schmaler, gewichtssparend und ermöglichen maximale Beweglichkeit. Auch darüber hinaus variieren die Modelle erheblich. Wer hier wirklich eine individuelle Passform und Verarbeitung braucht, sollte sich besser umfassend beraten lassen.

Mann oder Frau?

Entscheidend für die Auswahl ist, ob eine Frau oder ein Mann auf dem Sattel sitzen soll. Die Beckenform der beiden Geschlechter unterscheidet sich erheblich. Frauen brauchen eine andere Entlastung im Sattel als Männer. Denn beim Sattel geht es ja darum, den Druck optimal zu verteilen. Daneben ist immer relevant, wie breit das Becken des Fahrers oder der Fahrerin ist.

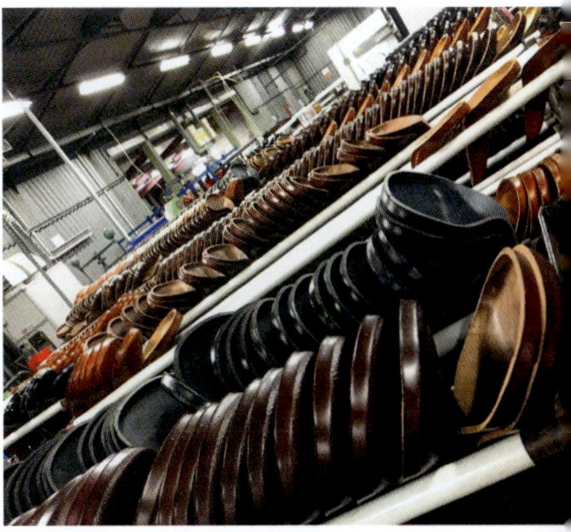

Hartes Leder: Heute nutzen Rennradfahrer anderes Material.

Tatsache ist – und das muss auch der Autor zugeben: Schmerzen gehören einfach dazu. Selbst wenn Sie den perfekten Sattel haben, kann es durchaus sein, dass Sie sich erst einmal ein wenig daran gewöhnen müssen. Entscheidend ist, ob sich das Gefühl nach ein paar Runden verbessert. Wer also etwa nach einem längeren Winter wieder auf den vormals passenden Sattel steigt, kann hinterher durchaus nochmal Probleme spüren.

Das größte Rennen

10

Die Tour de France ist das Maß aller Dinge

Der Geburtstermin war für Mitte Juli errechnet. Annike, die Lebensgefährtin des jungen deutschen Radsportlers Nils Politt, erwartete das erste Kind der beiden. Doch der werdende Vater entschied sich dagegen, seine Partnerin in den Kreißsaal zu begleiten. Warum? Weil es eben Juli war. Und im Juli gibt es einen Termin, den Rennradprofis nicht streichen, wenn sie dabei sein können. »Die Tour ist das größte Event im Jahr. Wenn man da nominiert wird, ist das eine Ehre«, sagte Politt.

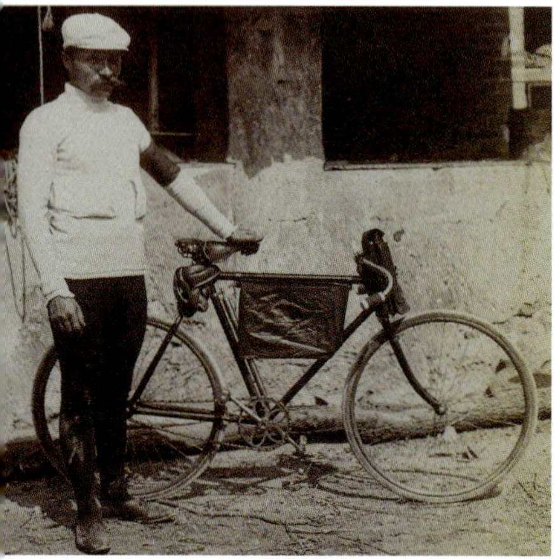

Sein Toursieg wurde aberkannt: Maurice Garin 1904

An prestigeträchtigen Veranstaltungen besteht in der traditionsreichen Profisportart kein Mangel. Große Rennen finden zwischen Januar und Ende Oktober statt. Doch keine andere Veranstaltung kommt in Sachen Ruhm, Qualität und Ökonomie auch nur annähernd heran an die drei Wochen währende Frankreich-Rundfahrt, die alljährlich im Juli über die Bühne geht.

Skandale und Helden

Ihre Tradition ist gewaltig: 1903 wurde das Rennen erstmals ausgetragen. Damals war es eine Werbeaktion der Zeitung L'Auto, die am 1. Juli um 15.16 Uhr in einem Pariser Vorort startete. Nach 2428 Kilometern erreichte der Franzose Maurice Garin als Erster das Ziel, mit einem Stundenschnitt von 25,678 Kilometern und fast drei Stunden Vorsprung vor seinen ersten Verfolgern. Die Sache war ein Erfolg, die Organisatoren legten immer weiter nach. Schon 1914, vor der Unterbrechung durch den Ersten Weltkrieg, hatte die Streckenlänge 5405 Kilometer erreicht – aufgeteilt auf 15 Etappen.

Im Vergleich zum heutigen Spitzensport hat sich seither natürlich viel verändert. Es gibt Schaltungen, es gibt Elektronik, internationale Profiteams und sportärztliche Betreuung bis weit ins Illegale. Die Tour hat Skandale produziert – und Helden. Das Gelbe Trikot, Merkmal des »Leaders« im Gesamtklassement, ist längst kulturell verankert. Den »Esprit« der Tour haben die Macher kontinuierlich gepflegt. Heute baut das Unternehmen ASO aus Paris auf diesem Plateau sein Geschäft aus, und die Tour ist das weltweit drittgrößte Sportereignis nach der Fußball-Weltmeisterschaft und den Olympischen Sommerspielen.

Einen Besuch gut vorbereiten

Besondere Anziehungskraft haben die Bergetappen, wenn es in den Alpen über den Col du Galibier geht, den Col d'Izoard oder in den Pyrenäen hinauf zum Col du Tourmalet. Kein Wunder, dass auch viele Rennradfans aus Deutschland dorthin reisen, um dem Mythos live beizuwohnen. Wer das vorhat, sollte allerdings akribisch planen. Spontan eine Tour-de-France-Etappe zu besuchen, ist schwierig, manchmal unmöglich. Die Passstraßen sind oft Tage vorher zugeparkt, am Tag selbst für Autos gesperrt. Eine Nachfrage bei den örtlichen Tourismusbüros lohnt sich. Wer live dabei sein möchte, ist gut beraten, sein eigenes Rennrad und einen detaillierten Streckenplan mit Marschtabelle mitzubringen, den Wagen abseits der Strecke zu parken und einen interessanten Punkt anzuradeln. So lässt sich die Leistung der Profis auch etwas besser nachempfinden.

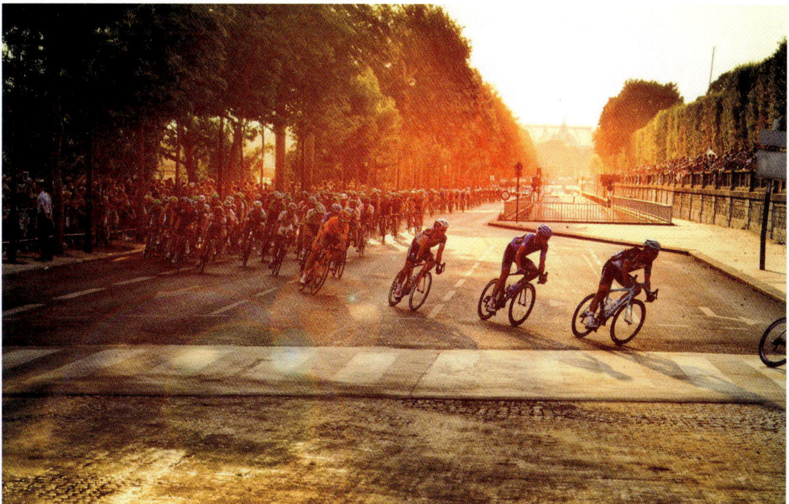

Die Tour kurz vor dem Ziel in Paris

Digitalisierte Tradition

11

Die Vereinsausfahrten RTF bieten Zugang zum Wissen der Locals

Vor einiger Zeit begann die große Digitalisierung einer zuvor sehr papierreichen Veranstaltung: Die Radtourenfahrt (RTF) ist das Aushängeschild für viele Radsportvereine im Lande. Früh an Wochenenden zwischen März und Oktober laden die Breitensportler zu Ausfahrten ein. Diese Runden sind ausdrücklich auch für Nicht-Vereinsmitglieder geöffnet. Eine schöne Sache, die mit Startgeld um ein paar Euro auch noch erschwinglich ist.

Sympathisch und ohne Hochglanz

Die Vereine geben sich viel Mühe, um bei ihrer einmal im Jahr stattfindenden RTF eine attraktive Strecke auszuschildern – wobei es immer mehrere Varianten gibt, die man je nach Trainingszustand fahren kann. Üblicherweise gibt es Runden zwischen 40 und 170 Kilometern Länge. Unterwegs bieten die Ehrenamtler auch Verpflegungsstellen an. Das funktioniert alles ganz sympathisch ohne Hochglanz. Statt High-End-Food am gesponserten Stand gibt es hier Waffeln oder Kekse und Kakao vom Discounter. Aber es funktioniert: Man lernt andere Radfahrer

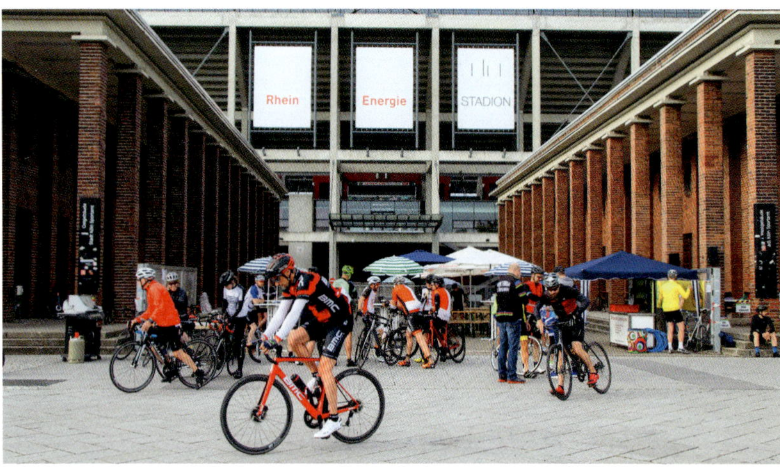

Szenen einer RTF – hier vor dem Kölner Stadion

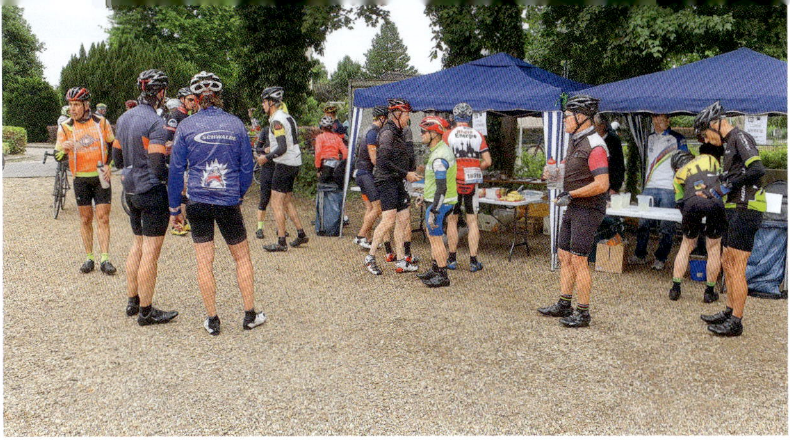

Gute Verpflegung gehört zu allen Tourenfahrten.

aus der Region kennen – und vor allem interessante Strecken, die manchmal nur eine Kreuzung weiter liegen als die eigene Hausrunde.

RTFs sind keine Rennen, das ist wichtig. Die Radfahrerinnen und Radfahrer müssen sich an die Straßenverkehrsordnung halten. Die Zeit kann man natürlich selber stoppen, die Veranstalter jedoch machen das nicht. Das würde dem Charakter der RTF auch widersprechen. Seit 2024 sind die Veranstaltungen digitalisiert, man kann mit einer Breitensport-Lizenz des deutschen Radsportverbands günstiger mitfahren und auch Auszeichnungen für abgespulte RTF-Kilometer einsammeln.

Ehrenamtler immer gesucht

Falls Sie neu sind beim Radsport, ist die Teilnahme an RTFs die beste Gelegenheit, Anschluss an Trainingsgruppen zu finden, Strecken und ganze Regionen zu entdecken und vielleicht sogar einen Verein kennenzulernen, in dem Sie regelmäßig trainieren wollen. Ganz sicher freuen sich die Veranstalter auch, wenn sie über die RTFs neue Mitglieder werben. Denn der Vereinssport ist ja nicht unbedingt en vogue, dabei hat er so viel Gutes zu bieten. Über Ehrenamtler fürs Mithelfen bei der RTF freut man sich auch immer. Denn wie es so ist: Mitrollen wollen viele, anpacken leider nur die wenigsten.

Informationen über die RTF gibt der Bund Deutscher Radfahrer auf seiner Internetseite: https://www.rad-net.de/breitensport.htm. Dort gibt es auch den aktuellen Breitensportkalender als Datenbank. Hier liegt auch der Antrag zur Breitensport-Lizenz.

Wer verkürzt, verliert

12

Warum das Dehnen zu Ihrem Training gehören sollte

Stellen Sie sich vor: Sie sind in Form, haben den ganzen Frühling trainiert, sitzen gut auf dem Rad, Ihr Stundenschnitt steigt, der Ruhepuls sinkt: Klasse! Dann fahren Sie eine Woche in den Urlaub, und um dort nicht ganz abzuschlaffen, nehmen Sie die Laufschuhe mit. Am Urlaubsort rennen Sie gut gelaunt los – und nach einem Kilometer fängt es über Ihrem linken Knie an zu schmerzen, als steche jemand ein Messer in Ihr Fleisch. Sie bleiben stehen. Sie versuchen, den Schmerz wegzudehnen. Sie laufen weiter – und er kommt wieder, noch schmerzhafter, diesmal an beiden Seiten.

Das ist kein fiktiver Fall. Solche Vorgänge beschäftigen sogar Ärzte. Vielleicht fürchten Sie als geplagter Ausweichjogger einen Gelenkschaden und gehen zum Orthopäden, der röntgt und tastet. Und wenn der Mediziner

Ein Kriteriums-Rennen mit Highspeed

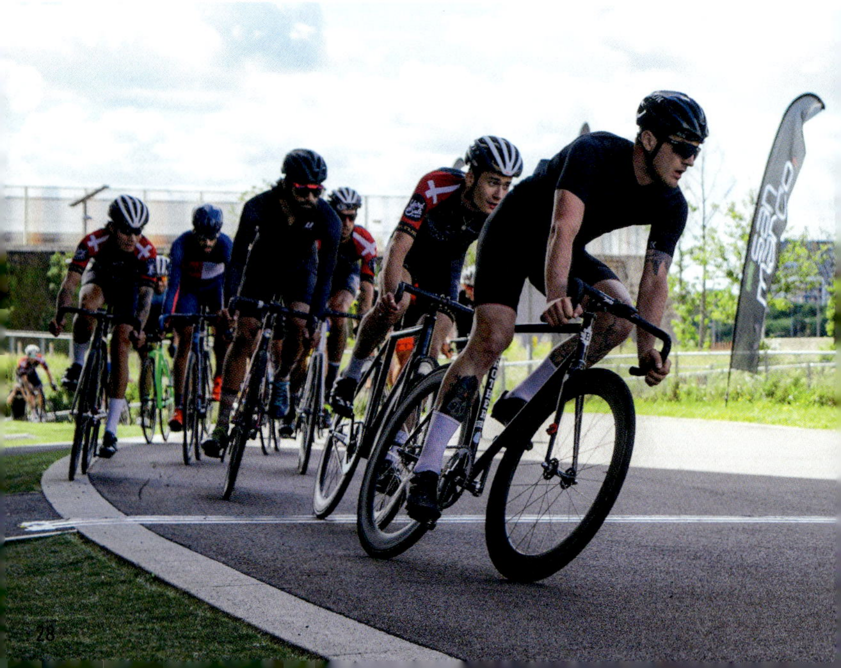

die richtigen Fragen stellt oder gar selbst Fahrrad fährt, könnte er einen ganz einfachen Grund für Ihr vermeintlich schlimmes Problem finden: »Dehnen Sie sich eigentlich?«

Allein zuhause oder beim Yoga

Es ist schon erstaunlich, wie ausgiebig viele Rennradfahrer – der Autor eingeschlossen – mitunter trainieren; und wie wenig Zeit sie sich dann hinterher zuhause für die Nacharbeit am eigenen Körper nehmen. Das Ergebnis macht sich an vielen Stellen bemerkbar, durch verkürzte oder verkrampfte Muskulatur. Im Bein mögen wir dann noch so viel Kraft haben – die Beweglichkeit geht verloren, Gegenbewegungen werden schwieriger, wir sind verkürzt. Man kann das gut erkennen, wenn es immer schwieriger wird, im Sommer schnell zu laufen. Da hilft nur das gute alte Stretching. Dehnen lässt sich mit etwas Disziplin und nach Anleitung gut alleine machen. Den Effekt spüren Sie schmerzend-angenehm. Man kann natürlich auch in spezielle Kurse gehen – oder zum Ausgleich etwa in ein Yoga-Angebot, bei dem das Dehnen elementarer Bestandteil der Körperübung ist. Jedem Rennradfahrer sei empfohlen, die paar Minuten nach dem Sport dafür zu nutzen, mit ehrlichen Bewegungen die Muskulatur zu dehnen und so – wird vermutet – auch Verletzungen vorzubeugen.

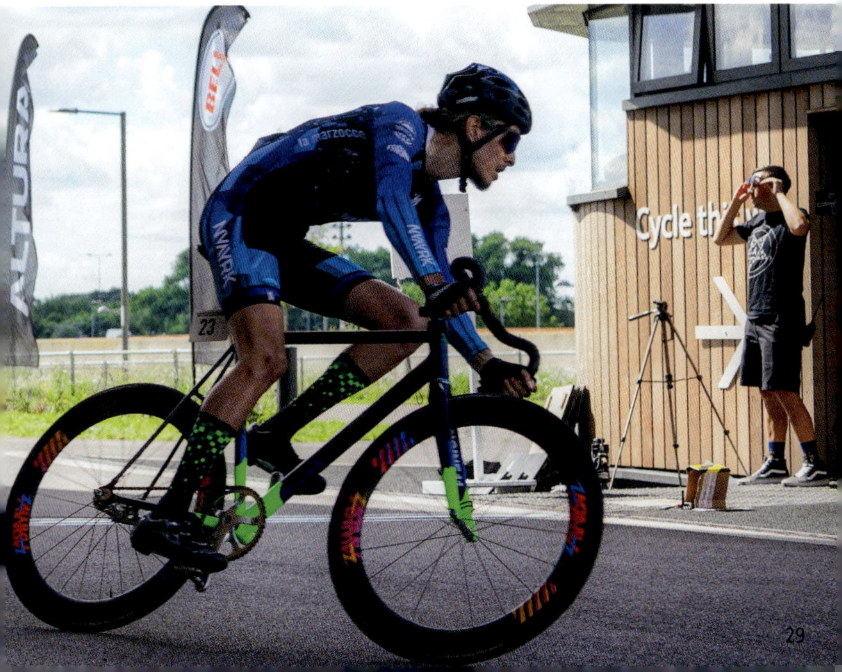

Sie wird immer länger

13

Ein Projekt mit Schwung: die Tour de France der Frauen

Lange haben die Fans des Frauenradsports darauf warten müssen, sich vielleicht sogar an eine Zeit erinnert, als es sie schonmal gegeben hatte – wenn auch weit weniger professionell: eine weibliche Edition der Tour de France. Tatsächlich führte die Tour-de-France-Organisation ASO erst 2022 eine solche mehrtägige Rundfahrt ein, die korrekt »Tour de France Femmes avec Zwift« heißt. Und siehe da: das Etappenrennen kommt gut an und emanzipiert sich zunehmend vom Männerrennen. Was aus einem Eintagesrennen im Vorprogramm des maskulinen Schlussabschnitts hervorging, hatte 2025 schon neun Etappen. Es

Das Peloton der Frauentour passiert den Triumphbogen in Paris

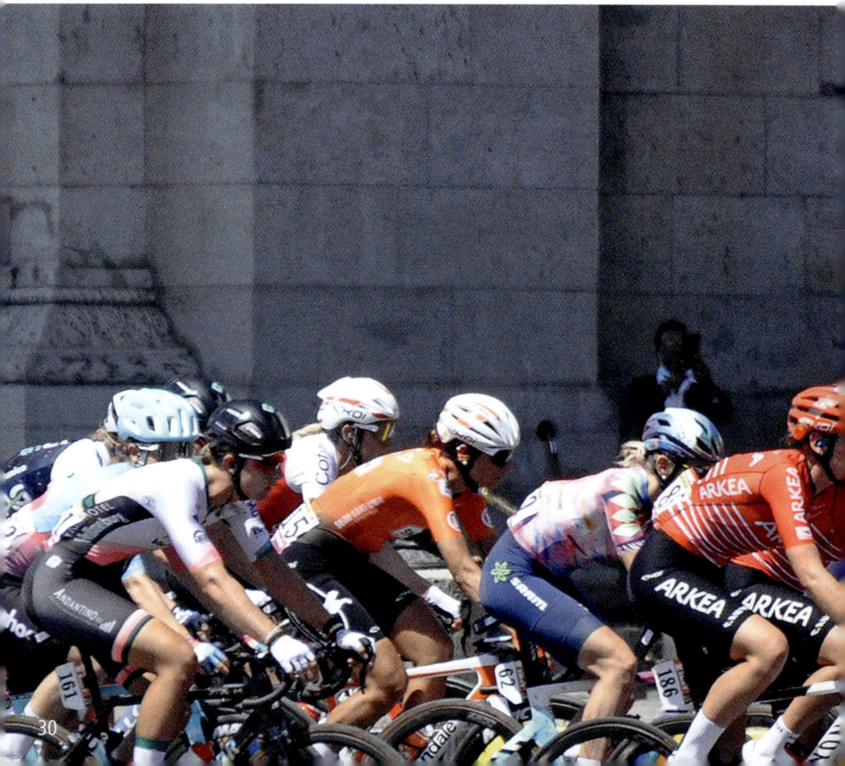

ging hierbei über berühmte Bergpässe wie den Col de la Madeleine und hinauf zum berühmten Zielort Portes du Soleil. Und: Die Frauentour hatte mit Pauline Ferrand-Prévot sogar eine französische Siegerin.
Die Frauen waren bei der Tour sogar schon Vorreiterinnen, wenn es um abenteuerliche Wegstrecken in Frankreich geht: 2022 fuhren sie auf der vierten Etappe von Troyes nach Bar-sur-Aube erstmals über die weißen Schotterpisten der Champagne. Zwischen den Weinbergen lieferten sie nicht nur schöne Bilder, sondern stellten das Material, vor allem die Reifen, auch auf eine harte Probe. Von diesen Erkenntnissen konnten die Mechaniker im Männersport lernen, die 2024 ebenfalls auf diesen Pfaden gastierten.

Durch den enormen Erfolg hat die Tour der Frauen jenem Rennen den Rang abgelaufen, das klassischerweise die härteste Mehretappen-Prüfung war: der Giro in Italien. Aber auch dieser wird inzwischen, nachdem er lange unabhängig organisiert worden war, vom größten Radsport-Event-Organisator Italiens ausgetragen. Eindeutige Zeichen dafür, dass die Professionalisierung weiter voranschreitet.

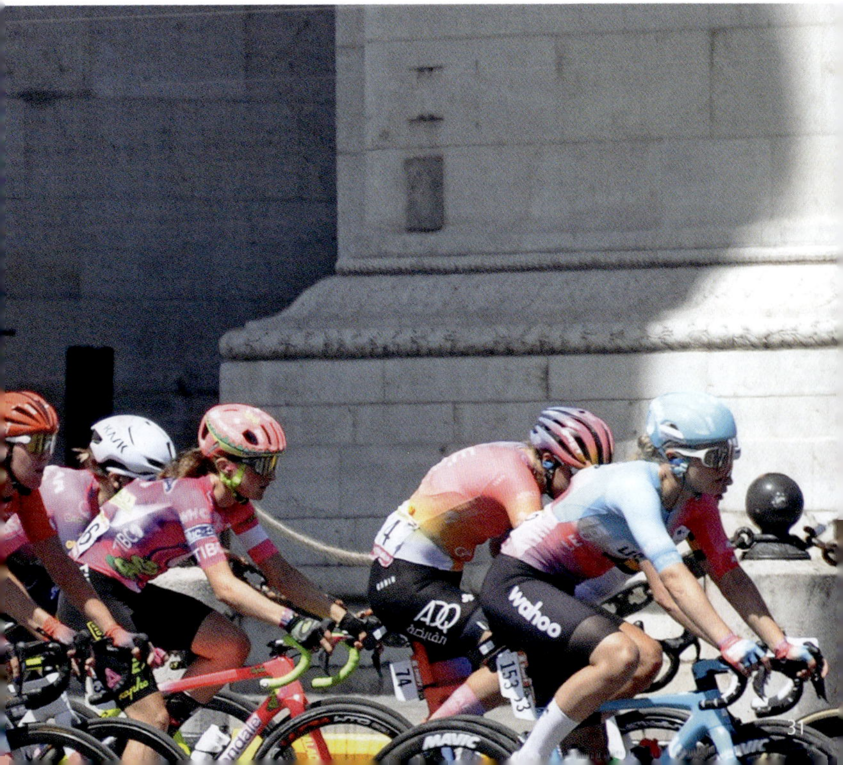

Wenn es klickt

14

Die Power kommt durchs Klick-Pedal

Die Aussage des Unfallforschers kam überraschend: Ja, er fahre selbst auch gern Rennrad. Aber anders als die meisten sei er nicht bereit, Klickpedale zu installieren. Zu gefährlich seien die. Stattdessen setze er auf Riemchen, die am Pedal festgemacht sind, um die Fußspitze einzuhaken. Mit dieser Haltung wäre der Unfallforscher in einer Rennrad-Trainingsgruppe sicher ziemlich allein.
Klickpedale sind ein Meilenstein in der Entwicklung des Rennrads – und noch gar nicht so alt. 1984 kam die französische Firma Look auf die Idee, das Prinzip der Skibindungen aufs Fahrrad zu übertragen. Unter den Fahrradschuhen sind Pedalplatten angeschraubt, die vom jeweiligen Klickpedal aufgenommen werden. Dreht der Fahrer seine Füße, so kann er sie wieder aus der Bindung zum Pedal lösen. Bis heute sind Look-Pedale bei den besonders ambitionierten Sportlern häufig im Einsatz.

Der runde Tritt

Gehversuche mit den herkömmlichen Rennrad-Pedalsystemen sind gewöhnungsbedürftig. Sie sollten auch nicht zu weit führen, denn dann beschädigt man den Kunststoff der Platten unterm Fuß. Und der Einstieg ins Fahren mit dem Klickpedal ist alles andere als ungefährlich. Nach Kreuzungen mit beiden Füßen flüssig in die Bindung zu kommen oder vor der roten Ampel rechtzeitig den Fuß zu befreien, erfordert gute Koordination. Das sollte man schon üben, bevor es in den dichten Verkehr oder gar in die Trainingsgruppe geht. Der Vorteil der Klickpedale liegt in der Sohle: Sie sind leichter, die Fußposition lässt sich ideal für die Kraftübertragung einstellen. Überhaupt funktioniert die Kraftübertragung besser und die Muskulatur lässt sich auch in der Zugphase nutzen – mit dem Klickpedal kommt man also dem runden Tritt leichter nahe.

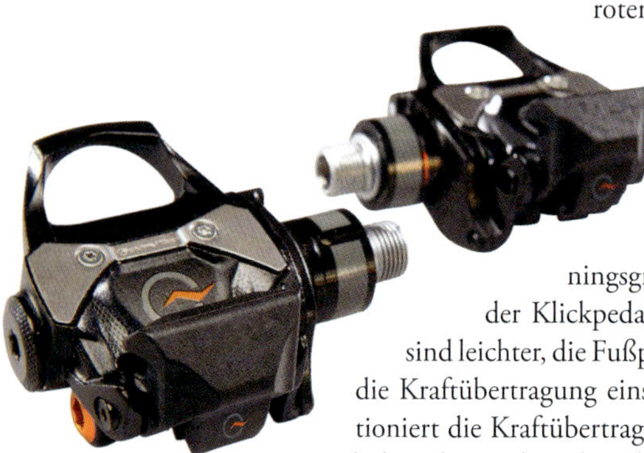

Ein Pedalsystem mit Leistungsmesser

15

Von Stürzen und Schürfwunden

Verletzungen gehören zum Radsport

Fahrradfahren an sich ist gefährlich – und beim Rennradfahren begeben Sie sich bewusst in ein Risikogebiet. Das ist eine nüchterne Feststellung. Es geht nicht darum, Angst zu schüren, sondern die Gefahren zu kennen. Wer Rennrad fährt, sollte sich dessen bewusst sein und besonders aufmerksam sein, damit ihm selbst und seinen Neben- oder Hinterleuten nichts passiert.

Stürze gehören dazu. Narben gehören zum Sport. Mal ist es ein Stein, den man übersieht. Mal eine Bodenwelle, als man gerade die eine Hand vom Lenker nimmt, mal ein Autofahrer, der einem die Vorfahrt nimmt.

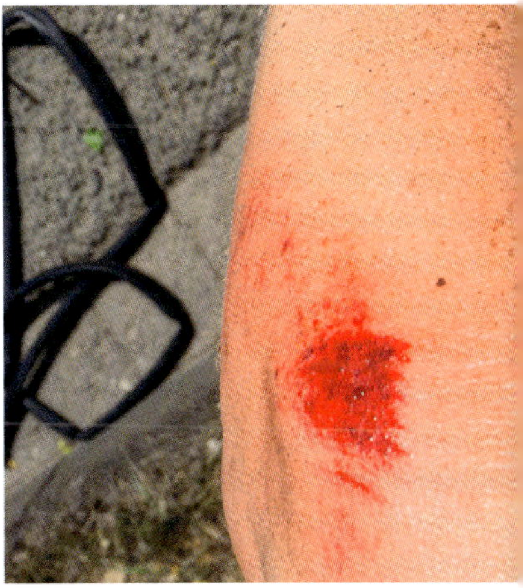

Gehört dazu: Panne mit Schürfwunde

Schürfwunden, Prellungen, Brüche

Hier ein paar typische Verletzungen, die Ihnen drohen: 1. Schürfwunden. Sie geraten aus dem Gleichgewicht und stürzen auf den Asphalt. Meistens ist dann »die Tapete ab«, wie es in Fachkreisen heißt. Das tut fürchterlich weh und nässt länger nach. Unangenehm. Man kann aber weiterfahren, wenn man hart drauf ist. 2. Schädelprellung oder Gehirnerschütterungen. Sie stürzen auf den Boden oder knallen gegen ein Hindernis – hoffentlich mit einem Helm auf dem Kopf. Durch den Einschlag erleben Sie starke Kopfschmerzen, Schwindel, wenn's schlimm wird, verlieren Sie das Bewusstsein. Jetzt sollten Sie sich dringend schonen! Machen natürlich nicht alle. 3. Schlüsselbeinbruch. Ein Klassiker bei Rennradfahrern, die den Sturz nicht verhindern können und auf Händen oder Armen landen. Auch hier ist Schonung angesagt, eigentlich. Der Autor dieses Buches traf allerdings 2018 einen Mann aus Belgien, der mit gebrochenem Schlüsselbein einen Alpenmarathon bestand. Nachahmung nicht unbedingt empfohlen, sagt aber einiges über diesen Sport und seine Aktiven.

Heroes – for one day

16

Jedermannrennen vereinen Anfänger und Experten

Lassen Sie sich nicht täuschen, auch wenn der Begriff missverständlich ist. Bei Jedermannrennen im Radsport können Sie sich zwar problemlos anmelden, auch wenn Sie noch keine Erfahrung im Rennenfahren haben. Doch das bedeutet noch lange nicht, dass Sie hier auf ein untrainiertes Feld treffen und locker mitrollen. Im Gegenteil: Jedermannrennen sind mitunter verkappte Profiveranstaltungen.

Jedermannrennen bieten eine Alternative zum eher starren Lizenzrennsport. Oft finden sie auf den attraktiveren Strecken statt. Im Vorfeld von großen Rennen lockt natürlich der Reiz, sich einmal auf derselben Route wie die Profis selbst zu beweisen. Die Teilnehmerfelder sind denn auch oft entsprechend groß und ganz unterschiedlich bestückt: Da gibt es jene Fah-

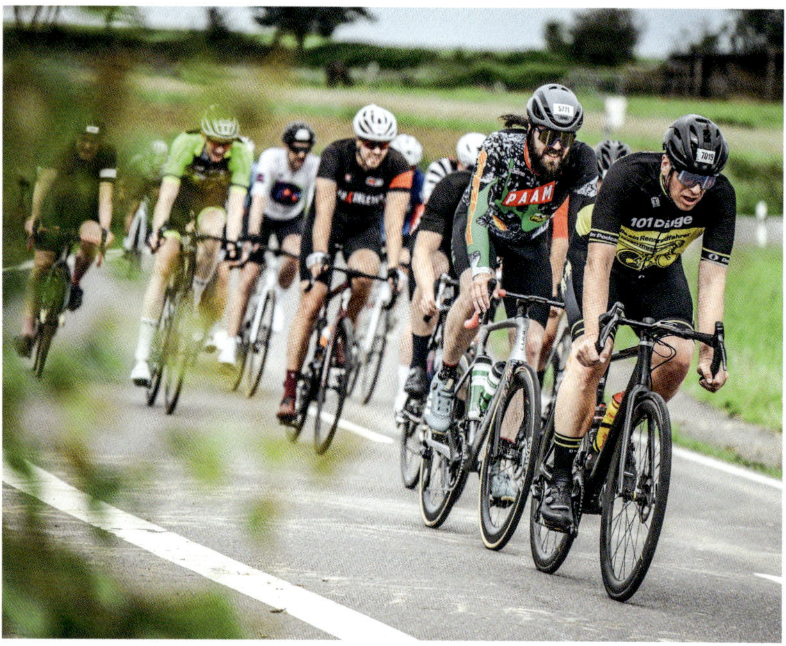

Jedermänner bei Rund um Köln – darunter der Autor (r.)

rerinnen und Fahrer, die erst seit ein paar Monaten auf dem Radl sitzen. Und jene Athleten, die als Teil durchorganisierter Rennställe um die Top-Platzierungen kämpfen.

Alle außer Profis

Was mal eine Alternative zum Lizenzsport war, ist heute im vorderen Feld ein renommiertes Schaufahren. Man kennt sich in der Szene, man investiert viel in den Sport. Es gibt gesponserte Teams und Athleten, deren Lebensstil durchaus an den von Berufsfahrern erinnert. Und wenn man sich so umschaut, dann dürfen alle mitfahren, auch die besonders guten Vereinsfahrer – nur eben keine Profis. Man ist durchaus erstaunt, wie professionell diese Jedermänner manchmal wirken.

Wenn Sie nur ans Finishen denken, werden Sie die Top-Athleten kaum zu Gesicht bekommen. Die stehen nämlich üblicherweise ganz weit vorne in den Startblöcken, wo die richtig schnellen Teilnehmer von Beginn an Druck machen. Aber auch in den hinteren Blocks geht es für die wenigsten gemütlich zu. Denn ein Rennen ist ein Rennen.

Gute Vorbereitung ist geboten

Wollen Sie sich mal unter solchen Bedingungen testen, dann sollten Sie auf jeden Fall die konditionelle Grundlage mitbringen. Wichtig ist auch, mindestens sechs Wochen vor dem Termin systematisch auf die Belastung von Rennen zu trainieren. Die ist alles andere als gleichmäßig: Sie müssen Attacken mitgehen können, Löcher zufahren – also zum nächsten Grüppchen aufschließen – und allgemein gut in der Lage sein, Beschleunigungen zu verkraften. Das trainiert man am besten mit Sprintintervallen, bei denen Sie wiederholt für einige Sekunden alles geben. Ganz sicher nicht schaden wird Ihnen auch reguläres Intervalltraining.

Achten Sie aber vor allem darauf, dass Sie mit dem Kopf bei der Sache sind. Nervosität gehört dazu, weswegen Ihre Radkontrolle und Routine umso wichtiger sind. Üben Sie, sofern es geht, vorher das Fahren in der Gruppe. Und rechnen Sie bitte jederzeit damit, dass jemand vor Ihnen auf die Nase fällt. Sollte das passieren: Schauen Sie bitte, ob es der Person gut geht. Erste Hilfe steht über dem eigenen – für die Welt völlig unbedeutenden – sportlichen Ehrgeiz.

Highlights im Jedermann-Rennkalender sind die Veranstaltungen am Nürburgring, der Velodom im Vorfeld des Kölner Profirennens, der Athletenmagnet Cyclassics in Hamburg und die Velotour beim traditionsreichen Top-Profitermin am 1. Mai in Eschborn und Frankfurt. Neue Termine kommen häufig dazu.

Gemeinsam ist man stark – und schneller

17

Über das Fahren in der Gruppe

Was wären wir Menschen ohne soziale Kontakte? Was ist der Rennradfahrer ohne seine Gruppe? Nun: Er betreibt eine andere Art von Rennradfahren. Viele Leute sind ja gern und viel allein auf den beiden Reifen unterwegs. Das ist angenehm, weil man sich nach niemandem richten muss, sein eigenes Tempo fahren kann und vielleicht auch mal seine Ruhe haben will.

Doch Radsport ist ein Mannschaftssport, oder zumindest als solcher bestens geeignet. Wer das nicht wahrhaben will, sollte sich einfach mal ei-

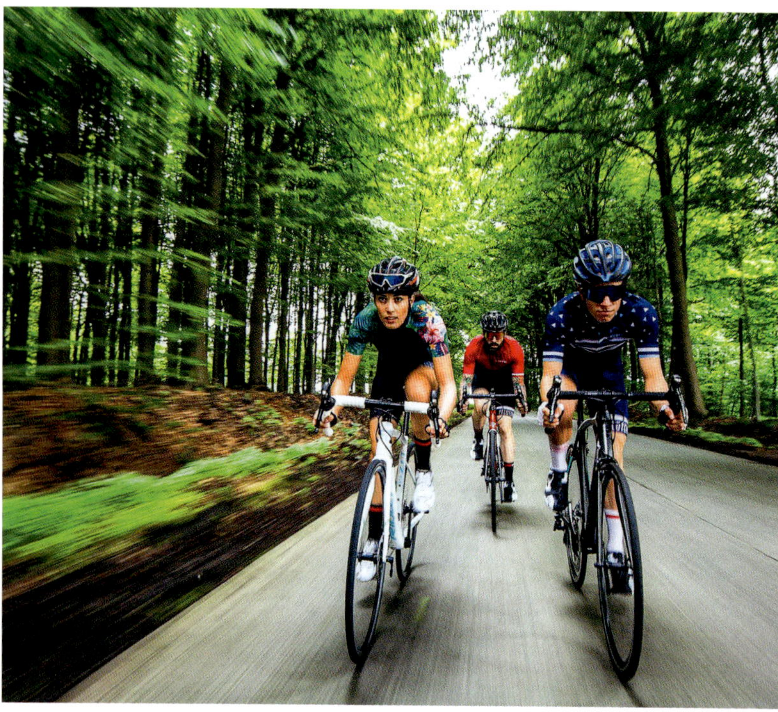

Fahren in der Gruppe erfordert viel Aufmerksamkeit.

ner Trainingsgruppe anschließen. Schnell werden Sie Erstaunliches erleben. Vom Windschatten haben Sie sicher schon einmal gehört, aber den Effekt der Physik müssen Sie letztlich selbst erleben, um ihn zu begreifen. Vorne fahren zwei tempoharte Leute, ein paar Reihen dahinter treten Sie locker in die Pedale.

Beim Fahren in der Gruppe lernen Sie jede Menge Leute kennen. Radsportler im Peloton (so nennt man das Hauptfeld) plaudern gern. Sie werden spannende Geschichten hören. Sport verbindet, die Menschen öffnen sich. Das ist gut. Gleichzeitig lernen Sie aber auch, aufeinander achtzugeben. Und so zu fahren, dass Sie dicht genug am Hinterrad der Vorderfrau fahren – aber zugleich nicht in die Speichen schleifen.

Geben Sie die wichtigen Zeichen!

Wichtig ist die Kommunikation, die Sie hier lernen. Sie ist das A und O für sicheres Fahren im Team. Es gibt klare Regeln: Wer vorne fährt, hat den Blick auf die Straße und auf mögliche Gefahren. Kommt ein Stein, ein Schlagloch oder ein anderes Hindernis, dann zeigt der Fahrer mit dem Finger neben seinem Körper auf die Stelle, an der die Gefahr droht – links oder rechts von der Achse. Alle, die dahinter unterwegs sind, müssen dieses Zeichen dann auch weitergeben. Mit einer Wisch-Bewegung zeigt der Fahrer, wenn die Gruppe ein Hindernis umfahren soll, beispielsweise ein parkendes Auto.

Wenn die Gruppe stoppen soll, geht der Arm nach oben. Sollen sich die anderen zum Bremsen bereitmachen, ist das Kommando ebenfalls nonverbal: Die Hand zeigt hinterm Gesäß immer wieder mit der Handfläche nach unten.

Speed im »Belgischen Kreisel«

Das gemeinsame Fahren ist die Grundlage für viele Errungenschaften, die wir allein wohl nicht schaffen würden. Es reichen drei gut trainierte Sportler, um im so genannten »Belgischen Kreisel« richtig Druck zu entfalten. Dabei wechselt die Führung ständig, die Sportler drehen umeinander und erzeugen einen mächtigen Sog. Je mehr Fahrer bei dieser Art der Gruppenformation mitwirken, desto größer die Wirkung. Drei Kilometer mit 50er-Schnitt – durchaus machbar, wenn Wind dazukommt.

Mag sein, dass Sie auch weiterhin gern allein ausfahren. Aber wenn Sie das Training und die Gespräche im Peloton einmal gewohnt sind, werden Sie ziemlich sicher immer wieder versuchen, einen Platz in einer Trainingsgruppe zu finden oder sich unterwegs mit anderen zusammenzutun.

Wenn die Luft raus ist

18

Das Pannenset gehört zu jeder Tour

Mancher Anfänger macht folgende bittere Erfahrung: Man ist an einem schönen Tag mit dem neuen Hobby unterwegs, es macht richtig Spaß – doch dann fühlt es sich unterm Hintern plötzlich merkwürdig weich an und siehe da: Der Reifen ist platt. Passiert, gehört dazu, sollte man wissen. Also sollte man auch Material für die erste Hilfe bei sich führen. Ansonsten droht ein längerer Marsch oder gar eine Taxifahrt nach Hause. Hat der Autor natürlich selbst alles schon erlebt.

Was bei einem Platten genau passiert, hängt von ein paar wichtigen Variablen ab: Fahren Sie Reifen mit oder ohne Schlauch (siehe Kapitel 34)? Was genau hat den Plattfuß verursacht?

Pumpen und Kartuschen

Wenn Sie das überblicken können, brauchen Sie zum Beheben des Problems auf jeden Fall ein paar Hilfsmittel. Sie sollten eine Pumpe in der Trikottasche oder am Rahmen haben, die ausreichend Druck für den Rennradreifen ermöglicht. Alternativ dazu nehmen heute viele Radsportler

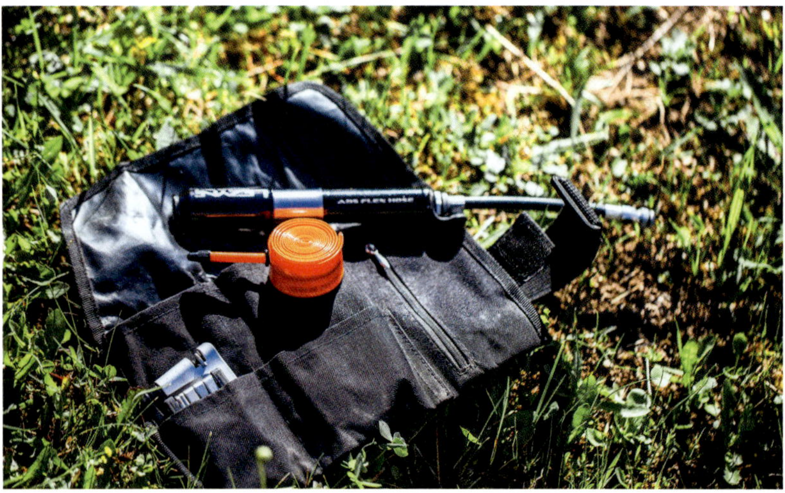

Schläuche im Gepäck helfen im Notfall.

CO_2-Pumpen mit auswechselbaren Kartuschen mit. Die entfalten direkt den passenden Druck, ohne dass der Fahrer noch pumpen müsste. Aus Umweltsicht ist das natürlich eine fragliche Methode. Aber wir müssen ja schnell weiter.

Um den Reifenmantel von der Felge zu bekommen, reichen in machen Fällen sehr kräftige Hände. Für andere Pannen gibt es Gummimischungen und Felgenkonstruktionen, bei denen das Entfernen des Mantels ein Maximum an Kraft und Geschick erfordert. Da kann man schon mal die Nerven verlieren. Dann heißt es durchschnaufen und sich auf die Basics besinnen. Sicher nicht schlecht ist es, ein bis zwei Reifenheber dabeizuhaben. Mit diesen Plastikteilen lässt sich der Mantel aus der Felge hebeln. Aber Vorsicht: Die Teile können nicht nur abbrechen, mit ihnen kann man auch das Felgenhorn beschädigen.

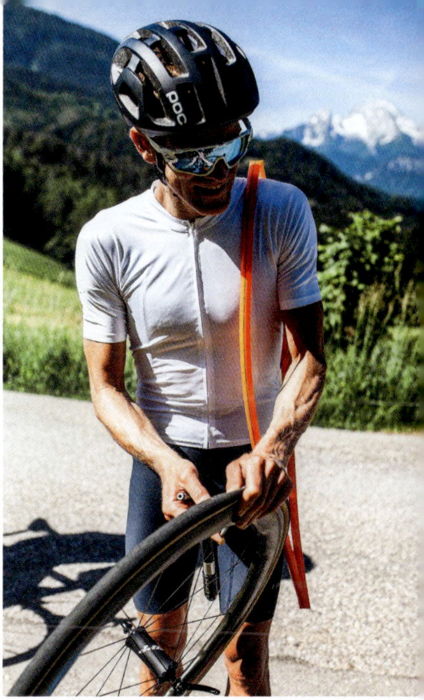

Die Reifenreparatur will geübt sein.

Multitools für alle Fälle

Ein Ersatzschlauch im Gepäck oder in einer kleinen Satteltasche ist ebenfalls Standard für Rennradler. Bitte denken Sie daran, das alte Material nicht einfach in der Landschaft liegenzulassen. Es soll auch Menschen geben, die Flickzeug mit auf ihre Touren nehmen. Vorbildlich, aber es setzt natürlich voraus, dass man das Loch auch wirklich findet. Neben den klassischen Flicksets gibt es spezielle Aufkleber für den schnellen Einsatz.

Platte Reifen sind aber nicht die einzige Pannenursache. Es hat sich auf jeden Fall bewährt, ein vernünftiges Werkzeug mit in die Trikottasche zu packen. Mit den so genannten Multitools – sie kombinieren alle möglichen Schlüssel, Zangen und Hebel – kann man im Notfall schnell agieren, etwa eine Sattelklemme neu befestigen, die Pedalplatten an den Schuhen nochmal nachziehen oder nach einem Sturz den Lenker neu richten. Wie es so ist: Wenn man es mitnimmt, braucht man das Tool meistens nicht. Aber wenn man es mal nicht dabeihat …

The sky's the limit

19

Bergpässe fahren will gelernt – und geübt – sein

Wer sich zum ersten Mal in seinem Leben auf zwei Rädern ins Hochgebirge begibt, kann viel falsch machen. Mag die Form im Flachen auch noch so gut gewesen sein: Eine Fahrt hinauf auf einen richtigen Pass stellt den Körper und vor allem den Geist auf die Probe. Da ist zum einen die unerbittliche Gesetzmäßigkeit der Physik, in der der Steigungswinkel und das Gewicht von Mensch und System die entscheidenden Faktoren darstellen. Und da ist zum anderen das Gnadenlose an diesem Sport: Am Berg kämpft jeder mit sich selbst, egal wie viele Menschen um ihn herum unterwegs sind.

Klar, der Reiz an der Höhe ist groß. Wer Rennrad fährt, möchte über kurz oder lang die Berge erobern, auf denen sich die epischen Schlachten der Sportgeschichte zutragen, möchte sich unvergessliche Panoramablicke erfahren oder auch sportliche Höchstleistungen in der vertikalen Bewegung abliefern (und vielleicht sogar auf Strava posten – siehe Kapitel 6).

Demut ist gefordert

Obacht: Bergpässe erfordern zunächst einmal Demut. Das bedeutet, dass man die eigene Leistungsfähigkeit skeptisch betrachten sollte. Schalten Sie also lieber auf eine Übersetzung, die Ihnen zu Anfang vielleicht

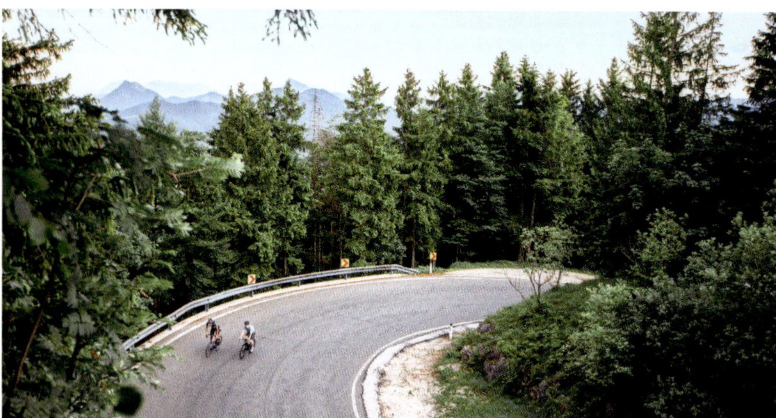

Bergauffahren – oft verbindet das Qual mit Landschaftsgenuss.

ein wenig locker vorkommt. Wer langsam dreht, tritt zu viel Kraft, ermüdet schneller – und mag den anderen zwar anfangs davonfahren, aber so ein Berg ist hoch. Und an einem solch langen Anstieg verschiebt sich die eigene Wahrnehmung von Zeit und Raum, wenn man es erst selten erlebt hat. Der Sustenpass etwa, ein beliebtes Hindernis mitten in der Schweiz, ist auf seiner Westrampe 27 Kilometer lang. 27 Kilometer im Flachen sind nicht weit. Aber 27 Kilometer mit durchschnittlich fünf Prozent Steigung – was meinen Sie?

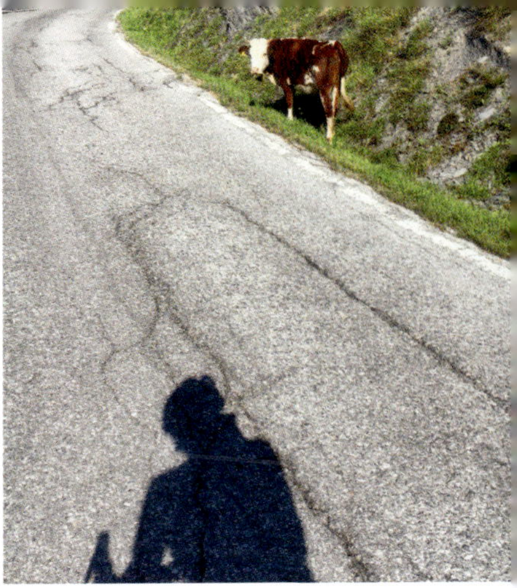

Hier am Anstieg ist Zeit für wortkarge Begegnungen.

Berge klein machen

Die größte Hilfe, um gut auf die Passhöhe zu kommen, ist die eigene Erfahrung. Denn dann wissen Sie, dass sie es schon einmal geschafft haben und sich nichts Unmögliches abverlangen. Diese Psychologie ist wichtig im Radsport. Daneben hilft ein weiterer Trick aus der Hobbypsychologie. Teilen Sie Ihren Anstieg innerlich in möglichst viele Etappen ein. Idealerweise haben Sie dann noch einen Hügel aus der Heimat als Vergleichsgröße – schon wird die Sache greifbarer. Für den Autor geht das etwa so: Der Glandon hat 1400 Höhenmeter, also nicht einmal fünfmal so viel wie eine meiner liebsten Auffahrten im heimischen Rheinland von Kasbach nach Kretzhaus. Schon im Training denke ich in die andere Richtung – fünfmal da hoch, schon schaffe ich den Glandon. Das übe ich ein paarmal, bevor es in die Berge geht. Das hilft.

Technisch bieten moderne Rennräder ein Repertoire, mit dem Sie im Hochgebirge eigentlich immer irgendwie durchkommen. Dank Kompaktkurbeln vorne und Zahnkränzen mit teilweise sogar weit über 30 Zähnen können Sie selbst üble Leistungslöcher irgendwie kompensieren. Zwei Tipps noch: Den Rettungsring, das kleinste Ritzel, sollten Sie nicht den ganzen Tag über fahren! Der monotone Rhythmus und die Tatsache, dass es keine weitere Option gibt, werden Sie martern. Und wenn es zwischendurch mal flacher wird, nehmen Sie nicht die Beine hoch, sondern geben Sie Gas, schalten Sie hoch. Ein bisschen Rhythmuswechseln tut Ihnen gut!

Zum Cima Coppi

20

Das Stilfser Joch gehört auf jede Rennradler-Bucketlist

In den Alpen mangelt es nicht an spektakulären Passstraßen. Doch diese eine hier gehört in jedes Buch über den Sport – und auf jede Bucketlist, die ein Athlet in seinem Leben abarbeitet. Schon der Name klingt erhaben und lässt die Historie aus den Gesteinsmassen sprechen: Das Stilfser Joch, der Pass zwischen dem italienischsprachigen Veltlin und dem deutschsprachigen Vinschgau in Südtirol, ist mit 2757 Metern Höhe der zweithöchste asphaltierte Gebirgspass der Alpen. Zugleich bietet er eine deutlich größere sportliche Herausforderung als der nur ein paar Meter höhere Col de l'Iseran in Frankreich. Der Passo dello Stelvio, wie die Italiener das Stilfser Joch nennen, fordert dem Sportler auf der Anfahrt von Osten her 1844 Höhenmeter auf etwas weniger als 25 Kilometern ab.

Die Kehren sind für Fans ein Muss

Den Streckenverlauf hat man vielleicht schon mal in einem Bildband oder Fotokalender über Alpenstraßen gesehen. Insgesamt 48 Kehren haben die Konstrukteure von ihren Arbeitern im österreichischen Kaiserreich hier im 19. Jahrhundert anlegen lassen. Kommt man von Prad aus durch den Wald, wirkt das schon eindrucksvoll. Oberhalb der Baumgrenze ist es ein magisches Gefühl, sofern man noch die Kraft für solche Wahrnehmungen hat. Diese Auffahrt mit ihrem enorm steilen Schlusspart ist für Fans des Radsports ein Muss. Wer Zeit hat, sollte sich aber auch die Anfahrt aus Bormio und den Umbrailpass, der in die Schweiz führt, anschauen.

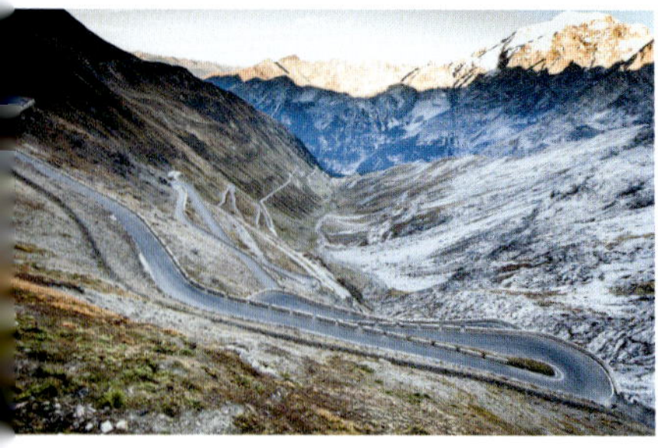

Das Stilfser Joch ist ein beliebtes Kalendermotiv.

Oben auf der Passhöhe spürt man die Radsporthistorie des Ortes. Es wimmelt vor Radlern, es gibt Souvenirs – und hier steht die Statue des Größten unter den vielen großen italienischen Rennradfahrern: Fausto Coppi (1919–1960). Nach ihm wird jedes Jahr der höchste Pass beim Radrennen Giro d'Italia benannt, der Cima Coppi.

Der einsame Gigant

21

In der Provence lockt der Mont Ventoux

Alleinstellungsmerkmale – im Wortsinn – muss man beim Mont Ventoux nicht lange suchen. Der Riese mit einer Höhe von 1909 Metern steht als Gigant einsam im sonst eher welligen Umland der südfranzösischen Provence. Für Radsportler ist er eine der größten Pilgerstätten – was auch daran liegt, dass die Tour de France den Reiz dieses Ortes erkannte und den Berg zum Mythos werden ließ. 1951 stand der Ventoux erstmals auf dem Programm, seither gehört er immer wieder zu den Wertungen der höchsten Kategorie HC, »Hors Catégorie«.

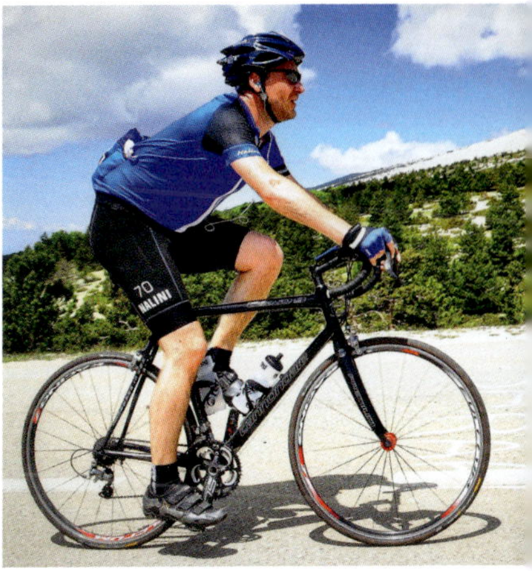
Am Ventoux ist Charakter gefragt.

Gute Infrastruktur für Radler

Der riesenhafte Mont Ventoux ist ein Tourismusmagnet. Er verspricht eine extreme Erfahrung, denn wer ihn hinauffährt, erlebt sehr unterschiedliche Klimazonen. Oben landet man in einer Mondlandschaft mit unerbittlichem Charakter. Der Berg ist steil und zäh. Hitze, Kälte, Wind – diese Elemente fordern den Hobbyfahrern hier alles ab. Auch Abgas ist so eine Sache, denn es mangelt nicht an Autos. Übrigens auch nicht an Begleitfahrzeugen von Radlern, die den Ventoux einmal abhaken wollen. Die Infrastruktur für Radsportler ist immerhin gut, es gibt auf vielen Kilometern eigene Radstreifen.

Der Mont Ventoux ist auch ein Mahnmal. Hier starb 1967 der englische Weltklassefahrer Tom Simpson. Er war am Berg kollabiert, hatte unter dem Einfluss von Amphetaminen gestanden. Das sollten auch diejenigen im Hinterkopf haben, die heute auf Berge hetzen. Am Ventoux gibt es dazu einen ganz eigenen Kult. Der »Club des Cinglés«, der Klub der Verrückten, versammelt all jene, die den Mont Ventoux an einem Tag auf allen drei möglichen Anstiegen befahren – insgesamt 137 Kilometer und 4400 Höhenmeter.

Sitzen wie angegossen

Mit Bikefitting holen Sie mehr aus Ihrem Rad

22

Beim Kauf eines neuen Rennrads kann man schon mal den Überblick verlieren. Wer sich mit den Maßen von Oberrohr, Sitzrohr, Unterrohr, mit dem Abstand vom Sattel zum Tretlager und all den anderen Werten auseinandersetzt, hat schnell einen Zahlensalat im Kopf. Die Frage lautet dann: Passt das, was in der Theorie passen müsste, auch in der Praxis gut?

Jeder menschliche Körper ist ein Unikat. Wer sich dessen bewusst ist, erkennt schnell: Es dürfte relativ unwahrscheinlich sein, dass ein Rad aus dem Geschäft sofort perfekt zu seinem neuen Besitzer passt. Selbst wenn die Rahmenhöhe gut aussieht und die Knie beim Test genau den richtigen Winkel aufzuweisen scheinen – auf eigene Faust braucht man entweder sehr viel Erfahrung oder eine gewisse Fehlertoleranz, um mit den Ergebnissen der eigenen Anpassungsversuche gut zu leben.

Um richtig auf dem Rad zu sitzen, lohnt sich das so genannte Bikefitting. Sie kennen vielleicht noch den Begriff der Sitzpositionsanalyse. Doch ein

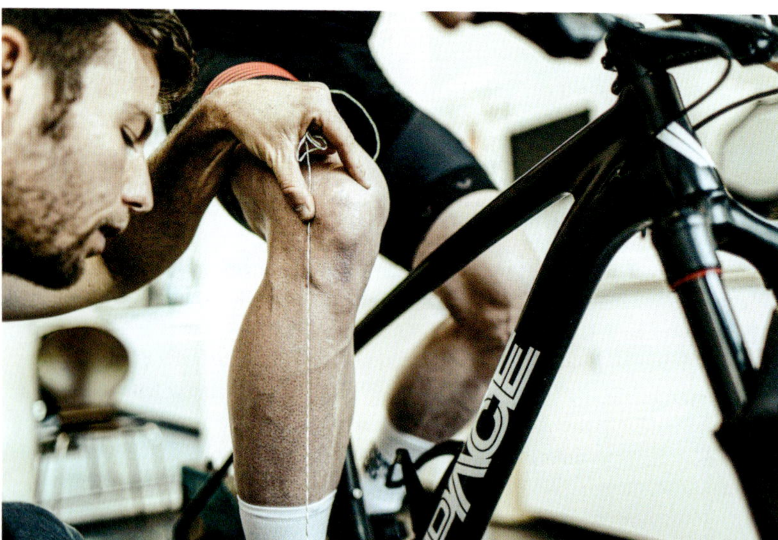

Das Lot ist für die Bestimmung der besten Position ein wichtiges Werkzeug.

richtiges Bikefitting geht weit darüber hinaus, den Sattel ein paar Millimeter höher oder tiefer zu stellen und nach vorn oder hinten zu schieben. Wer ein solches biomechanisches Bikefitting in Anspruch nimmt, arbeitet intensiv mit Experten zusammen, die einen detaillierten Blick auf die Kräfte, Achsen und Belastungen im Körper werfen.

Man kann nämlich mit ein- und demselben Fahrrad ganz unterschiedliche Fittings erreichen – und viele davon passen eben nicht so recht zum eigenen Körper. Dann geht Power verloren oder es entstehen sogar Schmerzen, etwa im Rücken, Nacken oder im Handgelenk.

Analyse des individuellen Körpers

Eine sehr detaillierte Bestandsaufnahme, wie sie etwa die Kölner Spezialisten bei Komsport auch mit Profis machen, betrachtet den Körper vollständig. Beim Komsport-Chef Sebastian Klaus sitzt man erstmal nicht auf dem Rad. Vielmehr geht sein Blick auf den Körper. Wie ist er ausgerichtet? Neigt er sich beispielsweise in eine Richtung? Solche Erkenntnisse und die Frage, wie die Füße des Athleten geformt sind, fließen dann in die millimetergenaue Anpassung der Winkel am Fahrrad ein. Das Fahrrad wird auf eine Rolle montiert, Trittfrequenz und Leistung werden genau erfasst. Basierend auf den verschiedenen Einstellungen lässt sich mithilfe dieser Werte genau nachweisen, welche Einstellungen des Bikefittings sich positiv auswirken.

Wenn man zwei Stunden später eine Rennmaschine mit komplett neu eingestellter Sattel-, Lenker- und Griffposition hat, mag sich das erstmal eigenartig anfühlen. Aber nach ein paar Runden ist der Effekt spürbar.

Das Bike kennenlernen – und sich selbst

So ein Bikefitting bedeutet nicht, dass nach einer Sitzung alles perfekt passt. Die Erfahrung aus den Trainingsrunden kann nochmal in Feinjustierungen einfließen. Wer sich diesem Prozess unterwirft, lernt dabei auch eine ganze Menge über den eigenen Körper – und darüber, wie man das Fahrrad perfekt in Position bringt.

Nicht wenige Rennrad-Fachhändler sind inzwischen auch dazu übergegangen, mit Bikefittern zu kooperieren. Das ergibt Sinn. Zwar haben geschulte Verkäufer meistens schon eine Menge Ahnung von den Produkten – und können mit ihrer Erfahrung auch die Räder halbwegs passend zu den Kunden aussuchen. Natürlich gibt es auch eine Werkstatt, die dann nochmal ein paar Einstellungen korrigiert. Aber geschulte Bikefitter haben einen ganz anderen Blick auf die Möglichkeiten – und müssen dabei nicht vorrangig an den Verkauf bestimmter Marken denken.

Watt geht?

23

Puls war gestern – Leistung ist heute

Es soll sie noch geben, die Rennradfahrer, die ganz ohne Tacho und elektronische Vermessung unterwegs sind. Das ist entweder von früher so gelernt und daher altmodisch – oder es ist eine bewusst anachronistische Haltung gegen den »Dataismus« der neuen Zeit. Denn der Leistungskult des Konditionssports treibt immer neue Blüten. Der technische Fortschritt und die Verfügbarkeit von Sensorik und Computerpower zu sinkenden Preisen führen dazu, dass ein wachsender Teil der Hobby-Athleten heute auf einem wissenschaftlichen Niveau trainieren, von dem vor ein paar Jahren die Betreuer von Profiteams noch geträumt hätten.

Physikalische Leistung zählt

Das Pulsband gehört zwar noch dazu und die Erkenntnisse über die Herzfrequenz sind natürlich nicht irrelevant geworden – Ihr Motor muss ja laufend diagnostiziert werden. Doch wer sich heute mit ambitionierten Rennradlern unterhält, hört immer und immer wieder vor allem eine Maßeinheit: Watt. Wenn Sie im Physikunterricht nicht durchgeschlafen haben oder schon mal einen neuen Fön gekauft haben, kennen Sie die Bedeutung des Wattwertes: Es ist die physikalische Leistung, die ein System erbringt. Der Name geht zurück auf den britischen Erfinder James Watt, der im 18. Jahrhundert die Wirkung der revolutionären Dampfmaschine deutlich verbesserte. Es geht dabei um den Energieumsatz, gemessen mit den Werten Masse, Entfernung und Zeit.

Und damit sind wir beim Rennradfahrer in der Trainingsgruppe. Schauen Sie sich mal um: Wie viele der gut ausgestatteten Mitstreiterinnen und Mitstreiter nutzen inzwischen Sensorik, die exakt oder so gut wie möglich (je nach Preislage des Systems) die körperliche Leistungsfähigkeit im Display des Radcomputers anzeigt! Wer mit Wattwerten das Training steuern kann, steuert so genau wie sonst niemand. Es gibt hier keine Ausreden, keine Abweichungen – wenn das System richtig eingestellt wird. Rückenwind, Reifendruck, schlechter Tag – all das relativiert sich, wenn man den Wattwert vor Augen hat. Wie oft ist der Autor selbst schon von seinem Trainingspartner und Nachbarn darauf hingewiesen worden, er möge sich bitte nicht nur auf die Geschwindigkeit konzentrieren. Klar, der Nachbar fährt mit Wattmesser. Der Autor nicht.

Der Pionier heißt SRM

Absoluter Vorreiter dieser Messtechnik am Fahrrad ist die Firma SRM aus dem westdeutschen Jülich, gegründet von Uli Schoberer. Der Mann erkannte die Möglichkeiten der computergestützten Leistungsdiagnostik am Rad als einer der Ersten. Er bastelte im Eigenbau nicht nur Kurbeln, mit denen sich der Output der Athleten messen ließ. Schoberer schuf auch kleine Kästchen, mit denen diese Werte dann aufgezeichnet und dargestellt wurden. Heute sind Systeme wie die von SRM aus dem ernsthaft betriebenen Sport nicht mehr wegzudenken. Inzwischen haben sich diverse Konkurrenten auf denselben Markt begeben, neben der Messung an der Kurbel gibt es beispielsweise auch Pedalsysteme für die Leistungserfassung. Die sind etwas weniger genau – aber auch deutlich günstiger.

Wollen Sie Ihr Training nicht dem Zufall überlassen und investieren Sie bereits Geld für die Leistungsdiagnostik, dann ist das wattgestützte Training der logische nächste Schritt. Dann werden Sie zwangsläufig immer wieder den 20-Minuten-Test machen, um Ihre maximale Belastung in einer Drittelstunde zu analysieren. Und Sie werden sich vielleicht den Profis näher fühlen, die sich bei Radrennen stur an die Wattvorgaben halten, um nicht zu überziehen. Wer damit einmal begonnen hat, wird es wohl kaum wieder aufgeben. Denn die kontrollierbare Leistung bietet den Schlüssel zu wirkungsvollerem Training.

Standard der Leistungsmessung: ein SRM-Computer

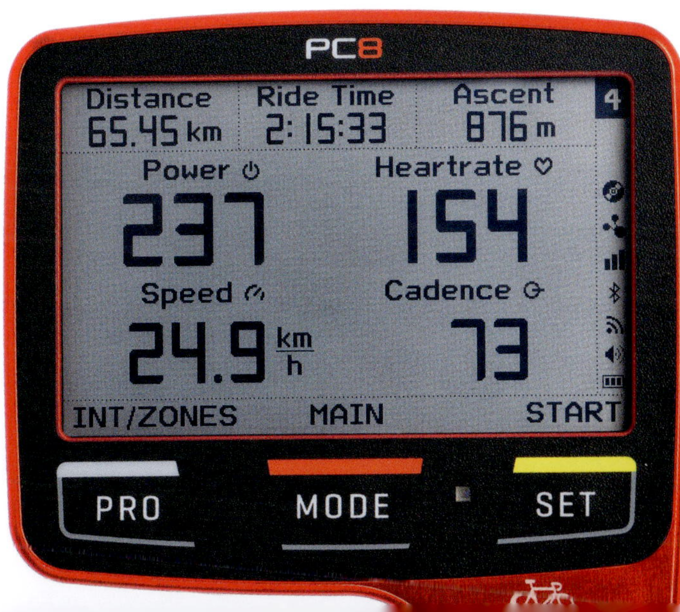

Der Motor tritt mit

24

E-Unterstützung kommt auch ans Rennrad

Die belgische Radsportlerin Femke Van Den Driessche gehört zu den epochalen Persönlichkeiten des Leistungssports. Kennen Sie nicht? Erstaunlich, dabei war sie es, die in der Historie des Sportbetrugs eine Schlüsselrolle übernahm. Bei der Cyclocross-Weltmeisterschaft 2016 wurde die damals 19 Jahre junge Athletin in ihrem Heimatland des so genannten E-Dopings überführt. Während die Belgierin sich im Morast abstrampelte, fanden Kontrolleure des Weltverbands UCI (siehe Kapitel 37) im Transporter des Teams ein Ersatzrad der Belgierin, das mit einem Hilfsmotor ausgestattet war. Auch wenn Van Den Driessche das manipulierte Gefährt nicht im Rennen einsetzte, war das doch genug für eine Sechsjahressperre – ihr faktisches Karriereende.

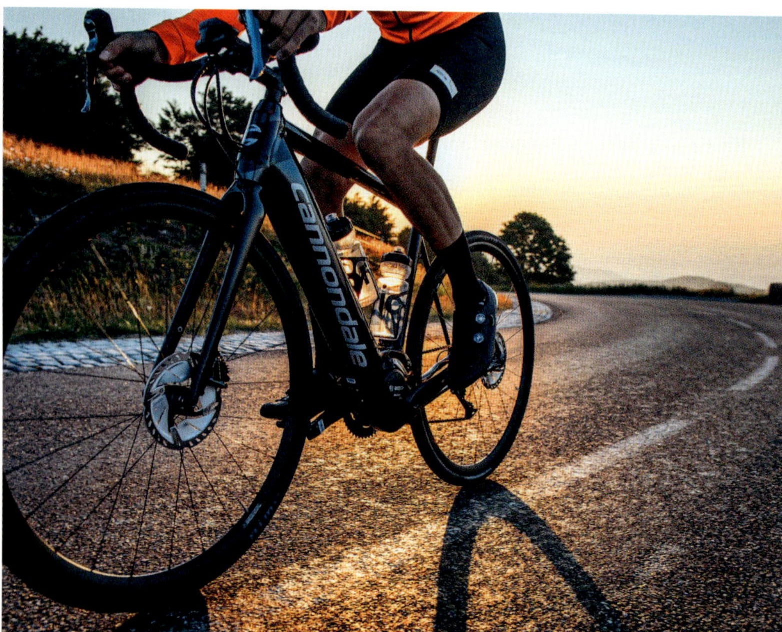

Cannondale bringt mit dem Synapse Neo ein sehr sportliches E-Rennrad.

Wer sich mit der Historie des Dopings im Rennradsport beschäftigt (siehe Kapitel 41), wird sich ob der drastischen Strafe ein wenig wundern. Denn Athleten, die sich mit Hormonen oder Nierenmedikamenten behandeln lassen, sitzen oft nach deutlich kürzerer Zeit wieder bei Rennen auf dem Sattel. Doch das Durchgreifen der UCI und die Resonanz in der Szene zeigen auch: Hier handelte es sich um ein großes Ereignis. Seit vielen Jahren geistern nämlich Gerüchte herum, dass Profis mithilfe elektromagnetischer Unterstützung entscheidende Attacken gefahren seien. Ja, wer danach sucht, findet etliche Beobachter in den sozialen Medien, die anhand einzelner Filmsequenzen den Nachweis von E-Doping führen – mit meist sehr zweifelhaften Ergebnissen.

Der Motor setzt sich durch

Tatsache ist: Die Unterstützung mit Motoren am Fahrrad hat sich inzwischen in allen Segmenten durchgesetzt, nicht nur beim Trekkingrad für Senioren oder beim Mountainbike. Auch die sonst häufig konservative Schicht der Rennradler lässt die Kollegen mit der neuen Technik immerhin mitrollen. Schließlich geht es ja darum, gemeinsam eine nette Runde zu fahren – und im Rahmen seiner eigenen Möglichkeiten den Sport und die Herausforderungen zu bestehen. Wenn nun einmal ein langer Anstieg zur großen Runde gehört und ein Fahrer vielleicht schon etwas betagter ist, warum sollte er sich dann nicht von einem Motor helfen lassen?

Nicht mehr nur versteckt

Ob man es nun mag oder nicht: E-Rennräder sind ein wachsendes Marktsegment und die Hersteller gehen es energisch an. Da gab es Antriebssystem fürs Sattelrohr, das auch im Fahrrad von Femke Van Den Driessche verbaut war. Inzwischen hat sich aber deutlich mehr getan, der Hersteller jener Lösung ging Konkurs.

Viele Hersteller sind seitdem jedoch kraftvoll vorangeschritten und entwickeln eigene E-Rennräder. Das ist positiv für Firmen wie Fazua aus Bayern, das mittlerweile von Porsche übernommen wurde, Bosch oder TQ. Ihre Akku-Motoren werden von den Designern in die Rennräder integriert. So entsteht, relativ schnell, ein neue Art Rennrad. Uli Schoberer, Vordenker der Leistungsdiagnostik, prophezeite vor Jahren gar, dass daraus der Regelfall wird: »In ein paar Jahren werden wir bei Profirennen die E-Unterstützung als Regelfall sehen«, sagt Schoberer, »die Industrie hat ein starkes Interesse daran, diese Lösungen zu vermarkten.« Aber auch Ende 2025 war das noch Science Fiction.

Wassersport

25 Der Regen fordert Schönwetterfahrer

Bei Sonnenschein und 23 Grad kann jede und jeder Rennradfahren. So wird es hier erneut Zeit, an das Motto aus Kapitel 1 zu erinnern: »Quäl dich, du Sau!« Und jetzt schauen Sie mal aus dem Fenster. Regnet es gerade in Strömen? Können Sie sich vorstellen, bei dem Dreckswetter eine sportliche Runde zu drehen, vielleicht über drei, vier Stunden?
Wer das Rennradfahren in seiner ganzen Bandbreite erleben möchte, setzt sich irgendwann auch dem unangenehmsten Wetter aus. Es lässt sich ja ohnehin manchmal nicht verhindern: Vielleicht sind Sie auf einer längeren Trainingsfahrt unterwegs und der Himmel zieht zu – oder Sie nehmen an einem Marathon teil, auf den Sie seit Langem trainiert haben. Wenn es dann gießt, wollen Sie doch nicht zurückziehen!

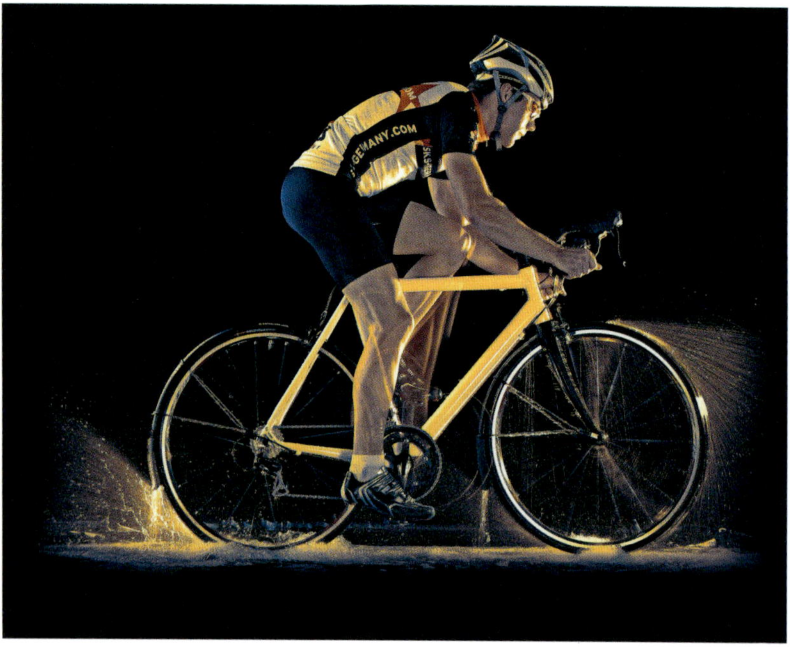

Voller Regenschutz auch am Rennrad

Das Fahren bei Regen: geht eigentlich ganz gut – das ist die klare Erkenntnis. Was Sie dafür auf jeden Fall haben sollten, ist eine vernünftige Auswahl an Überkleidung. Das fängt beim Helm an. Organisieren Sie sich einen Überzieher für den Kopfschutz, der den Regen abweist. Dann brauchen Sie vor allem eine wirklich gute Regenjacke. Hier gibt es riesige Qualitätsunterschiede. Wichtig ist, dass das Textil die Wassermassen auf Dauer draußen hält. Aber klar, Sie schwitzen ja auch drunter – und es ist die Frage, wie viel von ihrem Dampf ein Stoff nach draußen durchlässt, ohne wiederum nach innen durchlässig zu werden. Den Herstellerinformationen zufolge gibt es wahre Wunderwerke. Die Erfahrung lehrt jedoch: Unter einer Regenjacke wird es irgendwann ganz sicher unangenehm feucht. Nur richtig nass sollte es eben nicht sein.

Die Regenjacke entscheidet

Sehr gute Regenjacken sind vor allem leicht und einfach zu verstauen. Das macht sie zu sehr teuren Kleidungstücken. Aber die Anschaffung lohnt. Ob Sie für die Beine wirklich eine Regenhose benötigen, sei mal dahingestellt. Beim Rennradfahren geht es meistens auch ohne. Aber die Schuhe sollten Sie schon schützen. Bei vorhergesagtem Regen ist daher ein Paar Überschuhe zu empfehlen, das den Rennradschuh komplett umfasst und auch von unten möglichst gut abdichtet. Doch auch hier seien Sie bitte gewarnt: Irgendwas kommt immer durch, denn zwischen Pedalen und Schuh besteht ja eine Verbindung, die auch dem Spritzwasser Chancen bietet.

Üben Sie vorsichtig!

Das Fahren bei Regen ist so eine Sache, etwa die Radbeherrschung in engen Kurven. Wer es nicht gewohnt ist, sollte vorsichtig üben. Für Menschen aus Ländern wie Israel, die selten Regen erleben, ist es eine wahre Herausforderung, die sie im Training simulieren. Hierzulande ist das nicht nötig. Es gibt genug Gelegenheiten, ins Nasse zu rollen. Anfangs ist das Regenfahren sehr unangenehm, aber wenn man schon mal unterwegs ist, fährt man eben weiter. Stellen Sie sich vorsichtig auf das veränderte Bremsverhalten ein. Achten Sie auch auf das Spritzwasser – sowohl das Ihres eigenen Rades als auch vom Mitstreiter vor Ihnen. Es ist ziemlich unangenehm, dauerhaft mit Wasser bespritzt zu werden. Das passiert aber, wenn Sie so eng am Hinterrad kleben wie sonst bei der Gruppenfahrt.

Manchem macht die Sache sogar richtig Spaß. Sie setzen sich gern allen Elementen aus. Für diese Zielgruppe empfiehlt es sich, auch am Rennrad einen Radschutz zu installieren – hier gibt es leicht ansteck- und abnehmbare Teile.

Monumental

26 Die wichtigsten Eintagesrennen

Die Tradition des Radsports ist lang – sie geht zurück bis ins 19. Jahrhundert. Und noch heute begeistern sich Millionen Fans an den Strecken Jahr für Jahr für jene Rennen, die seit ihrer Gründung in den Urzeiten der Disziplin ihren Charakter weitgehend behalten haben.

Fünf Rennen stechen aus dem Terminplan heraus und geben manchem Fan einen viel präziseren Überblick über die Jahreszeiten als der herkömmliche Kalender. Es sind die so genannten Monumente des Radsports, deren Rang und historische Bedeutung wohl niemand anzweifeln wird, der sich respektvoll mit dem Rennradfahren beschäftigt.

Los geht es im Süden

Es beginnt immer an einem Samstag Ende März mit dem längsten Rennradklassiker. Er führt vom norditalienischen Mailand zunächst durch die flache Po-Ebene und dann über die Alpenausläufer an der ligurischen Küste, um entlang der prachtvollen Adria-Küstenstraße das Ziel in der Kasinostadt Sanremo anzupeilen. Mailand–Sanremo wird von den Fans auch »La Classicissima« genannt, für sie ist es der Superlativ des Begriffs »Klassiker«.

Während es im Mittelmeerraum im Frühjahr schon sehr mild sein kann, ist es beim zweiten Monument meistens noch ungemütlich. Das macht den Reiz der Flandernrundfahrt aus, des größten Rennens im unvergleichlich rennradfixierten flämischen Landesteil Belgiens. Die »Ronde«, so der lokale Name, ist das Rennen für harte Arbeiter, die Wind und Wetter ebenso trotzen wie zahlreichen kurzen, knackigen Anstiegen über Kopfsteinpflaster. In Oudenaarde, wo das Rennen endet, können Fans das ganze Jahr über den Reiz und den Mythos in einem Museum studieren.

Immer genau eine Woche nach der Flandernrundfahrt geht es in die »Hölle des Nordens«, wie der Beiname des Radrennens Paris–Roubaix lautet. Mit Paris hat die seit 1896 ausgetragene Veranstaltung heute nichts mehr zu tun, seit 1977 startet sie im pittoresken Ort Compiègne, in dem sich 1918 das deutsche Kaiserreich den Westmächten nach vier Jahren Weltkrieg geschlagen gab.

Die kriegerische Erinnerung ist nicht völlig abwegig, denn bei Paris–Roubaix geht es um brutale Qualen für Mensch und Material. Ein erheb-

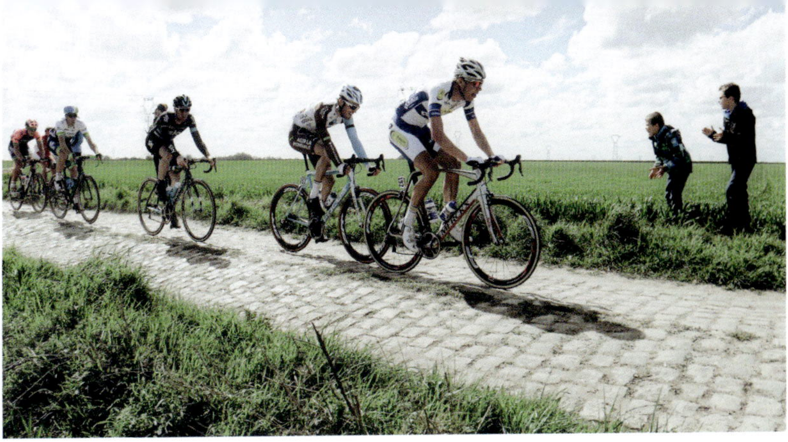

Bei Paris–Roubaix geht es über Kopfsteinpflaster durch die Hölle des Nordens.

licher Anteil der Kilometer führt über Kopfsteinpflaster, zu dem im Vergleich die Pavés in Belgien wie Komfortmatratzen wirken.

La Doyenne – seit 1892

Der letzte der großen Frühjahrsklassiker findet ebenfalls im französischsprachigen Raum statt, allerdings in Belgien. Von Lüttich nach Bastogne und zurück geht es bei Liège–Bastogne–Liège, dem ältesten der Klassikerrennen. Es wurde bereits 1892 erstmals ausgetragen und heißt wegen dieser Tradition »La Doyenne«, die Älteste, ein würdevoller Begriff für das traditionsreiche Rennen. Sein Profil bevorzugt ganz andere Fahrer als die ersten drei Monumente, denn es geht durchs Mittelgebirge der Ardennen mit einigen Höhenmetern und einem Wechsel aus Abfahrten und steilen Rampen. Das Wetter ist oft ein Glücksspiel, es schneit sogar manchmal – obwohl der Termin erst Ende April angesetzt ist.

Auf das letzte Monument müssen die Fans dann einen ganzen Sommer warten: Die Lombardei-Rundfahrt ist das letzte große Radrennen der Saison, auch wenn andere Vermarkter diese traditionelle Sicht gern korrigieren würden. Schon 1905 begann die Tradition, die Strecke hat sich seither vielfach verändert, Start und Ziel wandern. Fixpunkt ist aber die »Muro di Sormano«. Die Mauer von Sormano gehört zu den steilsten Streckenstücken im Profizirkus.

Auch Hobbyfahrer können den speziellen Charakter all dieser Monumente erfahren. Zu jedem dieser Rennen gibt es eine Version für normale Sportler – mitunter mit kürzeren Streckenvarianten, die auch für normal Trainierte zu meistern sind, trotzdem aber den Reiz des Monumentalen vermitteln.

Das heilige Flandern

27

Belgischer Landesteil voll Rad-Liebe

Die Begeisterung für Sportarten bringt als Beifang oft beachtliche Lerneffekte in Fächern wie Erdkunde, Sprachen und Geschichte mit sich. Als Radsportler kommt man kaum umhin, sich mit dem Königreich Belgien auseinanderzusetzen. Dass dieses Land aus zwei großen Teilen besteht, dass Brüssel einen Sonderstatus hat, dass im Süden Französisch gesprochen wird und im Osten Deutsch, das hat man relativ schnell raus. Und Flandern, der Landesteil zwischen Nordsee, niederländischer Grenze und Aachen ist für Sprachwissenschaftler – ist Flämisch dasselbe wie Niederländisch oder nicht? – und Radsportfans gleichermaßen interessant.

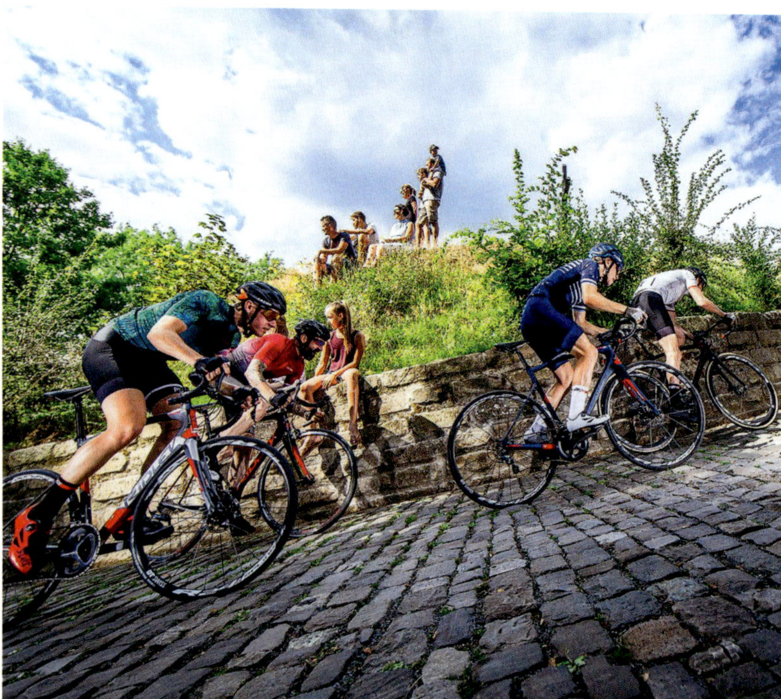

Die Mauer von Geraardsbergen lockt die Rennradpilger.

Dieser reiche und landschaftlich eher raue Landesteil Belgiens ist für viele Anhänger des Sports der Nabel der Welt. Die dortige Euphorie für das Rennradfahren steht nochmal eine Stufe über allem, was man andernorts erlebt. In Flandern ist Rennradfahren Volkssport für Jung und Alt. Das Verständnis des Sports ist ausgeprägt, die mediale Berichterstattung ausgiebig, die Präsenz und der Marktwert der besten Profiathleten weit oberhalb dessen, was man sich in Deutschland vorstellen kann.

Hart gegen den Wind

Flandern hat auch einen Radfahrer eigenen Typs hervorgebracht, den so genannten Flandrien. Wer ein solcher sein möchte, muss aggressiv und hart fahren können. Er muss der alles andere als milden Witterung standhalten, gegen den Wind mit Tempohärte bestehen und die steilen Hellinge, die Hügel der Flämischen Ardennen, mit Wucht emporklettern.

Wer gute Rennen und begeisterte Fans erleben möchte, wird hier fündig. Die spannendste Saison ist das Frühjahr, wenn die Flandriens die ideale Mischung aus Kälte, Wind und Nässe antreffen. Es mangelt nicht an großen Rennterminen, nachdem die Saison Anfang März mit dem Omloop Het Nieuwsblad in Gent ihren Anfang nimmt. Wer dort mit den Menschen ins Gespräch kommt, hat an der ausgeprägten Leidenschaft des Volkes für den Velosport keinerlei Zweifel. Wer sich dann im April unter die Massen bei der Flandernrundfahrt mischt, kommt vielleicht aus dem Staunen nicht mehr raus. So groß kann der Radsport sein.

Kasseien und Hellinge für Hobbyfahrer

Für Hobbyfahrer bieten sich viele Gelegenheiten, den Reiz des flämischen Sports am eigenen Leib zu spüren. Es gibt zwischen Frühjahr und Herbst nicht nur die Jedermann-Versionen der großen Rennen, sondern auch viele Touristikfahrten über Strecken, die immer wieder reizvolle Passagen aus der Historie des flämischen Sports enthalten. Die Proximus-Cycling-Challenge-Serie beispielsweise bietet auch Besuchern aus Deutschland die Chance, sich wie ein Flandrien zu fühlen und für relativ geringe Startpreise gut betreut den Tag auf dem Rad zu verbringen. Für die flämische Tourismuszentrale ist der Radsport natürlich auch ein interessanter Faktor – entsprechend lockt man Besucher aus dem Ausland mit der reizvollen Mixtur aus Kasseien, also Kopfsteinpflaster, Waffeln und der Vielfalt belgischer Brauereien. Auf jede Liste gehört eine Fahrt auf die »Muur van Geraardsbergen«, jene gepflasterte Steilpassage hinauf auf einen prähistorischen Pilgerort, an dem heute eine Kapelle steht. Es ist einer der markantesten Orte des Radsports.

Schutz für die Griffel

Vieles spricht für Handschuhe

28

Am schönsten ist es ganz ohne. Finden Sie nicht auch? Wenn man die Hände vorne zwischen den Schaltgriffen hat und einfach nur Haut sieht, die auf dem perfekt gewickelten Lenkerband ruht. Das hat schon was. Und vielen Sportlerinnen und Sportlern geht es eben auch um Ästhetik. Sie fahren ohne Handschuhe, wenn es das Wetter zulässt. Ja, ist das denn nicht wahnsinnig gefährlich? An dieser Stelle soll es nicht um Moral gehen. Der Autor wird schließlich selbst häufig ohne Handschuhe auf dem Rennrad gesehen. Aber zugeben sollte man schon: Es gibt gute Gründe, eine schützende Schicht über die beiden Greifwerkzeuge unseres menschlichen Körpers zu ziehen.

Mehr Komfort am Druckpunkt

Die wichtigsten Kontaktpunkte zwischen Mensch und Bike sind natürlich Pedale und Sattel – aber der Rest des Drucks kommt über die Arme und Hände auf dem technischen Gerät an. Das bedeutet, dass die Haut an dieser Stelle bei längerer Beanspruchung durchaus leidet. Wer sich die Hände von Profiathleten anschaut, die nur mit dünnen oder gar keinen Handschuhen trainieren, blickt auf raue, hornige Pranken. Dem lässt sich vorbeugen, eben mit vernünftigen Handschuhen. Sie schonen die Haut

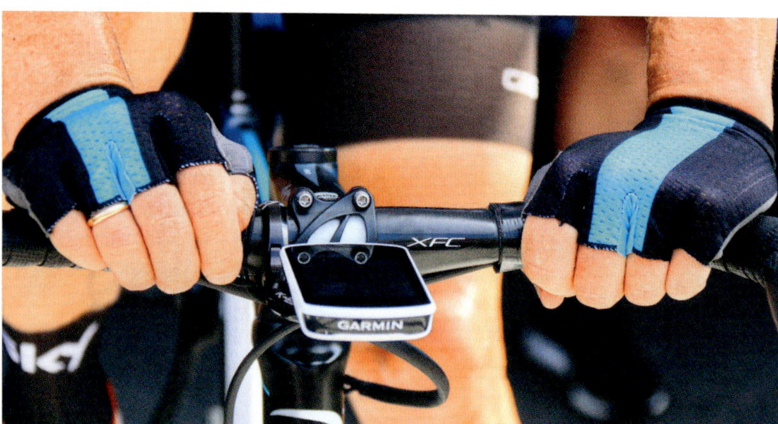

Im Einklang mit dem Teamtrikot

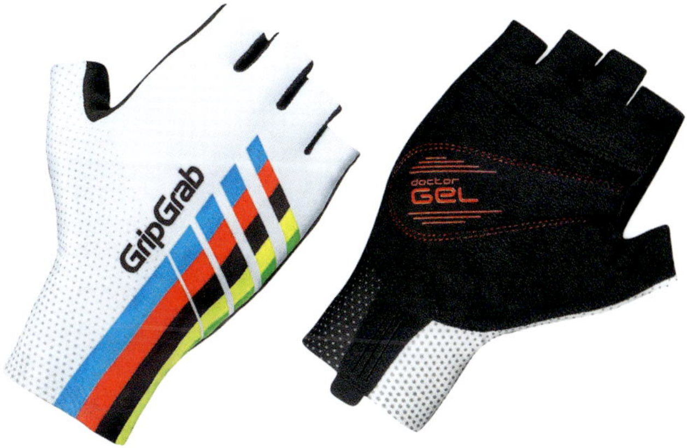

Hauchdünn, farbig und schützend – hier die Weltmeisterhandschuhe

und dämpfen zudem. Polster im Inneren federn Stöße ab und erhöhen so den Komfort.

Schutz bei Stürzen

Die Textilien an der Hand haben auch bei manchen Witterungen große Vorteile. Wenn es nass wird oder wenn es so heiß ist, dass einem der Schweiß an den Innenflächen hinabläuft, bieten gute Radhandschuhe Grip. Mit einem Profil von Aufrauhungen verhindern diese Produkte, dass die Sportlerin den Halt verliert und abrutscht. Bei Regen ist dieser Effekt natürlich besonders wichtig.

Wenn es hart auf hart kommt, können Handschuhe Schlimmeres verhindern: Bei einem Sturz auf den Asphalt gehören die Handinnenflächen meist zu den stark betroffenen Kontaktzonen. Wer hier eine zweite Hautschicht trägt, kann sich vor fiesen Schürfwunden schützen. Außerdem gehört auch die Kontrolle der Reifenmäntel immer mal wieder zur Ausfahrt, etwa nach dem Durchfahren eines Scherbenhaufens. Wenn Sie den Reifen ohne Handschuh durch die Hand gleiten lassen, ratscht mitunter ein Glassplitter ihre Haut auf und Sie bluten.

Bei schlechtem Wetter und bei Kälte gehen selbst Hartgesottene irgendwann zum Handschuh über. Die Auswahl des richtigen Modells ist nicht trivial. Touren von 100 Kilometern oder mehr werden zur Qual, wenn Sie an den Fingern frieren. Hier sollten Sie nicht an der falschen Stelle sparen. Wobei die Wärmefunktion nicht unbedingt eine Preisfrage ist. Es gibt auch exzellente Winterhandschuhe bei Rabattaktionen der Discounter.

Hauptsache hart

29

Intervalltraining bringt's

Lange Zeit galt folgende Idee: Rennradfahren ist ein Ausdauersport. Wer darin gut werden will, muss seine Ausdauer fördern. Und das geht am besten auf langen Ausfahrten.

Pustekuchen. Die Trainingswissenschaft fördert zum Glück neue Erkenntnisse zutage. Eine davon lautet, kurz gesagt: Sie müssen nicht zwölf Stunden pro Woche trainieren, um Ihre Ausdauerleistung zu verbessern. Sie können effizienter vorgehen und erstaunliche Effekte erzielen, wenn Sie auf Intervalltraining mit hoher Intensität setzen. »Mit Intervalltraining kann man sich einen Haufen Zeit und Kilometer sparen und dennoch in sehr gute Form kommen«, sagt Robert Kühnen, einflussreicher Fachjournalist für das Radsportmagazin *TOUR* und angesehener Experte für Fitness- und Konstruktionsthemen.

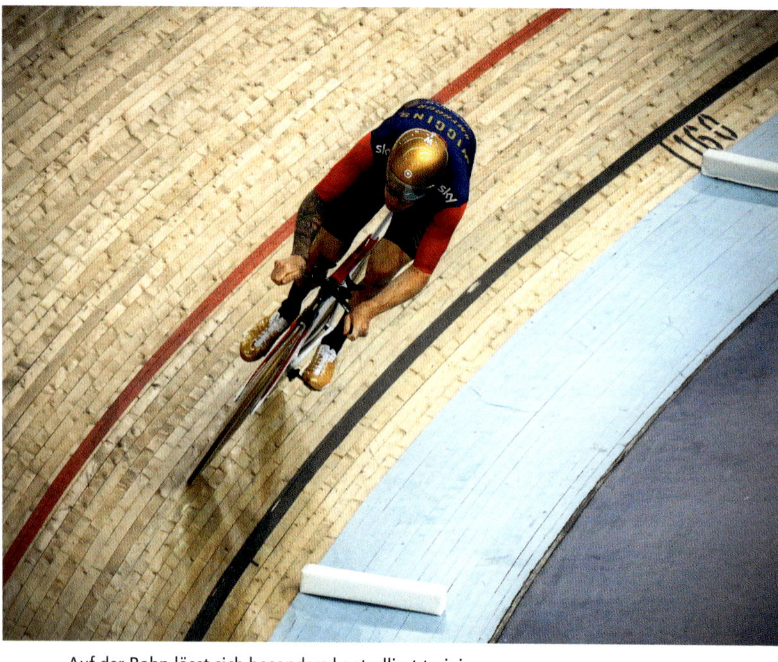

Auf der Bahn lässt sich besonders kontrolliert trainieren.

Alles rausholen

Beim Intervalltraining wird für zeitlich fest definierte Zeiträume die Leistung merklich gesteigert und dann gehalten, wonach man sich für eine bestimmte Zeit erholt und in diesem Rhythmus immer wieder neue Reize setzt. Es gibt verschiedene Arten von Intervallen. Bei den so genannten Sprint-Intervallen geben Sie für etwa 30 Sekunden alles – die Kette ist dann vermutlich ganz rechts und Sie sind schon nach einer halben Minute am Ende. Danach ist erstmal einige Minuten Pause, ehe es wieder in den Sprint geht. Wer das fünfmal wiederholt, wird es hinterher spüren.

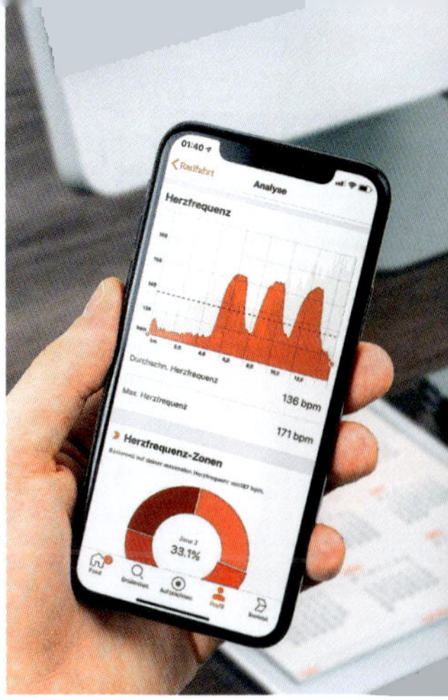

Gut erkennbar: Training mit Intervallen

Gleichförmiger ist das so genannte 30-30-Intervallfahren: Hier steigern Sie Ihre Leistung immer für 30 Sekunden auf einen Wert, der ungefähr ein Drittel über Ihrer Schwellenleistung liegt (siehe Kapitel 53). Danach geht es wieder 30 Sekunden in den Grundlagenmodus. Ich persönlich hatte mit einer dritten Form von Intervalltraining viel Erfolg: Vier Minuten im so genannten Entwicklungsbereich, bei dem die körperliche Leistung wie im Wettkampf abgerufen wird. Danach sind zwei Minuten Pause, ehe man das Spiel ein paarmal wiederholt. »Intervalltraining verschiebt die Leistungsgrenzen. Nicht nur die Muskeln werden trainiert, sondern auch das Gehirn, das lernen muss, wie viel mehr noch geht«, sagt Robert Kühnen.

Effekte wie bei Langstrecken

Die Erkenntnisse aus der Trainingswissenschaft lassen sich etwa so zusammenfassen: Der Körper reagiert auf systematisches Intervalltraining mit hoher muskulärer Beanspruchung fast genauso wie auf ausgedehnte Ausdauerfahrten. Er zieht eine Anpassung nach, erhöht die Anzahl der Zellkraftwerke und verbessert den Stoffwechsel. Diese Faktoren verbessern klar die Ausdauerleistung.

Damit ist nicht gesagt, dass Sie sich das Grundlagentraining vollständig sparen sollten. Diese Ausdauerbasis ist weiterhin das Rüstzeug für jeden Konditionssportler. Kilometerleistung ist nach wie vor eine relevante Größe. Zumal Sie ja auf dem Bock auch eine ganze Weile durchhalten müssen, wenn Sie einen Marathon oder ein Rennen fahren. Aber: Indem Sie auf hohe Intensität setzen, können Sie aus Ihrer Zeit eine Menge mehr herausholen.

Auf der Rolle

30

Indoortraining als fester Bestandteil der Saison

Wer im Frühjahr und Sommer gut in Form sein will, sollte dafür schon im Winter arbeiten. Radsport erfordert Disziplin – und die kann man vor allem in der dunklen Jahreszeit beweisen. Längere Trainingseinheiten draußen sind im Winter wegen des Sonnenstands für die meisten Berufstätigen unrealistisch. Auch das Wetter verhindert natürlich ausführliche, regelmäßige Ausfahrten. Also braucht es anderen Ausdauersport – oder das Training auf der Rolle.

Viele routinierte Rennradfahrer sitzen mehrmals pro Woche im Keller und fahren eine Stunde oder länger, mit Handtüchern gegen Lachen auf dem Boden ausgestattet, weil kein Fahrtwind den Schweiß wegweht. Es läuft vielleicht Musik oder ein Fernseher, denn irgendwie ist das langweilig.

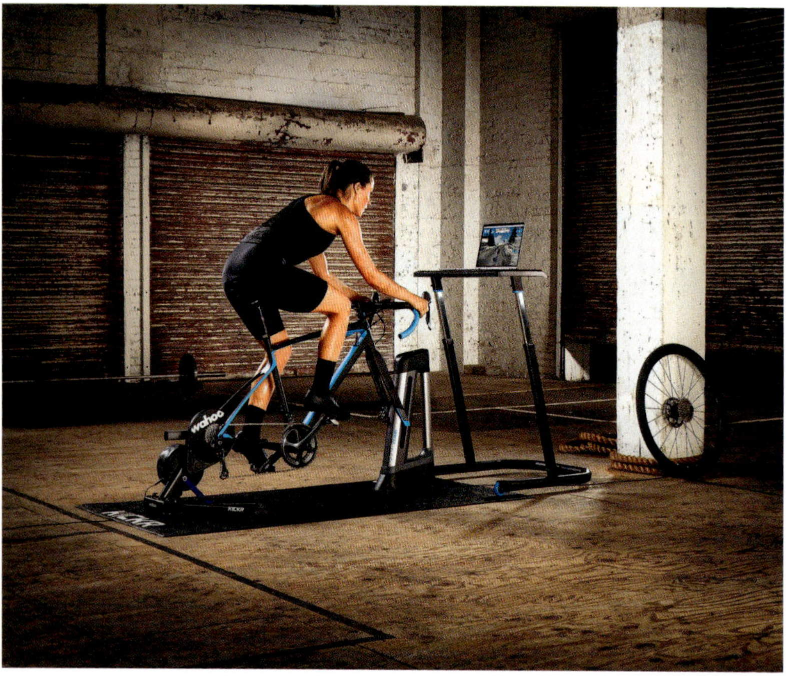

Das Rennradfahren funktioniert drinnen wie draußen.

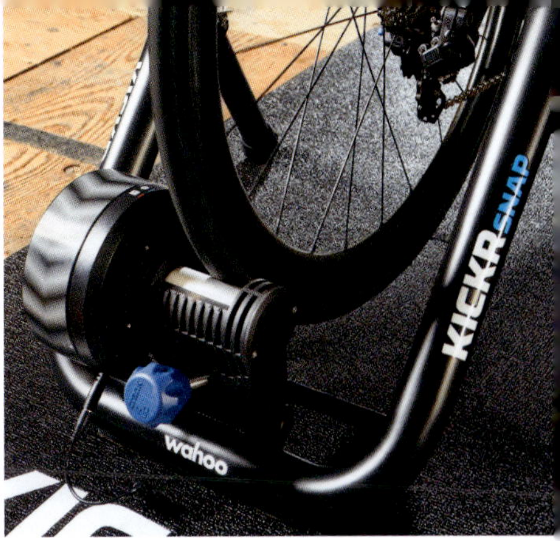

Eine Rolle ermöglicht exaktes Training.

Aber effizient. Und man ist durchaus erstaunt, wie sehr sich eine Stunde Intervalltraining ohne Windschatten und ausgelassene Pedalumdrehungen von der Belastung auf der Straße unterscheiden kann.

Freie oder feste Rolle

Klassischerweise gibt es zwei Systeme: Bei der sogenannten freien Rolle fährt das Rennrad mit Vorder- und Hinterrad jeweils über ein Rollenpaar. Die Bewegung führt über eine Verbindung dazu, dass sich das Vorderrad passend mit bewegt. Man rollt tatsächlich frei, weswegen ein gewisses Maß an Geschicklichkeit nötig ist, um nicht seitlich hinzufallen. Daneben gibt es üblicherweise Rollen mit Widerstand, bei denen die Hinterachse eingespannt wird. Ein mechanischer, magnetischer oder elektromagnetischer Widerstand erlaubt es, die Trainingsleistung zu modulieren. So lassen sich sehr kontrolliert Intervalle fahren.

Smarte Geräte beleben die Szene

Doch all das ist extrem langweilig. Zudem drohen bei den eingeklemmten Rahmen Schäden und das Fahrgefühl ist auch eher mäßig. Deswegen haben findige Hersteller in den vergangenen Jahren viele Neuerungen für das Indoortraining eingeführt. Die neuen, teureren Systeme schonen das Material. Man nimmt das Hinterrad heraus und spannt die Kette direkt am Gerät ein, wo über ein Ritzelpaket die Kraft aufgenommen wird. In einem Kasten läuft ein Schwungrad – das ist auch deutlich leiser als der Sound älterer Rollentrainer.

Mit der neuen Technik kommen viele Innovationen. Das Training wird wattgenau gesteuert, man kann Steigungen simulieren und sogar Zusatzelemente kaufen, die etwa den angepassten Fahrtwind simulieren. Das Neue hat natürlich seinen Preis, aber ist eben auch mit dem Internet verbunden und damit Ausgangspunkt für jede Menge Spielereien (die wichtigste davon heißt Zwift und ist Thema des nächsten Kapitels). So wird aus dem leidigen Rollentraining heute ein neuer Markt, auf den gleich mehrere Hersteller mit ihren Ideen drängen. Und der dazu führen soll, dass sich die Sportler im nächsten Jahr garantiert fitter fühlen.

Im Reich der Avatare

31

Schwitzen beim E-Sport mit Zwift

Früher gab es eine klare Aufteilung: Indoortraining von maximal einer Stunde im Winter; der Rest passierte draußen. Doch dann kamen die Tech-Unternehmer aus Kalifornien. Dann kam Zwift. Heute trainieren ambitionierte Radsportler mitunter selbst im Sommer lieber auf der smarten Rolle mit Internetverbindung als auf der nächsten Landstraße. Viele von ihnen absolvieren stundenlange Trainingsrunden vor dem PC-Bildschirm. Dabei schließen sie sich sogar Trainingsgruppen an und fahren bei Rennen mit.

Realität in der Simulation

Oft wird ja nur behauptet, dass neue Produkte disruptive Wirkung hätten. Bei Zwift scheint sich dies aber zu bewahrheiten. Wie niemals zuvor verwandelt der Internetdienst körperliche Ausdauerleistungen in ein kurzweiliges Erlebnis. Zwift verbindet das gute alte Rollentraining mit einer virtuellen Welt, in der der jeweilige Sportler mit seinem Avatar Ruhm und Trophäen einheimst. Ob E-Sport nun wirklich Sport ist, ist bei Zwift keine Frage: Erfolg hat nur, wer zuhause vor dem Gerät wirklich in die Pedale tritt und damit eine Power bringt, die draußen auf der Straße genauso wirken würde. Zwift simuliert nicht nur, Zwift ist die Wirklichkeit des Radsports auf virtuelle Art.

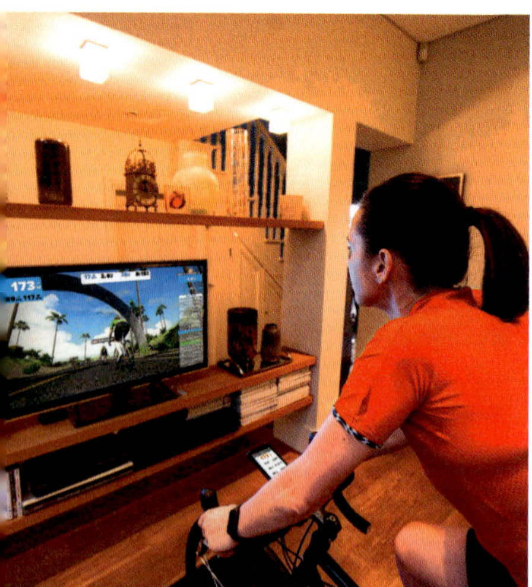

Rennen zuhause mit Zwift

Die Anbieter wollen natürlich Geld verdienen – bei Zwift mit einem Abo-Modell, das in etwa so viel kostet wie ein Streamingdienst. Und der Preis eines Smart-Trainers, der den Widerstand passend zum Programm anpasst, ist auch recht stolz. Doch diese virtuelle Welt zieht immer mehr Radler in ihren Bann. Für sie scheint sich die Investition zu lohnen.

Chinesische Schnäppchen

32

Lockangebote und neue Marken finden sich bei der Netzrecherche

Kann man der Sache trauen? Beim Stöbern auf einer der diversen Shoppingplattformen mit Angeboten chinesischer Hersteller fällt ein Rennrad auf. Das Rad sieht nicht nur attraktiv aus, der Carbonrahmen wirkt auch aerodynamisch. Die Komponenten: erstklassig. Der Preis im Vergleich zu deutschen Herstellern: minimal.

Die Frage ist also: Kann man den Herstellern solcher Angebote trauen, Firmen, von denen man noch nie etwas gehört hat? Die vielleicht in falschem Englisch über ihre Qualitätsstandards schreiben? Sachverständige in Deutschland warnen vor der Importware. Klar, denn sie passt nicht ins System. Sie wird vielleicht auch getestet – aber nach welchen Standards? Bei europäischen Herstellern ist die gesetzliche Haftung ein mächtiges Schwert, viele reklamieren strenge Qualitätsstandards für sich. Die Frage ist: Kann man sich darauf auch verlassen, wenn man über AliExpress seine Bestellung aufgibt? Eine Klage in China dürfte jedenfalls geringe Erfolgsaussichten haben.

Andererseits hat sich ein Wandel vollzogen: Chinesische Hersteller treten vermehrt mit eigenen Marken in Erscheinung und wenden sich direkt an westliche Kunden. Dieses Phänomen wird von Insidern wie Joe Whittingham als Trend gesehen, bei dem chinesische Marken ihren Platz am Weltmarkt suchen. Die Wahrnehmung, dass Made in China minderwertige Qualität bedeutet, ist bei vielen Konsumenten zwar noch vorhanden, aber es gibt immer mehr Beispiele, die das Gegenteil beweisen. So gibt es mitten in Deutschland Bike-Outlets Produkten neuer chinesischer Marken.

Online-Konfigurator und Haftungsfragen

Die Händler berichten von makelloser Qualität der Carbonrahmen und begeistern sich für Features wie Online-Konfiguratoren und individuelle Lackierungen, die in dieser Preisklasse bei westlichen Marken oft nicht zu finden sind. Gleichzeitig bleibt die direkte Bestellung von No-Name-Produkten über Plattformen ein Risiko, da die Qualität unklar ist und die gesetzliche Haftung in der EU nicht greift. Petr Minarik, der mit seiner Seite CyclistsHub.com verlässliche Informationen und Tests zu Chinamarken bereitstellt, hatte jedoch nach eigenen Angaben noch nie ein gefährliches Problem mit einem dieser Räder.

Die Insel der Glückseligen

Mallorca, das Trainingsparadies

33

»Malle ist nur einmal im Jahr«, schallt es von der Schinkenstraße, wo Pauschaltouristen sich, mal mehr, mal weniger stabil, an große Gläser und lange, bunte Strohhalme klammern. Der ambitionierte Radsportler schüttelt da nur den Kopf – und zwar nicht nur wegen des kollektiven Alkohol-Gelages am Ballermann. Denn viele Rennradfahrer sind heute dazu übergegangen, gleich mehrere Male pro Saison auf die Baleareninsel zu jetten.

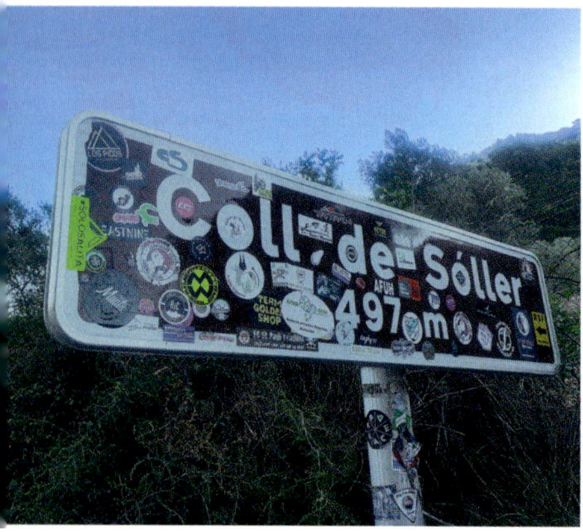

Der Pass von Sóller bietet Zugang zu schönen Routen entlang der Tramuntana.

Das hat gute Gründe: In Deutschland, Österreich und der Schweiz ist es im Herbst, Winter und auch im Frühling oft noch kalt, es drohen Regen und Schnee. Aber nur etwa zwei Flugstunden entfernt liegt das perfekte Trainingsareal für alle, die in Form kommen und gleichzeitig traumhafte Landschaften genießen möchten. Mallorca ist ein Paradies für Radsportler und seit Jahrzehnten auf diese Art des Tourismus eingestellt. Wer ein Trainingslager sucht, das beinahe ganzjährig perfekte Bedingungen bietet, kommt an diesem Eiland kaum vorbei. Eine ganze Industrie hat sich um den Sport angesiedelt: Die Hotels bieten zusammen mit den Radvermietern attraktive Pauschalangebote – und auch das Frühstücksbüffet mit vielen sportfreundlichen Kohlenhydraten passt zu den Vorlieben der Hobbysportler.

Schwärme am Morgen

Für Profis genauso wie für Jedermänner und reine Genussfahrer gehören mallorquinische Eskapaden fest zum Jahresplan. Schon im Januar tummeln sich die Profiteams in den Hotels an der Playa de Palma, an der ein halbes Jahr später viele Touristen an Sonnenbränden und Katern laborieren. Und wer einmal im März oder April morgens um neun Uhr an

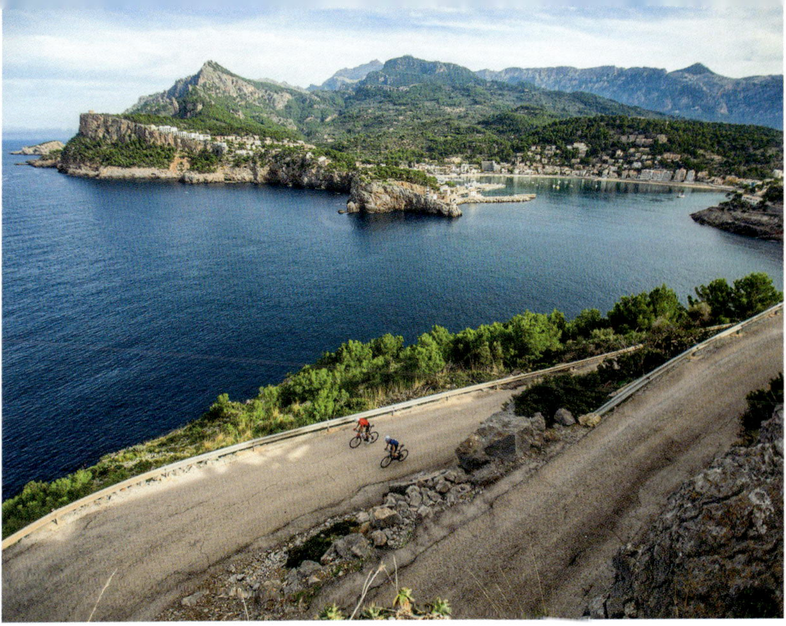

Mallorca zeigt Buchten und Berge eng beieinander.

der Bucht von Alcúdia entlangfährt, sieht ganze Schwärme von Rennradfahrern, die zu ihren täglichen Touren rollen.

Neben dem dauerhaft warmen oder wenigstens milden, meist trockenen Klima sprechen die perfekt modulierbaren Strecken für Mallorca als Reise- und Trainingsziel. Mit der Serra de Tramuntana im Norden gibt es eine landschaftlich überragende Mittelgebirgskette, in deren Mitte mit dem Puig Major ein richtiger Pass (von Sóller aus) die Bergziegen lockt. Doch es geht auch flach oder zumindest wellig durch die Ebene – und windig ist es meistens.

Auch Trainingsgäste feiern ein bisschen

Eine perfekte Gelegenheit, um die Form zu testen, ist der Radmarathon Mallorca 312 mit Start und Ziel in Playa de Muro. Die Strecke führte bis vor ein paar Jahren sogar direkt an den Lieblingskneipen der Ballermanntouristen vorbei. Doch das Rennen wurde zu erfolgreich und zu einer Belastung für den Stadtverkehr in den Knotenpunkten Palma und Arenal. Immerhin gibt es für alle Teilnehmer auch heute noch kurz vor dem Ziel ein Freibier. Und in Playa de Muro mit dem Bike Point die Kultkneipe für alle Trainingsgäste, die abends doch mal gern ein bisschen feiern. Man muss ja nicht gleich aus Eimern trinken.

Weg mit dem Schlauch

34

Taugen Tubeless-Reifen auch fürs Rennrad?

Unter Rennradfahrern ist Skepsis gegenüber technischen Neuerungen verbreitet. Verständlich, denn viele solche Neuerungen der Hersteller sind eher Marketingoffensiven als Innovationen. Heftig tobt dann jedes Mal ein Streit zwischen Befürwortern und Widersachern der angeblichen oder tatsächlichen Neuerung. Das sorgt bei den Konsumenten natürlich auch für Verunsicherung. Ein gutes Beispiel dafür ist die Frage, welche Art von Reifen heute ans Rennrad montiert gehört.

War das bis vor ein paar Jahren noch eine klare Sache, so haben die Radler heute die Qual der Wahl. Seit jeher bekannt ist das Prinzip des Drahtreifens, bei dem in einem relativ steifen Mantel ein Schlauch liegt, der im Inneren des Reifens mit Luft aufgepumpt wird. Das System ist leicht zu begreifen. Hat man einen Platten oder möchte man den Reifen wechseln, lässt man die Luft aus dem Schlauch, hebt den Mantel von der Felge, legt den Mantel neu auf, pumpt den Schlauch an und drückt dann mit Gefühl den Reifen in die Felge. Die Sache ist nur: Dieses Verfahren ist verhältnis-

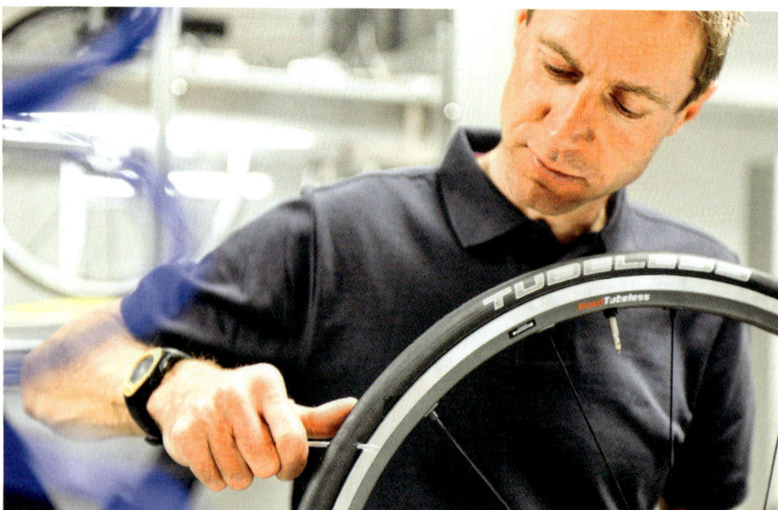

Ein schlauchloser Reifen im Pannentest

mäßig pannenanfällig. Ein klassischer Aussetzer ist der sogenannte Snakebite, bei dem der Schlauch zwischen Mantel und Felge eingeklemmt wird. Ergebnis: nicht ein, sondern zwei Löcher, aus denen die Luft entweicht. Neben dem auch Clincher genannten Drahtreifen gibt es den Schlauchreifen: Das ist ein Reifen, der auf der Felge klebt und einen enorm hohen Luftdruck ermöglicht. Er ist bei Straßenrennen der Profis ebenso im Einsatz wie bei Bahnradsportlern und auch Crossern.

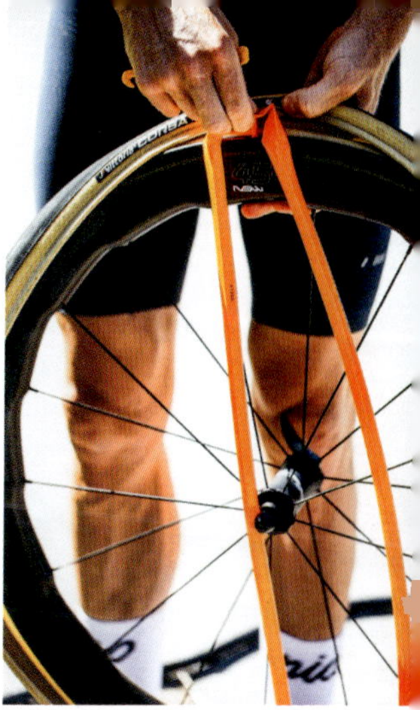

Bewährtes System: der Schlauch im Drahtreifen

Technik wie am Auto

Seit ein paar Jahren setzt sich nun am Rennrad zunehmend eine Technik durch, die beim Mountainbike schon länger erfolgreich ist. Der Tubeless-Reifen, also ein Reifen ohne Schlauch, verspricht deutlich höhere Pannensicherheit. Die Technik rollt seit Jahrzehnten auf Autos und Motorrädern mit. Sie ist theoretisch auch ganz simpel: Felge und Mantel sind komplett dicht, Luft kann nicht entweichen. Damit das so ist und auch kleine Löcher nicht zum Aus führen, füllt man Dichtmilch in den Reifen. Sobald es irgendwo einen Riss gibt, beseitigt die Milch das Problem.

Problem bei der Panne

Doch alles hat Vor- und Nachteile. Die Montage dieser Reifen erfordert idealerweise einen Kompressor und handwerkliches Geschick. Der Umgang mit der Dichtmilch will gelernt sein. Am schlimmsten aber sind die Berichte von Pannen, bei denen man unterwegs dann doch einen Schlauch nachziehen muss, weil das Tubeless-System nicht gehalten hat. Dann gilt es, den mit der Felge verklebten Reifen erst einmal abzubekommen – und dann einen Schlauch einzusetzen. Danach muss man noch den – sehr eng sitzenden – Reifen wieder auf die Felge kriegen, ohne den Schlauch einzuklemmen. Oder im Zweifelsfall mit dem ÖPNV nach Hause.

Sollte man also auf Tubeless-Reifen umstellen? Eine schwierige Frage. Die Pannensicherheit spricht eindeutig für die neue Variante, gerade auch für Gravelbiker (siehe Kapitel 52) ist das ein wichtiger Aspekt. Aber es kann sicher nicht schaden, entweder sehr beschlagene Mechaniker oder eben einen guten Rennradhändler in der Nähe zu haben, wenn man sich auf Tubeless einlässt.

Aber doch nicht mit dem Rennrad

Die Regeln gelten. Oder nicht?

35

Eine wahre Geschichte: Vor etlichen Jahren bin ich auf einer dezenten Abfahrt im Rheinischen im fließenden Kfz-Verkehr mitgerollt, etwa mit 50 Stundenkilometern. Als es auf eine Ampel zuging, überholte mich ein Pkw. Die Ampel schlug auf Gelb um, dann auf Rot – der Pkw ging in die Eisen. Ich wäre beinahe hinten reingekracht, schlug zum Glück nur mit der einen Hand gegen den Kofferraum. Doch der Autofahrer wollte mich daraufhin wegen eines Auffahrunfalls anzeigen. Dem Streit folgte eine längere Wartezeit, garniert mit meinem Hinweis, dass es keinen Schaden gegeben habe – und er offensichtlich mein Leben riskiert habe. Derlei Sachen. Als die Polizei dann anrückte, stellte auch sie keinen Schaden fest. Da zeigte der Mann auf den Weg neben der Straße. Ob die Polizisten mich nicht wenigstens verwarnen könnten, schließlich sei das ja ein Radweg.

Interessanterweise erteilten die Beamten dem Mann dann eine Belehrung. Sie nähmen das Rennradfahren auf der Straße hin, sagten sie. Der Autofahrer dagegen solle keine Verkehrsbelehrung mit dem Wagen machen. Das sei im Zweifel lebensgefährlich. Recht zu bekommen ist mitunter ein schönes Gefühl.

Benutzungspflicht bei blauem Schild

Nur eben auch ein trügliches, denn: Klar, die Polizei kann allerlei durchgehen lassen. Auch sie kann ja beurteilen, dass es mitunter unzumutbare Wege gibt – vor allem für Leute in der Vorbereitung auf den

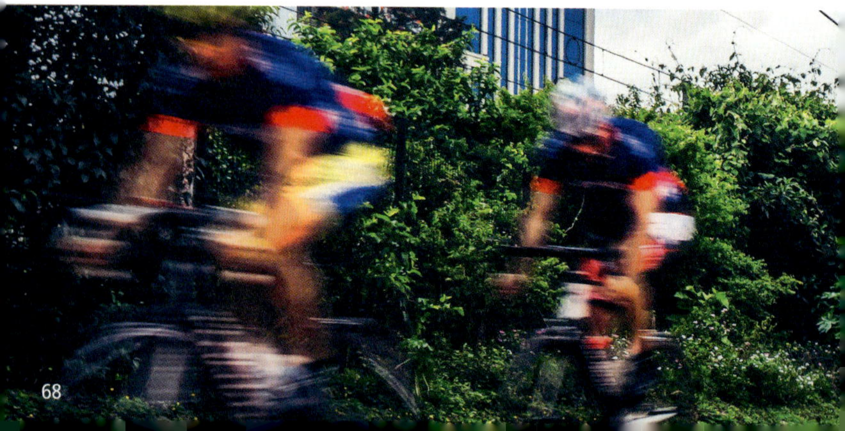

nächsten Ötztaler! Aber eigentlich hätte ich wirklich auf dem Radweg fahren müssen, auch wenn er noch so holprig gepflastert war und ich auf den Bremsen hätte stehen müssen. Denn es stand dort ein blaues Schild. Damit ist klar: Es gilt die Radwegebenutzungspflicht.

Es ranken sich allerlei Mythen um Ausnahmeregeln für Rennradfahrer im Straßenverkehr. Ist man mit einer Gruppe unterwegs, gibt es früher oder später immer einen Konflikt mit Autos. Und irgendeiner ruft da was von der Straße, die uns allen gehört. Aber es hängt halt an den Schildern.

Gefahr für Mensch und Material

Viele Rennradfahrer machen ein bisschen von allem. In der Stadt fahren sie artig auf dem ausgeschilderten Radweg. Auf Landstraßen entscheiden sie je nach Zustand des Weges. Denn beim Training sind Wurzeln und Stöcke nicht nur nervig, sondern mitunter eine Gefahr für Mensch und Material. Grundsätzlich gilt: Steht da kein Schild über die Pflicht, dann darf man auch auf die Straße.

Wer gern bei Rot über die Ampel radelt, sollte sich auch im Klaren sein: Darf man nicht. Außer man ist in einem geschlossenen Verband von 16 Fahrern oder mehr unterwegs. Dann können auch die hinteren Athleten noch durch, wenn die Gruppe ganz vorne grün hatte.

Ach, und wussten Sie das: Mit dem Rennrad dürfen Sie innerhalb geschlossener Ortschaften schneller fahren als der motorisierte Verkehr. Denn: Gemäß Straßenverkehrsordnung gilt die Höchstgeschwindigkeit von 50 Stundenkilometern nur für motorisierte Verkehrsmittel. Sollten Sie also kein zusätzliches Geschwindigkeitsschild sehen, können Sie ja mal schauen. Allerdings verweise ich vorsorglich auf das Kapitel über Verletzungen.

Wo es Radwege gibt, sollte man sie auch nutzen.

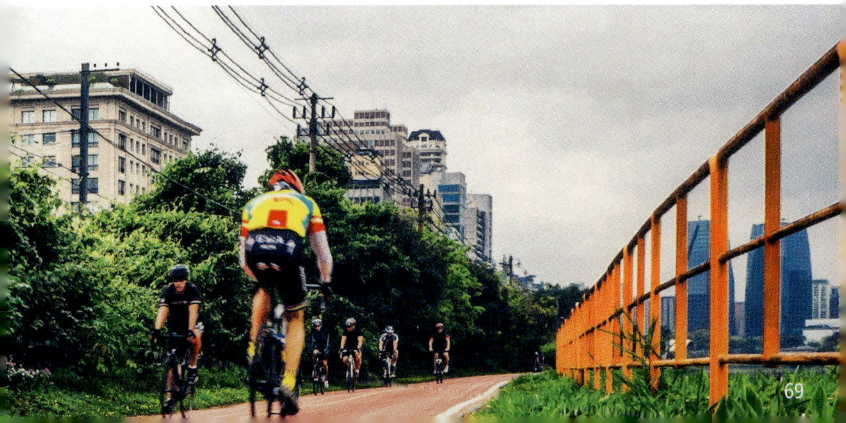

Widerstand zwecklos

36 Heute fährt auch der Bergfloh mit Scheibenbremse

Es war ein historischer Disput, einer derjenigen, wie er für die Fahrradwelt typisch ist, wenn es um neue Technik und Traditionen geht. Doch der Streit um die Bremse war außergewöhnlich heftig und hallt noch immer nach, wenn es beispielsweise zu sehr unglücklichen Stürzen kommt. Doch Fakt ist: Seit 2021 hat der Profiradsport die Frage beantwortet, und damit gilt der Evolutionsschritt eigentlich auch für alle anderen: Die Scheibenbremse hat sich durchgesetzt, die Felgenbremse ist jetzt nur noch was für Ewiggestrige. Die Auseinandersetzung stand stellvertretend für zwei Lager von Rennradfahrern, die die Meinung machen.

Innerhalb weniger Jahre hat sich das Bild gewandelt, hat das Rennrad ein Element mehr bekommen, das optisch heraussticht. Wenn Sie heute ein neues Rennrad kaufen, dürften Sie fast standardmäßig mit einer silbernen Scheibe an den Rädern konfrontiert werden: diese Scheibenbremse hat viele Vorzüge. Diese technische Neuerung hatte sich bei Mountainbikes schon länger durchgesetzt – am Auto ist es übrigens seit Jahrzehnten erfolgreich im Einsatz. Das Bremsprinzip ist anders als bei der Felgenbremse: Der Bremsvorgang findet nicht an der Felge selbst statt, sondern in einem speziellen System. Das setzt sich zusammen aus der Scheibe, die sich mit der Radnabe dreht, und dem Bremssattel, in dem die Scheibe bei Bedarf mit dem Bremsklotz verlangsamt wird.

Der schnelle Wandel

Warum war dieses neue System nötig? Die Traditionalisten fragen sich das bis heute. Doch es gibt klare Argumente, die für die Scheinbremse sprechen. Das eine ist das Bremsverhalten bei Nässe und Verschmutzung. Felgenbremsen bremsen am nassen, schmierigen Rad. Das kann bei schlechtem Wetter mitunter knifflig werden. Scheibenbremsen springen auch bei Regen bestens an. Der Unterschied ist eindrücklich. Sodann ist die Bremskraft der Scheinbremse grundsätzlich stärker, was die Sicherheit des Radlers erhöht – sofern er mit der Technik umzugehen weiß. Auf kurvigen Abfahrten läuft es mit der Scheibenbremse flüssiger, man kann später bremsen. Wer das geübt hat, findet ganz neue Wege, das Rad zu bewegen.

Widerstand bleibt

Als die erste Auflage dieses Buchs herauskam, musste man noch abwägen. Da war der Tour-Sieger Egan Bernal mit Felgenbremsen unterwegs gewesen, der Gesamt-Vierte aus Deutschland, Emanuel Buchmann, jedoch mit Scheiben. Der Umbruch geschah, als ein junger Mann den Thron des Sports aggressiv angriff – bei seinem Debüt noch mit den alten, bei der zweiten Tour dann mit Scheibenbremse. Die Rede ist von Tadej Pogačar, der auf seinem Colnago beim Sensationssieg 2020 noch nicht umgerüstet hatte, den Titel 2021 aber mit Bremsscheiben verteidigte. Seither ist das System Standard. Und klar: Es hat Rennräder nochmal teurer gemacht, den Wartungsaufwand erhöht, das Gewicht der Flitzer nach oben getrieben und damit an anderer Stelle Innovationsdruck erzeugt. Wie so oft kommt mit der Neuerung auch die Notwendigkeit, tiefer in die Tasche zu greifen. Allerdings ist das im Einzelfall keine ganz so klare Sache, denn man konnte sich mit den alten Bremsen auch die Laufräder kaputtmachen – dann war die Wartung deutlich teurer als beim Austausch von Belägen oder Scheiben.

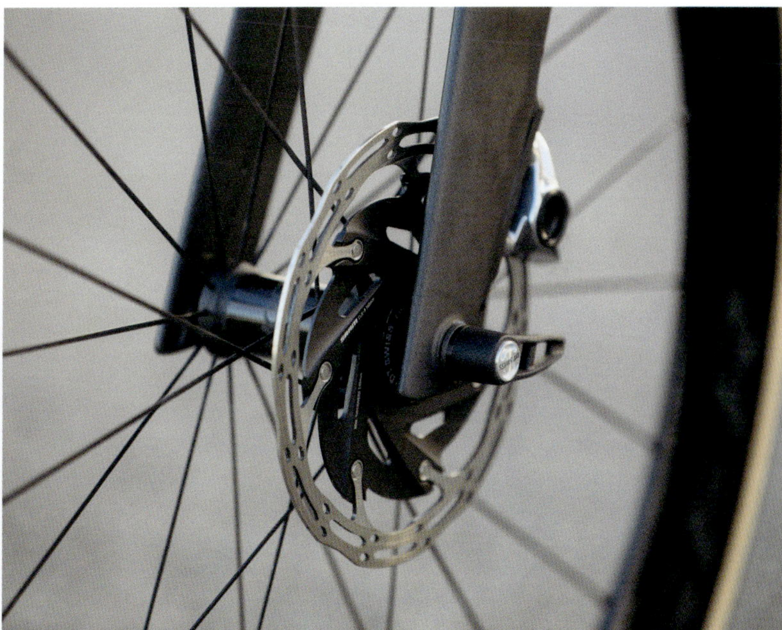

Eine 160-Millimeter-Scheibenbremse von SRAM

Die Strukturen

37 Die Spitzenorganisationen UCI und German Cycling

Man muss kein Vereinsmeier sein, um als Rennradfahrer mit dem stramm organisierten Sport in Berührung zu kommen. So ist es nicht unwahrscheinlich, dass an einem Rennradrahmen ein Sticker des Welt-Radsportverbands *Union Cycliste Internationale* (UCI) angebracht ist. Mit diesem Aufkleber ist klargestellt, dass das Produkt den Regularien des höchsten Verbands für den Fahrradsport entspricht. Solange man mit dem Radl auf eigene Faust im Trainingsgebiet unterwegs ist, ist das nur ein netter Gimmick. Doch wer sich dann doch mal in ein offizielles Event begeben möchte, sollte darauf achten, dass das Material den Vorgaben entspricht.

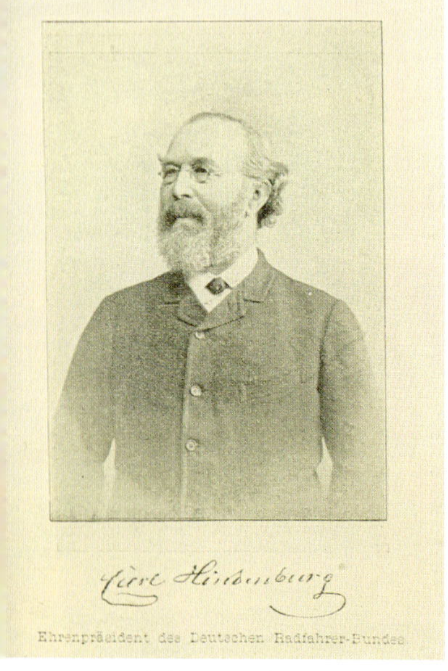

Gründungspräsident des deutschen Radsportverbands: Carl Hindenburg

Denn gerade bei Materialfragen zeigt sich die Macht der UCI. Hier wird der Welt-Radsportverband aber auch immer wieder kritisiert. Denn das Regelwerk des Verbands gilt vielen als zu starr. Das bremse den technischen Fortschritt aus. So schreibt die UCI ein Mindestgewicht von 6,8 Kilogramm für Räder in offiziellen Wettbewerben vor. Das Fahrrad, mit dem Eddy Merckx 1972 den Stundenweltrekord aufstellte, wog gut ein Kilo weniger. Strenge Regeln gelten auch für Aufbauten und die Geometrie – was für Radkonstrukteure ziemlich nervig ist.

Spitzenverband für viele Disziplinen

Die UCI ist nicht nur für Rennradfahrer da, sie ist auch die oberste Instanz für Mountainbiker, Hallenradsportler, BMX-Fahrer und mehr. Ihr Regelwerk ist damit verbindlich für jeden, der sich in den nationalen Verbänden betätigt – etwa durch eine Mitgliedschaft in einem Radsportverein in Deutschland.

Wie bei den meisten Spitzenverbänden hat es in der UCI immer wieder erhebliche politische Kontroversen gegeben. Gerade wegen des Umgangs mit Dopingthemen stand der Weltverband wiederholt in der Kritik. Eine der weniger ruhmreichen Epochen war beispielsweise die Präsidentschaft des Niederländers Hein Verbruggen, gefolgt von dem Iren Pat McQuaid. Die größte, auch juristische Auseinandersetzung entspann sich um Geldzahlungen des damals dominierenden Fahrers Lance Armstrong an den Verband. Der Vorwurf der Bestechung zum Verhindern von Dopingfällen stand im Raum. Verbruggen wehrte sich erfolgreich vor Gericht gegen diese Darstellung. Allerdings kritisierte eine Kommission im Auftrag der folgenden UCI-Führung mangelnde Sorgfalt und Vertuschung im Fall Armstrong.

Aus BDR wird German Cycling – Tradition seit 1884

Als Weltverband ist die UCI Organisatorin der Weltmeisterschaften und Weltcups, wie es sie im Cyclocross oder beim Bahnradfahren gibt. Höchster deutscher Verband ist wiederum German Cycling, wie sich der Bund Deutscher Radfahrer mit Sitz in Frankfurt am Main 2024 neu benannte. Der Verband wurde bereits 1884 gegründet, was zeigt, wie traditionsreich der sportliche Aspekt des Radfahrens ist.

Wer in Deutschland aktives Mitglied in einem Radsportverein wird, gehört damit automatisch zu seinen Aktiven. Der Verband hat etwas mehr als 150 000 Mitglieder. Obwohl es in Deutschland 16 Bundesländer gibt, sind 17 Landesverbände im BDR angeschlossen. Zwar bilden Baden und Württemberg seit 1952 ein vereintes politisches Gebilde – doch die beiden BDR-Landesverbände sind nie zusammengewachsen.

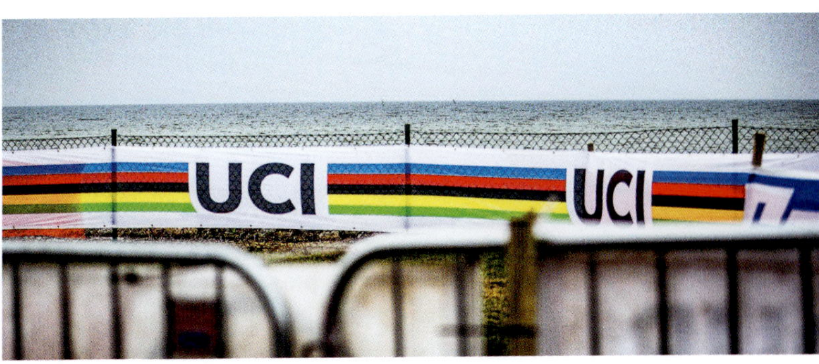

Die UCI veranstaltet die Weltmeisterschaften des Radsports.

Kopfschmuck

38

Warum der Helm dazugehört

Die Bilder wirken wie aus musealen Epochen, doch sie stammen aus einer Zeit, als Menschen sich längst über E-Mails austauschten und auch am Fahrrad allerlei Hightech eingezogen war. Umso mehr verwundert es, dass die Besten der Besten auf dem Rennrad bis Ende der 1990er-Jahre ohne Helm bei Rennen unterwegs waren. Man suche nur mal nach Bildern der Tour de France 1998, in der sich Jan Ullrich, der deutsche Held, und Italiens gefeierter Star Marco Pantani im Hochgebirge bekämpften. Beide tragen keinen Kopfschutz, Pantani nur eine textile Kopfbedeckung über dem blanken Schädel. Bei der Tour de France gilt die Helmpflicht erst seit 2004.

Ein tragischer Unfall

Das verwundert im Rückblick. Schließlich war bei der Frankreichrunde 1995 der 24 Jahre junge Fabio Casartelli, ein großes Talent des italienischen Radsports, in einem Massensturz bei der Abfahrt vom Col de Portet-d'Aspet mit dem Kopf auf eine Straßenbegrenzung gestürzt und kurz darauf im Krankenhaus gestorben. Für viele Hobbyfahrer waren die Fernsehbilder ein Aha-Erlebnis. Und doch gibt es bis heute ganz Eingefleischte, die immer noch ohne protektive Kopfbedeckung durch die Landschaft strampeln. Fakt ist: Helme schützen, sie können den Unterschied ausmachen zwischen einem glimpflichen Crash und einem längeren Leidensweg, vielleicht sogar tödlichen Verletzungen. Dazu gibt es reichlich Untersuchungen. Man muss übrigens nicht schnell sein, um vom Schutz zu profitieren. Klassiker sind auch Unfälle aus dem Stand. Wer beim Einklicken an der Ampel abrutscht und mit dem Kopf ungebremst auf den Boden aufschlägt, wird sich über einen Helm sicher freuen.

Schon in der Nachkriegszeit und bis in die 1990er-Jahre hatten manche Radprofis durchaus versucht, sich mit anderen Mitteln zu behelfen. Sie trugen dann vor allem so genannte Sturz-

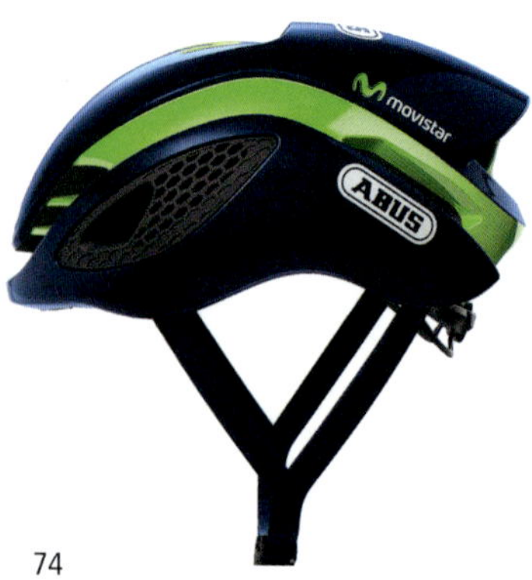

Gehört längst zur Grundausstattung: der Fahrradhelm

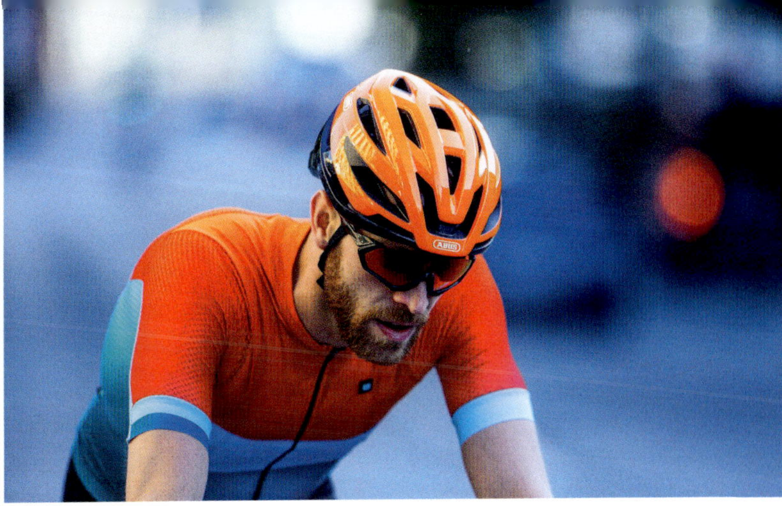

Farblich bietet die Kopfbedeckung viele Akzente.

ringe, eine flexible Konstruktion aus Lederschläuchen, die ohne Hülle direkt am Kopf anlag. Wer die Standards und den Komfort heutiger Helme kennt, schüttelt darüber schmunzelnd den Kopf.

Probieren, bis es passt

Bei der Auswahl des Helmes sollte man sich ein wenig Zeit nehmen und ausprobieren. Die Passform muss natürlich stimmen, man muss mit den verschiedenen Einstellmöglichkeiten experimentieren, damit das Teil auch wirklich wie angegossen sitzt. Die nächste Frage – und die ist für viele natürlich nicht ganz unwichtig: Wie sieht das Ding denn auf dem Kopf überhaupt aus? Hier gibt es heute ein unüberschaubares Angebot an Helmen in allerlei Breiten, Geometrien und Farben. Was das Schutzniveau anbelangt, überbieten sich die Hersteller gegenseitig mit Versprechen. Ein System, das sich bewährt hat, ist MIPS (Multi Directional Impact Protection System). Helme mit diesem System schützen mit ihrem Konstruktionsprinzip besonders vor den Folgen schräger oder rotierender Einschläge. Ein weiterer Aspekt ist nicht nur die Frage der Belüftung im Helminneren, sondern auch die aerodynamische Bewertung. Für ambitionierte Athleten ist dieser Faktor durchaus relevant und lässt sich auch in Watt ausrechnen.

Helme sollten nicht ewig getragen werden. Experten raten dazu, sie alle fünf Jahre zu wechseln. Spätestens. Und wenn sie vorher in einen Unfall verwickelt waren, gehören sie nach Meinung der Spezialisten aussortiert. Zu groß ist das Risiko, dass im Helm ein Schaden entstanden ist, der beim nächsten Aufprall den effektiven Schutz verhindert.

Allein gegen die Uhr

Das unerbittliche Zeitfahren

39

Können sich Menschen in Maschinen verwandeln? Beim Blick auf die besten Einzelzeitfahrer unter den Topprofis bei Frauen- und Männerrennen kann man das schon meinen. Im besten Fall passt hier alles zusammen, wie von einem Ingenieursteam ausgetüftelt. Die Athletin sitzt in der perfekten Position auf dem Fahrrad, die Schultern so schmal zusammengezogen, dass sie kaum breiter wirken als der Kopf unter dem aerodynamisch optimierten Helm. Der Körper ruht auf der Spitze des Sattels, Energie fließt durch die Muskeln in die Maschine, nichts geht verloren. Und dann erst das Fahrrad: leicht und im Windkanal optimiert, schießt es über den Asphalt.

Zeitfahren ist die technische Leistungsschau des Rennradsports. Es ist auch die Teildisziplin, bei der sich Materialtüftelei und gnadenloses Spezialistentum besonders bewähren. Und vor allem ist es eine Angelegenheit, bei der manche Sportler ihre physiologische Überlegenheit ganz pur demonstrieren können. Beim Zeitfahren geht es nämlich nur um eines: In welcher

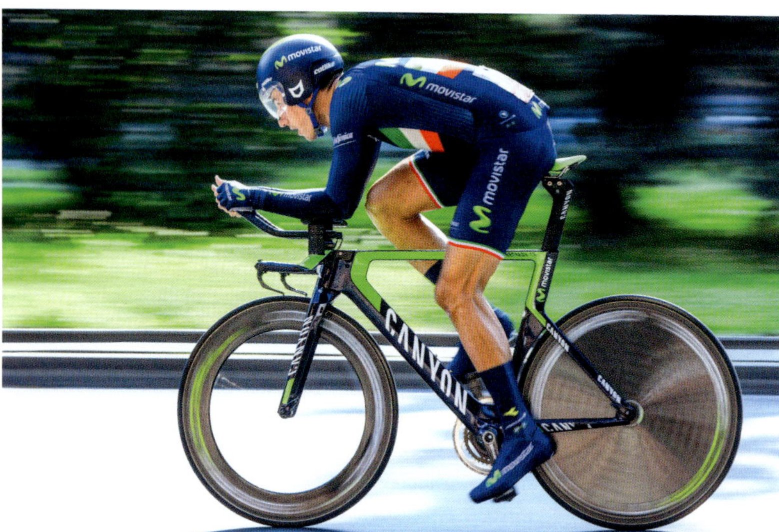

Aerodynamische Position im Rennen gegen die Uhr

Zeit wird man es schaffen, eine vorgegebene Strecke mit dem Fahrrad zu bewältigen – ganz ohne Windschatten von Kolleginnen oder Autos?

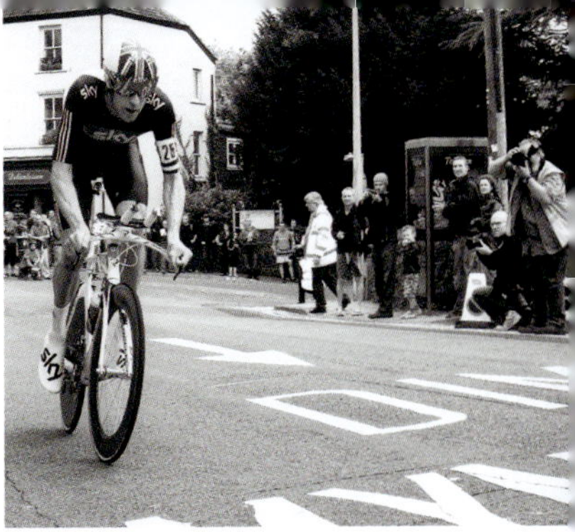

Mit speziellem Lenker allein gegen die Uhr

Entscheidende Schwäche

So kommt es beim Zeitfahren darauf an, die eigene Leistung auf den Asphalt zu bringen und in einer Weise zu modulieren, dass sie über den geplanten Zeitraum durchzuhalten ist. Ohne ausgiebige Trainingsanalyse ist man verloren. Was die Spezialistinnen und Spezialisten dann abrufen, ist erstaunlich: 40,1 Stundenkilometer im Schnitt fuhr Kristin Armstrong bei ihrem Olympiasieg in Rio, Fabian Cancellara erreichte bei den Männern auf dem anspruchsvollen Parcours gar einen Wert von 45,3 Stundenkilometern. Interessanterweise bestehen trotz aller Wissenschaft im Training weiterhin riesige Unterschiede zwischen Spezialisten und anderen Profis, die in sonstigen Rennen nicht feststellbar wären. So manche Bergziege mit guten Aussichten auf einen Podiumsplatz ist bei den großen Rundfahrten schon an dieser Schwäche gescheitert.

Gestreckte Position für Aerodynamik

Nicht nur bei Leistungssportlern, auch im Hobbysegment gibt es immer mehr Wettbewerbe, bei denen man sich im Kampf gegen die Uhr beweisen kann. Besonders beliebt ist das »King of the Lake«-Rennen am österreichischen Attersee. Dort stellen sich an einem Samstag Ende September mehr als 1200 Teilnehmer auf das Startpodest, um die 47,2 Kilometer lange, für den Autoverkehr gesperrte Strecke um das Gewässer auf eigene Faust zu meistern. Dort sieht man auch eine Menge Teilnehmer, die sich mit dem aerodynamischen Profil ihres normalen Straßenrennrads nicht zufriedengeben – sondern voll ausgestattet im Rennen gegen die Uhr das Beste herausholen wollen.

Grundausstattung ist dabei ein Zeitfahrrad. Das hat einen anderen Lenker als ein Rennrad – nämlich einen mit Aufsatz, wie man ihn auch vom Triathlon kennt. Das Fahren auf diesem Equipment bringt wegen der maximal gestreckten Sitzposition erhebliche aerodynamische Vorteile, will aber auch gelernt sein. Ebenso natürlich die Übersetzungen: Beim Zeitfahren geht es um Kraft, also haben die Räder üblicherweise Kurbelblätter, die allerlei ermöglichen – nur keine leichten Umdrehungen.

Unser Toursieger

Jan Ullrich, gefallen und zurückgekommen

40

Auch diejenigen, die ansonsten mit Radsport wenig anfangen können, kennen seinen Namen: Jan Ullrich, unser »Ulle«, einst ein Volksheld, heute eine verlorene Gestalt in traurigen Boulevardgeschichten. Niemand personifiziert die Glorie und die Schatten dieser Sportart treffender als er. Es ist schade, aber so ist der Sport.

Fakt ist: Jan Ullrich ist der einzige deutscher Rennradfahrer, der jemals das wichtigste Rennen gewann, die Tour de France. 1997 war das, Ullrich war gerade einmal 23 Jahre jung. Der Junge aus Rostock war der Held in Magenta, der Farbe seines Rennstalls Telekom, er zog Millionen vor die Bildschirme, auch und gerade in all den Jahren danach, als er sich erbitterte, aber letztlich erfolglose Schlachten mit den anderen Großen seiner Ära lieferte, Marco Pantani und dem Serienbetrüger Lance Armstrong. Dreimal scheiterte Ullrich an Armstrong, belegte Rang zwei der Tour. Die Siege wurden Armstrong später nach dessen Dopinggeständnis aberkannt, doch Ullrich bleibt für immer Zweiter. Und alles andere wäre auch unangemessen.

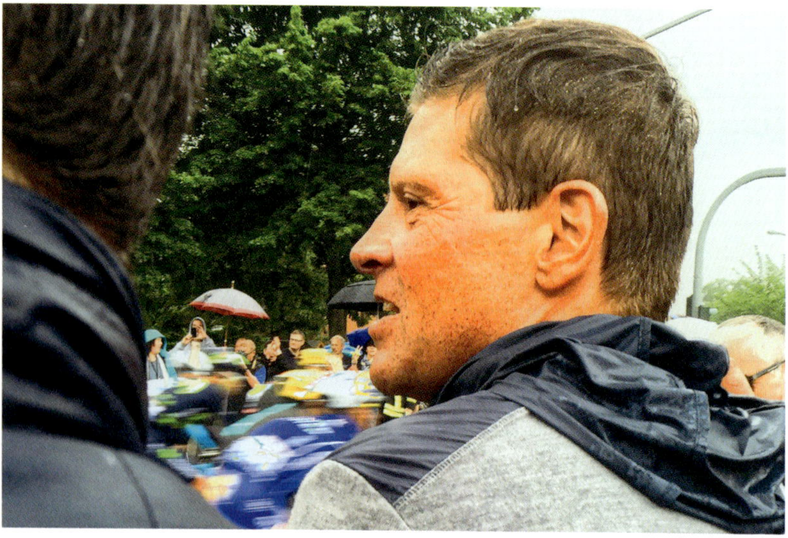

Jan Ullrich am Rand der ersten Tour-Etappe 2017

Er war Doper auf skandalöse Weise

Denn Jan Ullrich, dieses riesige Talent des Radsports, steht auch für die dunklen Praktiken des Leistungssports. Man weiß heute, was vorher nur vermutet wurde: Ullrich selbst war Doper und in einen der größten Skandale der vergangenen Jahrzehnte verwickelt. Er ließ beim spanischen Arzt Eufemiano Fuentes sein Blut illegal behandeln, wie viele andere Top-Athleten, kolportiert werden auch prominente Namen aus anderen Sportarten.

Ullrich war mittendrin in diesem Skandal, doch er wand sich öffentlich aus seiner eigenen Verantwortung. Erst 2013 gab er die Blutbehandlungen zu, das war sieben Jahre nach der Razzia durch die spanische Guardia Civil. Und doch blieb er bei einer gelernten Interpretation: »Ich wollte für Chancengleichheit sorgen«, sagte er im Interview mit dem Magazin *Focus*. Aus diesem Gespräch gibt es auch eine bemerkenswerte Feststellung: »Ich bin nicht besser als Armstrong, aber auch nicht schlechter. Die großen Helden von früher sind heute Menschen mit Brüchen, mit denen sie klarkommen müssen.«

Sein langer Weg zurück

Ullrich ist damit eine viel zu lange Zeit nicht klargekommen. Noch 2017, als die Tour in Deutschland startete, war er bei den Organisatoren in Düsseldorf unerwünscht, in einem Autohaus auf der anderen Rheinseite zeigte er sich erschöpft dem Publikum. Danach folgten weitere Abstürze, virale Videos, Drogenschlagzeilen, Eskapaden und Boulevard-Storys. Doch nach einem Prozess, der sehr lange gedauert hat, gelang Jan Ullrich doch noch ein kaum noch möglich geglaubter Weg zurück als geachtete Person der Öffentlichkeit.

Seine Geschichte, sein seelisches Leid, seine Reise zur Heilung hat er in den vergangenen Jahren öffentlich ausgebreitet. Es gibt eine von ihm autorisierte Dokuserie, die uns mitnimmt auf seinen Leidens- ebenso wie Triumphzug, es gibt ein neues, von ihm freigegebenes Buch – und es finden sich an vielen Stellen beeindruckende Interviews und Aufzeichnungen, in denen Jan Ullrich endlich gemacht hat, was ihm offenbar lange zuvor von Beratern nicht zugedacht worden war: reinen Tisch. Es ist schön zu sehen, dass diese Heilung möglich war, ganz menschlich betrachtet.

Und in dieser Hinsicht gebe ich einen Buchtipp, wenn Sie gut Englisch lesen können: The Best There Never Was (sinngemäß: der Beste, den es niemals gab) ist ein biographisches Meisterwerk des britischen Kollegen Daniel Friebe, mit so viel Kenntnis und Tiefe geschrieben, dass es auch Menschen zu empfehlen sein dürfte, die gar nicht so sehr am Radsport kleben.

Mit allen Mitteln

41

Doping – der Verdacht radelt mit

Das Treffen mit Jesús-Maria Manzano in einem Hotelzimmer im Zentrum Madrids hat sich in die Erinnerung gebrannt. In diesem Rückblick ist es grau, ist es tieftraurig, depressiv, mit Alkohol überschüttet. Nicht nur wegen der Einblicke, die Manzano gab in sein durch Medikamenten-Einnahme beinahe früh und jäh beendetes Leben. Nicht nur wegen der Namen und Details, die der ehemalige spanische Spitzenprofi benannte, allesamt in Verbindung mit illegaler Leistungssteigerung. Sondern auch, weil da ein gebrochener Mann saß, ausgestoßen von ehemaligen Kollegen, ein junger Mann mit großen persönlichen Problemen. Ein Schicksal, ein Opfer des Leistungssports.

Doping als Grundbestandteil

Manzano war aber auch Kronzeuge in einem der größten Dopingskandale, die der Radsport durchlebt hat. Das System, das der Arzt Eufemiano Fuentes aufgezogen hatte, das Hochzüchten der Blutwerte mittels entnommener und wieder infundierter Blutkonserven zum passenden Zeitpunkt – das war ein System, das einige der Besten als Kunden überzeugte: Alejandro Valverde, Ivan Basso, Jan Ullrich und viele andere. Jörg Jaksche, Arztsohn und damals ein sehr guter Fahrer, war ebenfalls Kunde, er berichtete in einem Interview mit dem Autor dieses Buches über angstmachende körperliche Erfahrungen. »Am Anfang habe ich mich vielleicht ein bisschen gewundert. Aber Doping war einer der Grundbestandteile des Sports damals.«

Die Frage ist: War es nur damals so – oder ist es heute noch immer so? Und ist es vielleicht nicht noch schlimmer: mit Motoren, die in den Fahrrädern der Profis versteckt werden (siehe Kapitel 24)? Das kontrolliert der Weltverband inzwischen, aber im Netz florieren die Gerüchte. Der Autor selbst bewahrt sich Skepsis, wenn von einer neuen Zeit gesprochen wird. Die Suche nach dem nächsten Schlupfloch in den Kontrollen, die im Lauf der Jahre deutlich engmaschiger wurden, existiert ebenso wie die permanente Weiterarbeit an der Aerodynamik der Räder. Sind die positiven Dopingfälle heute wirklich nur Einzelfälle? Oder agieren immer neue Netzwerke im Hintergrund, wie nach dem Dopinggeständnis des Ex-Weltklassesprinters Danilo Hondo im Frühling 2019 zu vermuten ist?

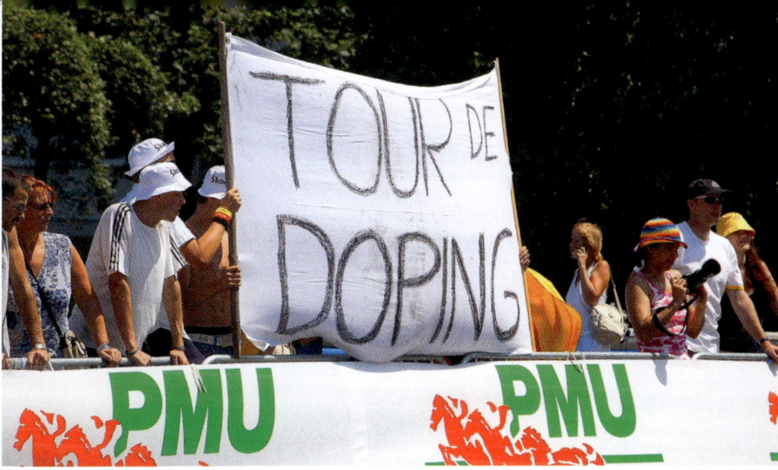

Protest gehört zum Radsport – überall.

Blick ins Hobbyfeld

Doping gehört zur Historie dieser Sportart. Damit muss man klarkommen. Der größte Champion, den es jemals gab, Lance Armstrong aus den USA, was wurde aus ihm? Er verlor seine sieben Tour-de-France-Siege. Einen guten Teil seiner Karriere lang stand seine Leistung in Zweifel. 2005 hatte die französische Zeitung L'Equipe über positive Tests des Texaners berichtet. Armstrong seinerseits hatte dies als Skandaljournalismus attackiert und jede Einnahme von leistungssteigernden Mitteln geleugnet. 2013 saß er dann im TV-Talk bei Oprah Winfrey und gestand alles.

Der Radsport kennt Doppelzüngigkeit. Hat Jan Ullrich betrogen? Ja, er hat gedopt. Aber er selbst sah es immer anders: Er habe nichts genommen, was die anderen nicht auch genommen hätten. Glauben wir wirklich, dass – manche – Sportler heute anders denken?

Und dann der Blick ins Hobbyfeld. Es gibt mehr als nur Gerüchte über Leistungssteigerung dort, wo es nur um die Ehre geht, nicht um Geld. Es gibt auch handfeste Beweise, immer und immer wieder. In Italien sperrte das Nationale Olympische Komitee 2016 gleich vier Marathon-Fahrer. Großes Aufsehen erregte auch der Sieger des Ötztalers, der 2014 gedopt erwischt worden war. Im selben Herbst gab es einen Todesfall in Deutschland. Ein Hobbyfahrer hatte sich mit dem Mittel Epo getötet.

Wo fängt der Betrug an, wo das Doping? Es gibt dafür objektive Regeln. Und es gibt das eigene Gewissen. Was ist mit der Kopfschmerztablette vor dem Rennen? Nicht verboten, aber gefährlich. Wer anfängt, sich mit Medikamenten fit zu halten, könnte schnell einen Schritt weiter gehen.

Der Berg der Holländer

Über das Fahren im Wind

42

Zu den unangenehmen Aspekten, die man als Teil des Lebens akzeptieren muss, gehört der Gegenwind. Metaphorisch betrachtet, sollte man im Lauf der Zeit lernen, mit Gegenwind, also mit Kritik und Missgunst, klarzukommen. Ganz wörtlich genommen sollte man beim Rennradfahren wiederum lernen, mit Gegenwind seinen Frieden zu schließen – oder sich zumindest mit ihm abzufinden. Wieso sie in den Bergen so stark fahren, werden Menschen aus den Niederlanden manchmal gefragt – sie hätten da doch gar keine Gelegenheit, das zu trainieren. Die Antwort lautet dann sinngemäß: Man habe einen Berg, nämlich den Berg der Holländer. Wer nämlich schon einmal geradewegs in den frontal entgegenblasenden Widerstand gefahren ist, kennt das Problem. Es fühlt sich an, als hätte jemand die Bremsen angezogen. Es ist also wichtig, diese natürlichen Begebenheiten nicht zu verfluchen, sondern im Training zu nutzen. Wer gegen den Wind fährt, kann hart trainieren.

Verhalten und Gänge der Witterung anpassen

Natürlich gilt es, das eigene Verhalten an die Witterung anzupassen. Bei höheren Windstärken sind andere Gänge angemessen als bei windstillen Bedingungen. Ähnlich wie am Berg ist es dann ratsam, sofort

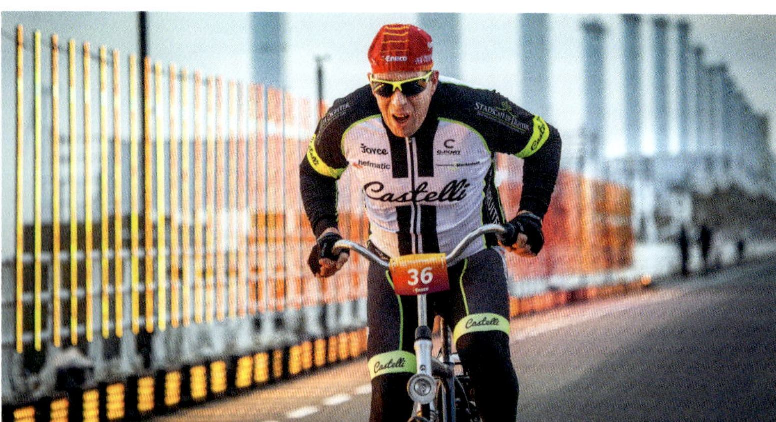

Teilnehmer der Gegenwind-Meisterschaft

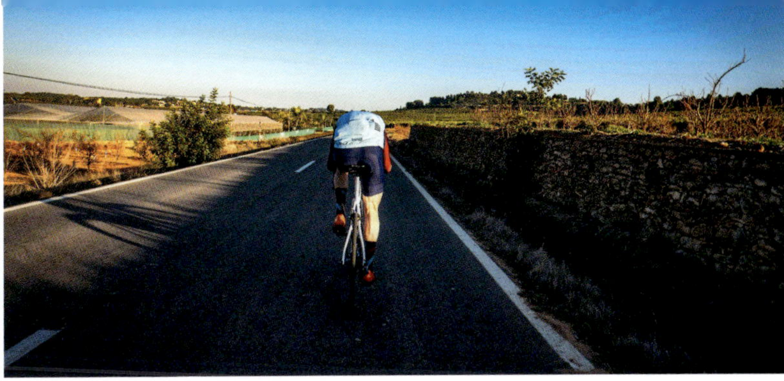

Man macht sich klein und drückt rein.

auf das kleine Blatt an der Kurbel zu wechseln und eine möglichst hohe Trittfrequenz aufrechtzuerhalten. Je schneller die Beine sich nämlich drehen, desto eher verhindert man Erschöpfung, die bei geringerer Anzahl an Umdrehungen auftritt.

Belgische und niederländische Profis antworten immer dasselbe, wenn man sie fragt, wie sie mit dem Wind in ihren heimatlichen Landstrichen zurechtkommen. Man müsse das Gefühl fürs Pedal entwickeln und dann mit diesem Gefühl im Wind fahren. Leicht gesagt. Aber natürlich auch lang trainiert.

Griff an den Unterlenker

Was man auch machen kann, um möglichst viel Kraft zu sparen: Aus der aufrechten Sitzposition in den Unterlenkergriff wechseln. Dieser Griff verändert die Sitzposition merklich und ist gerade für Anfänger oft unangenehm durchzuhalten. Der Rücken wird mehr gestreckt, der Bauch eingezogen, die Arme nach vorn-unten gestreckt. Das ist eine gewöhnungsbedürftige Haltung. Aber es hat einen simplen Grund, dass Rennradlenker diesen Griff mit ihrer geschwungenen Form zulassen: Die aerodynamischen Vorteile sind schlagend. Dafür reicht ein Blick aufs Tachometer.

»The wind is my friend«, könnte man sich auch sagen, und die Erschwernisse der Natur als Teil dieses lehrsamen Sports ganz und gar aufsaugen. Man könnte dann sogar so weit gehen und im Training extra auf Passagen setzen, die immer wieder mit schwierigem Wind aufwarten. Oder man ist irgendwann so verliebt in den Wind, dass man sich bei der nationalen Gegenwind-Meisterschaft in den Niederlanden anmeldet. Doch Achtung: Dort darf man nicht auf Rennrädern mitwirken.

Für alle, die damit noch hadern: Eine Trainingsrunde hat rein statistisch genauso viel Rückenwind wie Gegenwind. Irgendwann zumindest.

Formfragen

43 Die Basics der Rennrad-Geometrie

Rennrad ist nicht gleich Rennrad. Das ist relativ schnell klar, wenn man ein paar verschiedene Modelle beim Händler auf dem Testparcours probiert. Bei manchen Rädern fühlt es sich an, als säße man auf einem langen Boot. Bei anderen wiederum gerät man gleich in Versuchung, akrobatische Drehungen zu wagen. Dann gibt es wieder solche Räder, die einem das Gefühl der Beherrschung geben, weil sie sich einfach an den Körper schmiegen. Wofür aber sollte man sich entscheiden?

Diese Frage wird leider nicht einfacher zu beantworten, denn im Markt tauchen immer neue Ideen auf, wie man die verschiedenen Rohre und Streben so zusammenkonstruiert, dass dabei eine eigene Erfahrung herauskommt. Aktuell gibt es für Rennradfahrer drei Haupttypen von Rädern, die man auf jeden Fall kennen sollte.

Racer für wendigen Speed

Race-Modelle sind die Urform des Rennrads. Ihre Bauweise ist auf Geschwindigkeit ausgelegt. Das bedeutet: Komfort steht nicht im Vordergrund, sondern Gewicht und Agilität. Diese Räder sind für den Wettkampf bestens geeignet oder für aggressive Fahrten ins Gebirge. Wer aber auf solch einem Rad seine Kilometer abspult, wird Unebenheiten der Straße zu spüren bekommen. Diese Räder verzeihen klassischerweise wenig, man muss deshalb aufmerksam steuern.

Als Gegenpol hat sich das Komfort-Rennrad, auch Endurance-Rennrad, entwickelt. Bei diesen Modellen ist der Rahmen anders konstruiert, um Fahrerin oder Fahrer auf längeren Distanzen ein angenehmes Fahrgefühl erleben zu lassen. Der Radstand – also der Abstand zwischen den beiden Rädern – ist hier größer, sodass das Endurace-Bike ruhiger über die Strecke gleitet. Wichtiger Unterschied: Das Steuerrohr ist so angelegt, dass der Lenker etwas höher liegt als beim klassischen Racer. So sitzt man aufrechter, weil die Hände nicht so weit nach unten müssen. Das ist deutlich entspannter – aber eben auch nicht so schnell.

Ergebnisse aus dem Windkanal

In den vergangenen Jahren hat die Radindustrie viel getan, um die Aerodynamik zu steigern und somit höhere Geschwindigkeiten und effizienteres Training zu ermöglichen, allein durch die Gestaltung der Rahmen und Räder. Aero-Rennräder sind das Ergebnis dieses Trends. Bei ihnen sitzen die Fahrerinnen und Fahrer meist in einer recht aggressiven Position, der Sattel ist deutlich höher als der Lenker. So bekommt der Wind weniger Angriffsfläche. Die Räder sind insgesamt auf ihren aerodynamischen Effekt optimiert, was schon vorne am Cockpit mit Tropfenformen losgeht und sich über den gesamten Rahmen zeigt. Die Krafteinsparungen durch aerodynamisch optimierte Rennradrahmen lassen eingefleischte Experten frohlocken.

Neben diesen Kernvarianten gibt es noch die Crossräder (siehe Kapitel 70), Gravelbikes (siehe Kapitel 52) und Bahnräder (siehe Kapitel 63). Zentrale Elemente, die Sie kennen sollten, wenn Sie über einen Radkauf nachdenken:

Oberrohr – das Rohr zwischen Lenker/Gabel und Sattelrohr

Unterrohr – das Rohr zwischen Gabel und Tretlager

Sitzrohr – das Rohr unter dem Sattel

Sitzhöhe – Abstand zwischen Oberkante des Sattels und Tretlagermitte

Stack to Reach – Der Platz, den ein Fahrer im Rahmenkonstrukt hat, gemessen anhand der Faktoren Stack (Lot von Lenkerhöhe bis zur Mitte des Tretlagers) und Reach (horizontaler Abstand der Mitte des Tretlagers vom Lenker).

Überhöhung – So viel höher als der Lenker ist die Sattelfläche.

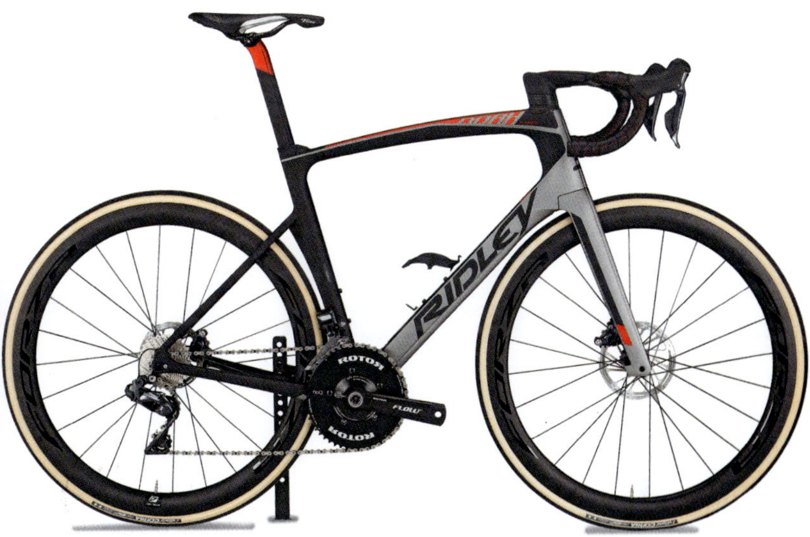

Ein pfeilschneller Renner aus Belgien: das Ridley Noah Fast

Zentrum der Bewegung

Die Kurbel bringt die Kraft aufs Rad

44

Es ist nicht gerade das Teil im Radsport, über das am meisten philosophiert wird. Doch es ist das zentrale Teil im ganzen System. Die Kurbel, jene Verbindung zwischen den Pedalen links und rechts, die die Kraft des menschlichen Körpers aufnimmt und in Drehbewegungen an die Kette weitergibt, von wo die Kraft mit einem erstaunlichen Wirkungsgrad in Geschwindigkeit umgesetzt wird. An der Kurbel sind die großen Zahnkränze angebracht, durch welche die Kette im Kreis nach hinten bewegt wird. Es gibt unterschiedliche Ausgestaltungen dieser Systeme. An den meisten Rennrädern sieht man heute zwei so genannte Kettenblätter. Das sind die beiden Scheiben für den Antrieb, eines ist groß und eines kleiner. Merke: Je größer das Kettenblatt vorne, desto mehr Kraft wird für die Umdrehung aufgewandt. Was daran liegt, dass der Umfang des Kettenblatts steigt. Man dreht also ein größeres Rad.

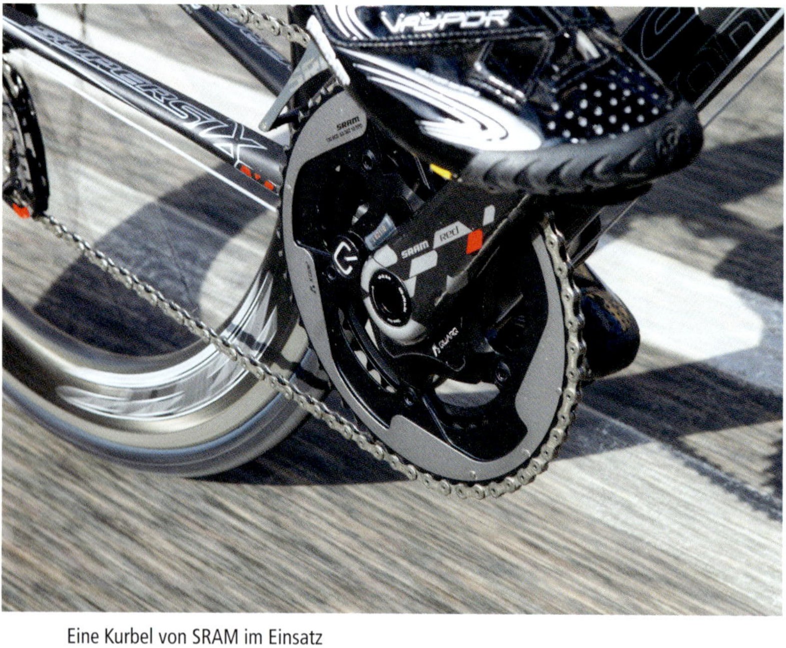

Eine Kurbel von SRAM im Einsatz

Zähne vorne, Zähne hinten

Die Kraft der Kurbel geht über die Kette auf die Zahnkränze im Ritzelpaket an der Achse des Hinterrads. Dort gilt: Je weniger Zähne, desto mehr Kraft braucht man. Liegt also die Kette vorn auf dem großen und hinten auf dem kleinsten Ritzel, wird man ordentlich reintreten müssen – aber eben auch auf hohe Geschwindigkeiten kommen.

Die Kurbel ist der Drehpunkt in diesem Spiel. Klassische Rennradkurbeln waren mit 52/42 vorne ausgestattet, also Kettenblättern mit dieser Anzahl von Zähnen an der Kurbel. Neuere Kurbeln haben da erheblich größere Möglichkeiten, auch mit weniger Kraftaufwand zu radeln. Ein Erfolgsmodell ist die Kompaktkurbel. Sie nähert sich im Schaltangebot dem an, was man früher einmal mit drei Blättern an der Kurbel erreichen konnte. Dreifachkurbeln gibt es heute kaum noch am Rennrad – der Schaltaufwand und die Ungenauigkeiten machten diese Modelle obsolet.

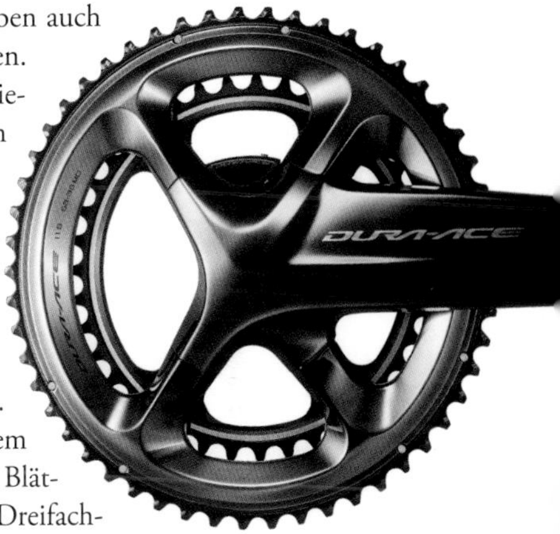

Top-Modell von Shimano: die Dura-Ace-Kurbel

Kompakt für den Berg

Kompaktkurbeln ermöglichen es, auch in einem Nicht-Topzustand noch anstrengende Berge zu fahren. Sie sind etwas anders gebaut als die klassischen Zweifachkurbeln, weshalb etwa ein Spektrum von 50/34 den Begriff rechtfertigt. Mit dieser Ausstattung lässt es sich deutlich flüssiger bergauf treten, man erschöpft nicht so schnell. Nachteil: Wenn es im Flachen mal richtig schnell werden soll, wird es mit dieser Auswahl eng. Für den Mittelweg gibt es auch noch Semikompaktkurbeln. Die haben etwa 52/36 Zähne und sind damit ein interessanter Kompromiss.

Wer sich mit der richtigen Übersetzung für seine sportlichen Fortschritte befasst, wird sich also auch mit der Kurbel beschäftigen müssen. Hier lässt sich problemlos nachrüsten – und viel Geld investieren. Wer etwa seine Standardkurbelgarnitur durch Leichtbau-Teile aus Carbon ersetzen möchte, kann dafür weit über 1000 Euro bezahlen.

Ein wichtiger Hinweis: Kurbeln gibt es in unterschiedlicher Länge. Das ist ein kleiner, aber feiner Faktor, den es beim Vermessen eines Rennrads zu beachten gilt.

Am Brenner verbrannt

45 Der Ötztaler Radmarathon als Goldstandard

Es gibt viele großartige Radmarathons, bei denen man sich an einem Tag alles abverlangen kann. Speziell in den Alpen konkurrieren die Veranstaltungen – und man hat das Gefühl, dass es immer mehr werden und die Profile immer anspruchsvoller. Doch ein Tagesrennen möchte der Autor sich hier herauspicken, weil es zumindest aus Sicht der deutschsprachigen Leserschaft besonders im Fokus steht: der Ötztaler Radmarathon, eine ungemein anspruchsvolle Runde durch die Alpen mit Anstiegen und Verpflegungen im österreichischen Tirol und im italienischen Südtirol.

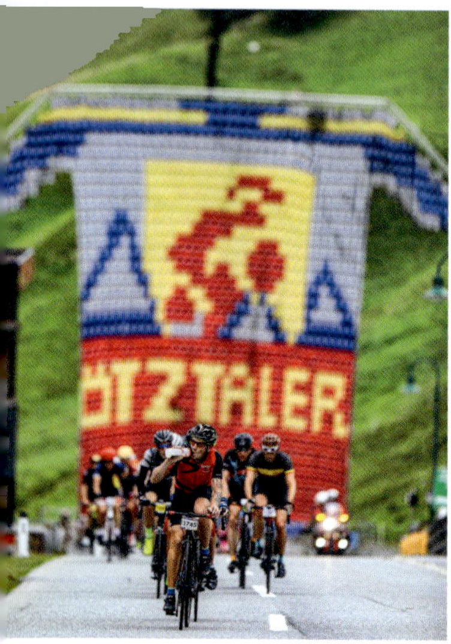

Für viele Rennradfahrer ein Traum: der Ötztaler

Der »Ötztaler« hat sich schnell als besonders reizvolles Event etabliert. Seit 1982 steht er alljährlich im Spätsommer auf dem Programm. Anfangs waren gerade mal 115 Sportler dabei. Doch inzwischen ist er ein Magnet. Die 4000 Startplätze werden im Losverfahren zugeteilt – die Nachfrage ist konstant deutlich größer, etwa viermal so hoch. Wer einen dieser Startplätze begehrt, hat einen trainingsintensiven Sommer vor sich. Ansonsten kann man sich die Tour gleich sparen.

Man kann sich schnell übernehmen

Die Runde startet im Tiroler Edelwintersportort Sölden. Die Kommune verwandelt sich am »Ötzi«-Wochenende in ein Rennradmekka. Von Sölden aus geht es in der Früh das Ötztal hinab, dann hinauf nach Kühtai, hinab nach Innsbruck und dann rauf zum Brenner. Diese Straße ist besonders gefährlich. Organisator Ernst Lorenzi erklärte es dem Autor bei seinem ersten Start wie folgt: »Ötztaler-Anfänger verbrennen sich eigentlich immer am Brenner, weil sie versuchen, in einer zu schnellen Gruppe mitzuradeln.« Das liegt daran, dass der Brenner vorgibt, eigentlich gar kein

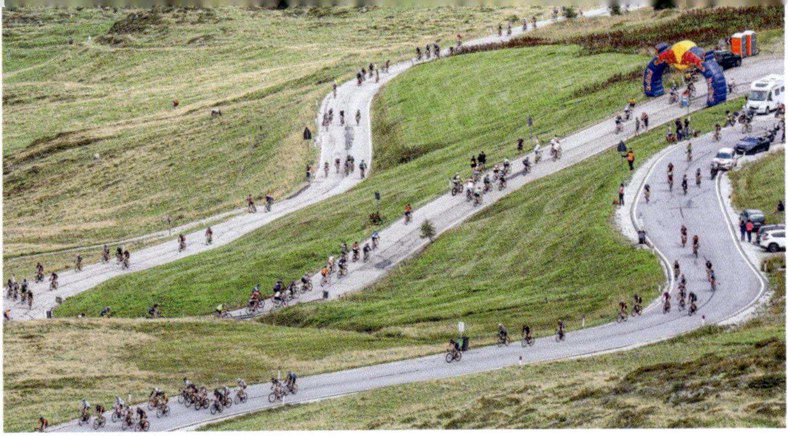

Wo es hoch und runter geht, geht es auch zick und zack.

Berg zu sein. Auf fast 40 Kilometern von Innsbruck hinauf zur italienischen Grenze finden sich Gruppen, die richtig aufs Tempo drücken. Da kann man sich schnell übernehmen.

Auf langen Strecken erfährt man, wie gut man im Saft steht. Und beim »Ötztaler« lohnt sich der genaue Blick eigentlich erst auf der italienischen Seite der Strecke, denn dann wird es wirklich ernst. Da ist man knapp 130 von 238 Kilometern gefahren. Aber es kommt eben auch noch ordentlich was auf einen zu. Zunächst steht da der Jaufenpass, der auf 2094 Metern Höhe liegt. Dann geht es noch einmal hinab ins schöne Passeiertal. In St. Leonhard beginnt dann das brachiale Finale.

Der Tunnel als Siegpunkt

Was für viele an sich unvorstellbar wäre, ist hier nochmal brutaler und elementarer: Es geht hinauf aufs Timmelsjoch, sicherlich einen der anspruchsvollsten Berge der Alpen. Über knapp 29 Kilometer geht es bis auf 2509 Meter. Zwischen Kilometer 7 und 10 und nochmal zwischen 21 und 27 liegen die Steigungswerte fast durchgehend im Zweistelligen.

Psychologischer Siegpunkt ist nicht etwa die Passhöhe des Timmelsjochs oder das Ziel in Sölden, sondern die Tunneleinfahrt in der Bergwand auf etwa 2400 Metern Höhe. Wer hier durchkommt, steigt nicht mehr ab. Es sei denn – und auch das ist leider schon passiert – bei der Abfahrt nach Sölden regnet es so stark und die Kleidung wird so nass, dass der Fahrer auskühlt. Bitter, denn nur wer das Ziel erreicht, hat auch Anrecht auf das begehrte Finisher-Trikot des Ötztaler Radmarathons. Besonders feiert das Publikum übrigens nicht nur die Sieger, sondern vor allem auch die Letzten, die in der Dunkelheit über den Zielstrich eskortiert werden.

60 Minuten im Kreis

46

Das Projekt Stundenweltrekord

Das Örtchen Grenchen in der Schweiz sollte man kennen, wenn man sich für Rekorde interessiert. Dort, im Kanton Solothurn, findet sich nämlich ein topmodernes Radoval, das sich bestens eignet für hochambitionierte sportliche Rekordversuche. Passenderweise ist die Stadt und ihre Gegend ebenfalls für ihre Uhrenindustrie bekannt. Passend, denn in Grenchen geht es genau um 60 Minuten, null Sekunden: wer schafft es in dieser Zeit, die meisten Kilometer auf einer Radbahn zurückzulegen?

Im Herbst 2022 beantwortete ein beliebter Spezialist für die Rennen allein gegen die Uhr diese Frage auf eindrucksvolle Weise: Der Italiener Filippo Ganna vom Team Ineos-Grenadiers setzte sich in der auf 28 Grad beheizten Halle auf sein etwa 60.000 Euro teures Spezialrad der italienischen Firma Pinarello und fuhr wie ein Uhrwerk. 56,792 Kilometer legte Ganna in dieser Stunde in Grenchen zurück, das war der historische Bestwert für den sogenannten Stundenweltrekord.

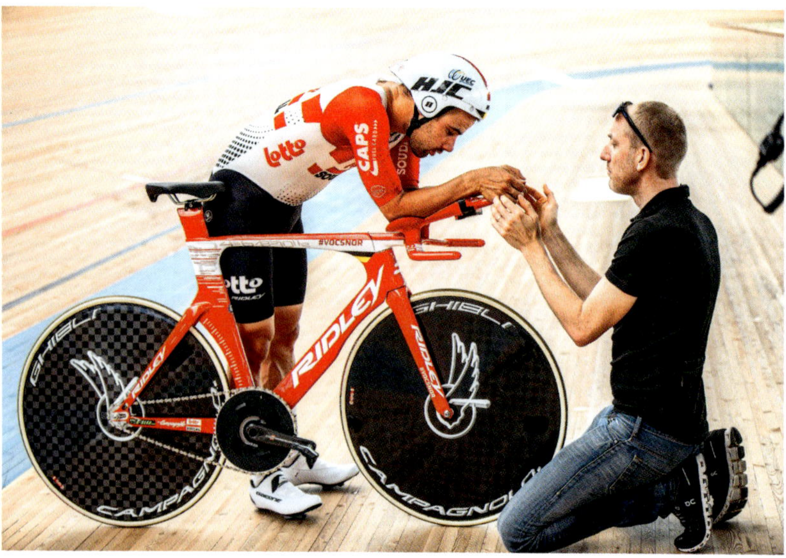

Perfekte Aerodynamik für einen erfolgreichen Rekordversuch

Nur wenige Wochen zuvor hatte ein Mann aus demselben Team, den man international kaum kannte, am selben Ort schon eine Rekordfahrt absolviert. Dan Bigham, Ingenieur bei Gannas Team, war allerdings nur 55,089 Kilometer weit gekommen. Nur. Es war, so hatte Bigham gesagt, auch ein Experiment, um Wissen fürs Team zu gewinnen. Das hat dann wiederum unmittelbar dem Teamkollegen Ganna geholfen.

Sprünge in der Bestenliste

Es ist eher ungewöhnlich, dass dieser Rekord sich ändert. 2019 hatte es einen wahren Satz beim Weltrekord gegeben, als der Belgier Victor Campanaerts die Bestzeit der bislang gemessenen Stundenfahrten deutlich verbessert hatte. In den Annalen des Stundenweltrekords stand sogar fast drei Jahrzehnte lang der Name des belgischen Superstars Eddy Merckx, der 1972 in Mexiko-Stadt 49,431 Kilometer schaffte. Am Stundenweltrekord kann man auch den technischen Fortschritt gut beobachten. Der Italiener Francesco Moser erreichte 1984 eine Rekorddistanz von 51,151 Kilometer. Für diese Fahrt hatte er Scheibenbremsen am Rennrad montieren lassen – damals ein Novum (mehr über Scheibenbremsen in Kapitel 36).

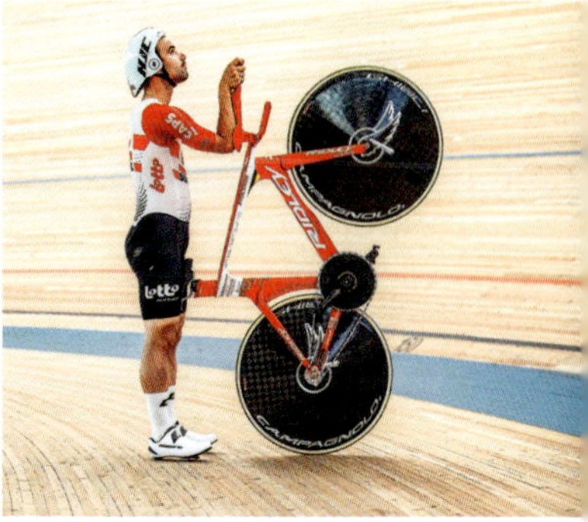

Ein Belgier genießt den Triumph in Mexiko.

Beste menschliche Leistung

Im Laufe der Jahrzehnte gab es ein Hin und Her, der Weltverband UCI (siehe Kapitel 37) passte die Regeln an, um die Leistungen halbwegs vergleichbar zu halten. Denn die Materialfreaks hatten völlig neue Räder konstruiert und damit auf der Bahn immer neue Distanzrekorde erreicht. Mit seinem berühmten Lotus 110, einem Carbonrahmen ohne Unterrohr, schaffte es der Brite Chris Boardman im Jahr 1996 56,375 Kilometer weit. Dieser Rekord ist aber nicht der Stundenweltrekord, sondern der »Best Human Effort«, also die beste menschliche Leistung. Beim Stundenweltrekord, für den es seit 2014 neue Regeln gibt, müssen die Athleten von der UCI zugelassenes Equipment nutzen.

Bei den Frauen schaffte es bislang die Italienerin Vittoria Bussi am weitesten. Sie kam 2025 auf 50,455 Kilometer, das war schon ihr dritter Stundenweltrekord. Bussi (48,007) hatte ihn erstmals 2018 inne, 2021 verloren und 2023 wieder aufgestellt (50,267).

Auf der Langstrecke

47 Randonneure fahren einfach weiter

Sie haben keine Lust auf schnelle Rennen im Kreis, sie brauchen keine Abenteuer auf Profistrecken – sie fahren lieber immer weiter und weiter. Die Subkultur der Randonneure lebt den Radsport auf eine ganz eigene Weise. Das französische Wort randonneur bedeutet übersetzt Wanderer. Gemeint sind Fahrerinnen und Fahrer, die nicht auf Zeit hetzen, sondern mit viel Geduld eine lange Strecke meistern.

Randonneure wagen sich auf besonders lange Distanzen. Die Bewegung nahm ihren Ursprung bei der Radwanderung Paris–Brest–Paris (siehe Kapitel 48). Heute hat sich daraus eine eigene Szene entwickelt. Wer so drauf ist, setzt sich bei Tagesanbruch auf das Rad und fährt an einem Tag allein 300 Kilometer, zwischendrin macht er Pause beim Drive-in-Restaurant oder in einem Café. Er lässt sich zwar nicht hetzen, aber zügig ist er doch unterwegs.

Ohne fremde Hilfe

Der Code der Randonneure besagt, dass sie ihre Leistung ohne Hilfe von außen erbringen. Veranstaltungen für diese Fahrerinnen und Fahrer gibt es viele. Diese »Brevets« sind Langstreckenfahrten, bei denen die Teilnehmer innerhalb einer vorgegebenen Zeit eine lange Distanz zurücklegen. Ob sie unterwegs schlafen, pausieren oder durchfahren, das ist ihnen alles selbst überlassen. Der Begriff Brevet bedeutet so viel wie Prüfung oder Zeugnis.

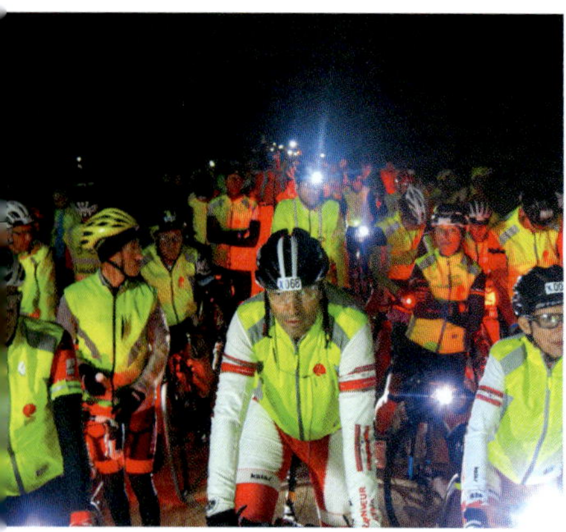

Auch nachts geht es weiter für die Randonneure

Randonneur – so heißt auch eine eigene Kategorie von Rennrädern, die deutlich schwerer sind als Straßenflitzer, mit Licht ausgestattet und langen Schutzblechen. Allerdings gibt es durchaus Randonneure, die ihre Ausdauerfahrten auf herkömmlichen Rennrädern absolvieren.

1200 Kilometer am Stück

48

Das legendäre Paris–Brest–Paris

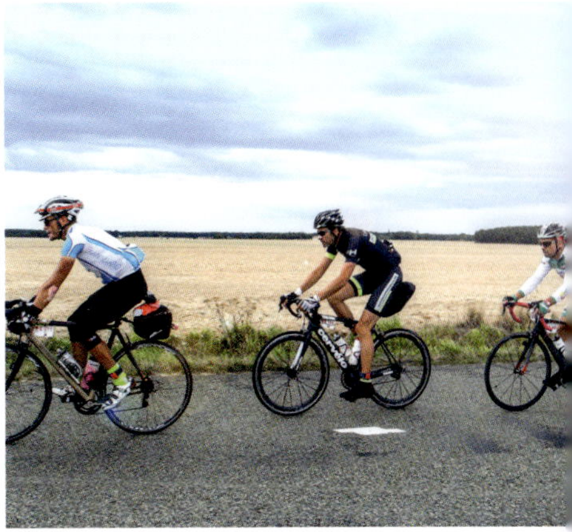

Helden der Langstrecke auf Frankreichs Straßen

Vor vielen Jahrzehnten machten sich die ersten Enthusiasten auf eine so genannte Rad-Wanderung von der französischen Hauptstadt Paris in den bretonischen Hafenort Brest – nur um gleich darauf wieder zurück an den Ausgangspunkt zu radeln. Es war die Geburtsstunde einer Traditionsveranstaltung, die Radsportler aus aller Welt anzieht. Wer etwas auf sich hält und auch längere Entfernungen nicht scheut, träumt häufig von einer Teilnahme bei Paris–Brest–Paris.

Die Veranstaltung gibt es seit 1891. Ursprünglich wurde sie aber als Profi-Rennen ausgetragen und fand nur alle zehn Jahre statt. Ab 1931 kam eine Prüfung für Randonneure dazu (siehe vorheriges Kapitel). Diese hatten maximal 96 Stunden Zeit, um die 1200 Kilometer zurückzulegen. Damals waren 64 Starter dabei. Wer sich das Feld heute anschaut, sieht dagegen eine Massenveranstaltung, mehr als 6000 Fahrer machen sich im August auf den Weg.

Qualifikation über vier Stufen

Um mitzufahren, braucht man allerdings Geduld. Paris–Brest–Paris gibt es nur alle vier Jahre, die nächsten Austragungen sind 2023 und 2027. Dieselbe Geduld benötigen Teilnehmer auch im Sattel. Denn um sich für die Teilnahme zu qualifizieren, braucht es Leistungsnachweise. Man muss im selben Jahr, in dem Paris–Brest–Paris steigt, schon im Vorfeld vier Brevets in vorgegebener Zeit ablegen: 200 Kilometer in 13:30 Stunden, 300 Kilometer innerhalb von 20 Stunden, 400 Kilometer binnen 27 Stunden und dann noch 600 Kilometer innerhalb von 40 Stunden. Die Leistung muss man bei Brevets erbringen, die vom Audax Club parisien – Veranstalter von Paris–Brest–Paris – anerkannt werden.

Nachwuchssorgen

49

Rennradfahren und Impotenz

Alle wissen, dass körperliche Aktivität gesund ist. Rennradfahren als Konditionssport fördert Ihr Herz-Kreislauf-System, beugt Übergewicht vor und hilft bei der positiven Verarbeitung von Stress. Doch es gibt da eine Sache, die vor allem vielen männlichen Athleten Sorgen bereitet: Könnte es sein, dass durch den ständigen Druck auf die Intimzone Manneskraft und Zeugungsfähigkeit schwinden? Und treten bei Frauen durch den Druck auf diese empfindliche Zone Infektionen oder körperliche Schäden auf? Und ja: Manchmal ist da ein Taubheitsgefühl untenrum, wenn man länger nicht mehr aus dem Sattel gegangen ist und ordentlich in die Pedale gedrückt hat. Das ist unangenehm.

Sattel? Egal!

Doch die Wissenschaft hat gute Nachrichten. Die American Urological Association veröffentlichte im Jahr 2017 zwei groß angelegte Studien, die sich mit den Auswirkungen des Hobbys auf männliche und weibliche Sportler auseinandersetzten. Quintessenz für die Männer, die mindestens zwei Jahre dem Hobby nachgegangen und mindestens dreimal wöchentlich radelten: Sie hatten im Vergleich zu Nichtradlern keine Häufung an erektilen Dysfunktionen und auch kein höheres Risiko eines Harnwegsinfekts. Vielmehr, so ist zu schließen, überwiegt der positive Trainingseffekt potenzielle Schäden. Bei den Frauen sah es in Summe ähnlich aus, wenngleich im Detail gewisse Risiken höher ausfielen – etwa das Risiko einer Infektion des Harntrakts. Die amerikanischen Mediziner legten sich aber eindeutig fest: Fahrradfahren ist nicht schädlich für Sexualität und Geschlechtsorgane. Übrigens gilt das unabhängig von der Wahl des Sattels.

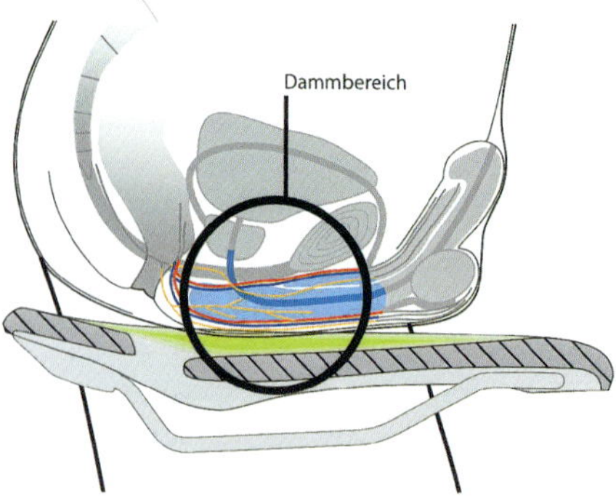

Druck auf den männlichen Genitalbereich

50

Druck machen

Pumpen als treue Begleiter

Zum Hobby, in dem es um Geschwindigkeit und Power geht, passt natürlich kein Hilfsgerät, das auch am herkömmlichen Hollandrad klemmt. Rennradfahrerinnen brauchen für die beiden relevanten Lebenslagen etwas Zuverlässiges: eine Pumpe für den heimischen Keller und eine Pumpe für die Trikottasche.

Die Kontrolle des Reifendrucks sollte vor Ausfahrten zum Standardprogramm gehören. Das funktioniert nur mäßig mit einem gefühlvollen Fingerdruck in die Mäntel an beiden Rädern. Wer sicher sein möchte, braucht belastbare Werte. Eine gute Pumpe liefert genau diese Daten: Sie zeigt den Innendruck im Reifen an. Dafür gibt es das Manometer, das den Druck in PSI und bar mit einem Zeiger oder digital anzeigt. Wie hoch der Druck in Ihren Reifen sein sollte, hängt von den Empfehlungen des jeweiligen Herstellers ab, aber auch vom Fahrergewicht und den Bedingungen für die Tour.

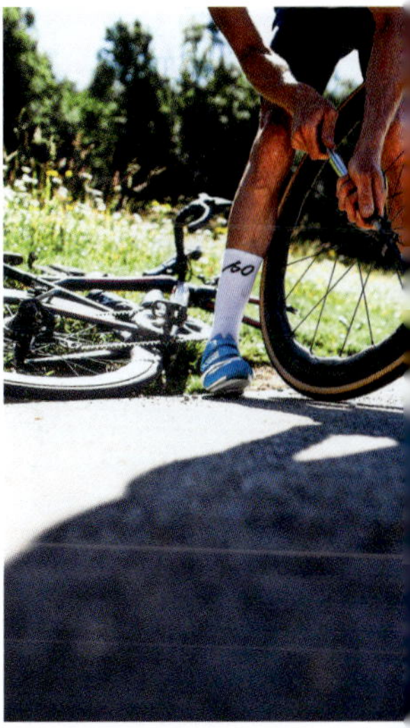

Eine gute Pumpe gehört bei jeder Radtour dazu.

Stehpumpe und Kompressor

Für den heimischen Keller empfiehlt sich der Einsatz einer gut verarbeiteten Stehpumpe. Diese Pumpen ermöglichen mit langen Hebeln und Kolben einen ordentlichen Druck mit wenigen Stößen. Das ist angenehm und hilfreich, wenn man richtig pralle Reifen fahren möchte. Experten haben sogar Kompressoren im Einsatz, mit denen sich der Reifen blitzschnell aufpumpen lässt. Das ist bei Tubeless-Systemen sicher angebracht (siehe Kapitel 34).

Für unterwegs braucht man ebenfalls eine leistungsstarke und robuste Pumpe, die entweder bequem an den Rahmen oder in die Trikottasche passt. Auch die kleinen Pumpen ermöglichen erheblichen Druckaufbau – manche kommen auf weit über zehn bar. Allerdings bedeutet das einen Kraftaufwand und Bewegungsablauf, der Radler einmal ganz anders fordert. Auch für die Trikottasche gibt es nicht nur Druck-Kartuschen, sondern auch elektrische Kompressoren.

Figurbetont

51 Bibs – die einzig legitimen Hosen

Viele Menschen, die mit dem Hobby Rennradfahren anfangen, schwören sich: Sie werden nicht so herumfahren wie die Enthusiasten, die in ihren hautengen Kunststoffhosen nicht nur auf den Straßen, sondern auch in Cafés und Supermärkten wenig Raum für Fantasie lassen. Das ist für viele Außenstehende und Einsteiger eher abschreckend – und es gibt sogar eine ganze Reihe Gastro-

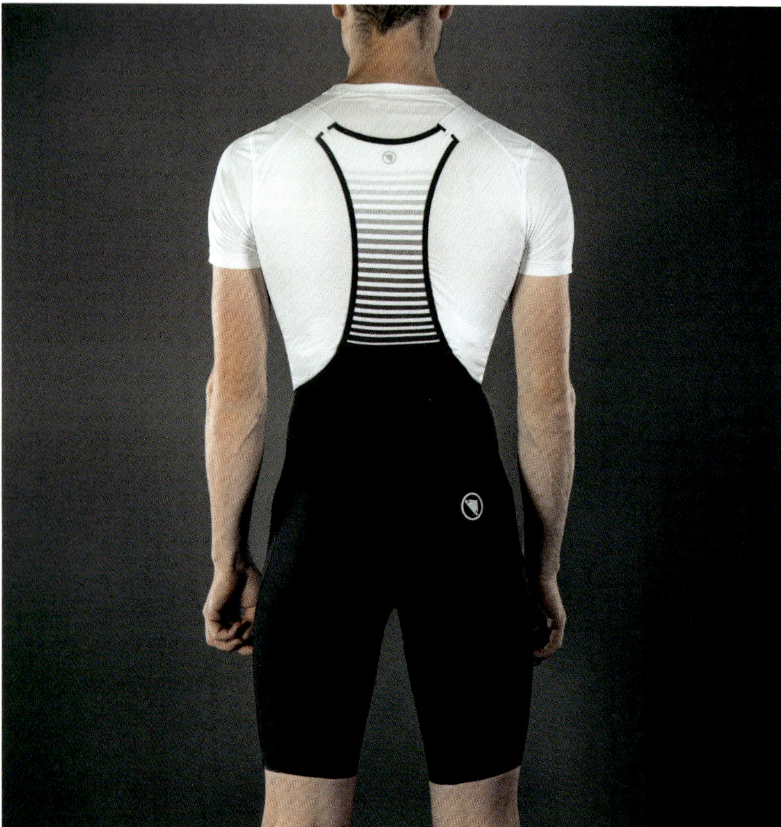

Nur mit Träger richtig: die Rennradhose

nomiebetriebe, die dem funktionellen Rennradgewand für den Unterkörper den Kampf angesagt haben. Dort darf man schlichtweg nicht mehr in Lycra-Kleidung gastieren.

Spricht man ein paar Jahre später mit den Menschen, die anfangs versucht haben, sich auf dem Sattel anders zu kleiden, wird man feststellen: Sie sind alle eingeknickt. Für sie ist das Textil, das sie einmal verdammt haben, nun zentral für die erfolgreiche Freizeitgestaltung.

Bib ist das Zauberwort

Es geht einfach nichts über Rennradhosen, und zwar solche, die schon gleich beim Anziehen das Gefühl vermitteln, dass man gut in Form ist. Das ideale Kleidungsstück zieht man sich auch nicht nur über Schenkel und Hüfte, sondern wählt eine Trägerhose. Wer damit anfängt, kann ebenfalls mit wissenschaftlicher Akribie so weit in die Materie einsteigen, dass es irgendwann schwerfällt, den Überblick zu bewahren. Welche Stoffmischung ist die Beste? Wie sollte die Hose am Bein abschließen? Und wie genau ist das Polster verarbeitet?

Das Wichtigste an einer wirklich guten Rennradhose: Es ist keine Radlerhose, es handelt sich vielmehr um ein Paar Bib-Shorts. Das Wort Bib ist keine Abkürzung, auch wenn das viele meinen. »Black is beautiful«, so wird der Begriff manchmal erklärt. Nein, das Wort bedeutet Latz. Und damit sind wir beim entscheidenden Element einer echten Rennradhose: Sie muss eine Trägerhose sein, in die Athlet oder Athletin vollends hineinschlüpft, die von den Schultern bis zum unteren Oberschenkel sitzt wie eine zweite Haut. Alles fühlt sich fester an, das ist ganz nett. Aber es ist vor allem beim Fahren auch ein deutlich kompakteres Körpergefühl da, als wenn der Bauch über den Hosenrand drücken würde.

Das gute Polster

Gute Trägerhosen sind teuer – aber ihre Verarbeitung ist tatsächlich mit viel Handarbeit verbunden. Es sind verschiedene Materialien verarbeitet, beispielsweise gibt es Netze auf der Rückenseite und an den Schultern, die dem besseren Klima unterm Trikot dienen. Zwischen den Shorts gibt es zudem gewaltige Unterschiede an der Stelle, auf der die Sportler sitzen. Welches Polster wiederum welchem Athleten am besten passt, ist eine Frage der Erfahrung. Es lohnt sich allerdings, für dieses Kleidungsstück ein bisschen mehr auszugeben. Denn schlechte Qualität in der Verarbeitung zeigt sich schnell. Es ist nicht gerade angenehm, wenn die Naht an der Innenkante der Oberschenkel aufreißt – oder sogar nahe am Schritt. Vor allem, wenn man später noch ins Café gehen möchte.

Abseits des Asphalts

52

Gravelbikes ermöglichen schnellen Radsport ohne Autoverkehr

Man kann es irgendwie nachvollziehen: Es gibt Menschen, denen geht es auf die Nerven, auf Landstraßen von Pkw geschnitten, von Autofahrern beleidigt und von anderen Radsportlern nicht gegrüßt zu werden. Sie wünschen sich genauso sportliche Runden, aber bitte mit weniger Verkehr und mehr Abenteuercharakter. Geht auch mit dem Rennrad, wenn man ein paar Sachen umstellt – das dachten sich vor einiger Zeit experimentierfreudige Radler vor allem in den USA, einer darunter war auch der Deutsche Jan Heine. Der Autor dieses Buchs hat in seinem Podcast (Episode vom 23. August 2021) mit Heine über den Hype ums Gravelbike gesprochen, über Vorzüge breiter und profilierter Reifen und Wege, die man auf dem klassischen Renner eben nicht ergründet.

Weit breitere Reifen

Ja, man kann es nachvollziehen. Die Industrie konnte es auch früh nachvollziehen, sie hat mit Verve auf Gravelbikes gesetzt. Der Begriff steht für Räder, die auf Gravel, also Schotter, gut vorankommen. Dafür sind einige Dinge anders zu gestalten als bei jenen Flitzern, die man klassisch über Teerstrecken jagt. Das wichtigste Element sind eindeutig die Reifen. Zwar sind die beim Rennrad inzwischen auch gern mal 30 Millimeter breit, wer aber gravelt (heißt das so?), setzt gern auf deutlich mehr, ja sogar mehr als 50 Millimeter sieht man. Auf Waldwegen, rumpeligem Untergrund und eben dem namensgebenden Geröll fährt sich ein derart bestücktes Velo dann erstaunlich komfortabel, man kann über einige Widerstände drüberbrettern.

Gravelbikes sind eine Weiterentwicklung des Radsports, sie haben einen enormen Stellenwert gewonnen. Längst haben die Hersteller die Rahmen entsprechend angepasst, gibt es Lenker, die den spezifischen Begebenheiten im Gelände eher gerecht werden. Vor allem hat sich eine weitere Bandbreite an Schaltgruppen aufgetan. Diese sind häufig robuster ausgestattet, weniger schlaganfällig, sie erlauben die Bedienung und Störungsfreiheit auch bei ruckeligem Untergrund. Mit dem Gravelbike kam auch ein breiteres Schaltspektrum und die Einfach-Schaltgruppe an Renner, denn das hat einen Vorteil: weniger Zwischenfälle beim Schalten, mehr Verlässlichkeit.

Urbaner Trend

Was allerdings als Traum vom Aussteigen begann, ist enorm populär geworden, so populär, dass Gravelbiken der eigentlich Weg in den Radsport zu sein scheint. Wer sich heutzutage umschaut, sieht gerade bei Newbies häufig breitere Reifen. Klar: diese Geräte sind weniger respekteinflößend, komfortabler, es lässt sich leichter zum Einstieg auf ihnen raten. Und: Gravelbikes eignen sich sehr gut auch für den Alltag, sie sind aus großen Städten nicht mehr wegzudenken. Für eine gewisse Schicht urbaner Biker haben sie längst andere Alternativen verdrängt, denn sie sind cool, sportlich und haben noch immer ein bisschen von der Coolness ihrer Erfinder mit im Gepäck.

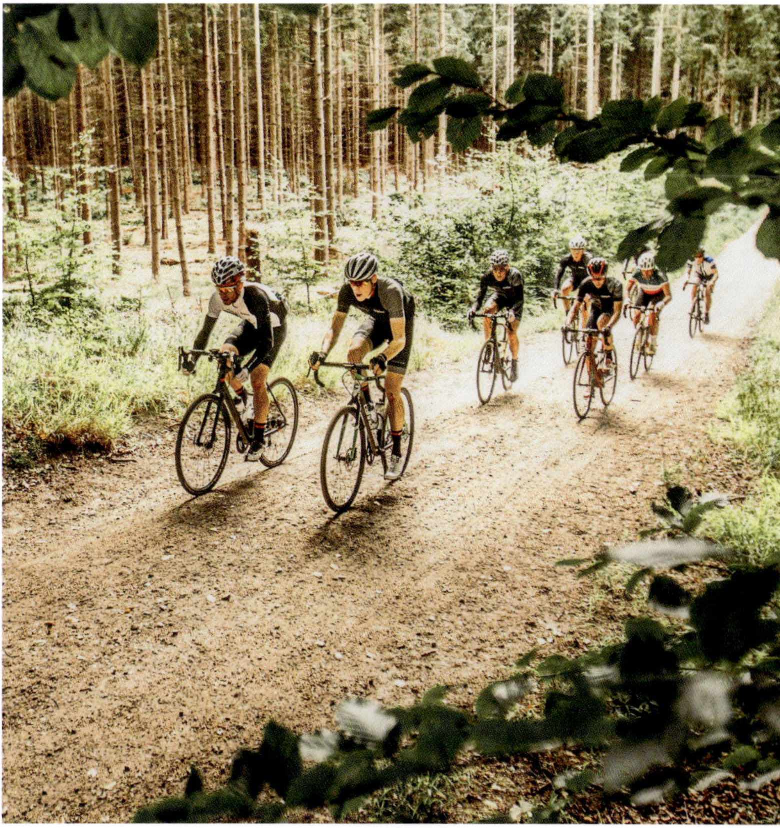

Gruppe auf Feldweg – dafür ist das Gravelbike gedacht.

Auf zum Test

53 Leistungsdiagnostik – nicht nur für Profis

Sie können den ganzen Spaß nur zum Spaß machen. Oder Sie machen ein bisschen mehr Ernst daraus. Denn schon in anderen Kapiteln ist angeklungen: Radsport unterliegt einer Steigerungslogik. Wir trainieren ja, um schneller zu werden oder weiter zu kommen – und da ist natürlich die Frage, ob wir richtig trainieren.

Für jemanden, der gerade erst anfängt mit dem Sport, mag das Thema Leistungsdiagnostik weit weg sein. Für jemanden jedoch, der den Sport gern betreibt und sich weiterentwickeln will, gehört es zum Standardprogramm.

Wenn Sie auf dem Rad sitzen, werden Sie recht schnell über Sitzposition und Winkel nachdenken – spätestens, wenn es schmerzt. Denn diese Faktoren für Ihre Leistung sind offensichtlich. Aber die biochemischen Aspek-

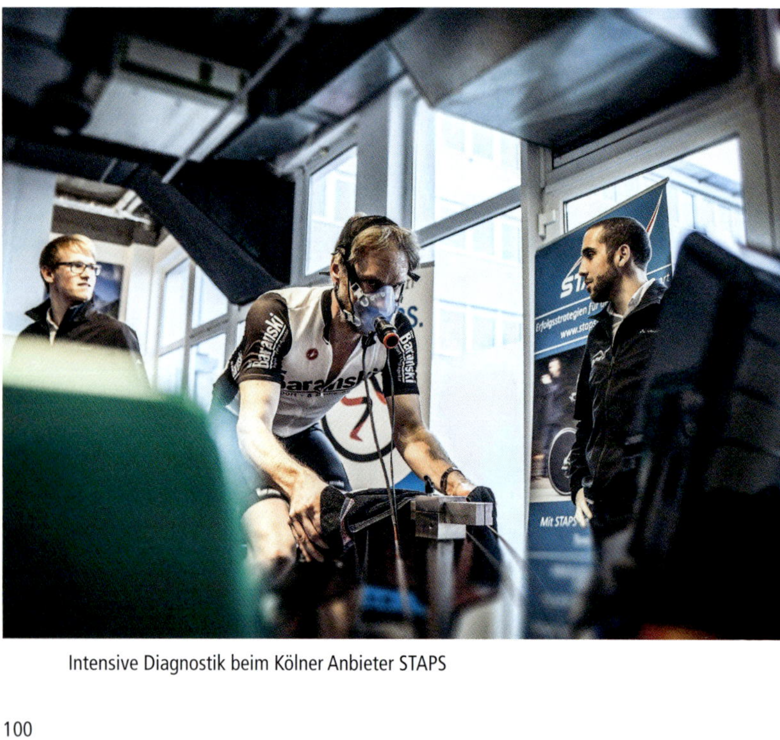

Intensive Diagnostik beim Kölner Anbieter STAPS

te, die Stoffwechsel-Eigenheiten in Ihrem Körper, Ihre persönliche Genetik und Ihr realistischer Trainingszustand sind es nicht. Deswegen gibt es die Diagnostik – und auf ihrer Basis erstellen Sie Trainingspläne, die Sie individuell fördern.

Laktat und Sauerstoff

Ihre körperliche Leistungsfähigkeit lässt sich bei zahlreichen Spezialisten genau analysieren. Um möglichst relevante Erkenntnisse zu gewinnen, reicht die Herzfrequenz bei Belastung nicht aus. Vielmehr wird Ihnen der Diagnostiker während einer körperlichen Anstrengung regelmäßig Blut aus dem Ohr abnehmen. Mit diesem Blut lässt sich erfassen, wie viel Laktat Sie während einer zunehmend schweren Belastung anhäufen; wie schnell Sie also übersäuern.

Das zweite Element einer detaillierten Leistungsdiagnostik ist die Spiroergometrie. Dabei trägt der Sportler auf dem Ergometer eine Atemmaske. Die Sensoren messen wichtige Faktoren des Stoffwechsels: Wie viel Luft geht pro Atemzug durch, wie viel Sauerstoff nehmen Sie auf, wie viel Kohlendioxid geben Sie ab – und wie entwickelt sich all das unter Belastung?

Die relevanten Werte fürs Training

Auf Grundlage dieser Messungen erfahren Sie Werte, die Sie über eine lange Zeit beschäftigen werden. Ja, vielleicht haben Sie dann nochmal Lust auf ein Biologiestudium. Sie werden lernen, wie hoch Ihre maximale Laktatbildungsrate ist. Je mehr Laktat Sie bei geringer Belastung anhäufen, desto schlechter sind Ihre Fettverbrennung und Ihre Leistungsfähigkeit. Ihre maximale Sauerstoffaufnahme heißt als Wert VO2max – er beschreibt den höchsten Wert an Sauerstoff, den Sie bei maximaler Leistung verwerten können.

Daraus ergibt sich Ihre anaerobe Schwelle. Das ist der Wert, über den Sie nach dem Leistungstest auf Radtouren stundenlang referieren können. Hier geht es darum, wie viel Leistung Sie über eine Stunde konstant auf die Pedale bringen können, ohne dass Ihr Stoffwechsel darunter einbricht. Und hier sind wir wieder beim Steigern.

Eine Leistungsdiagnostik ist nett. Aber im Normalfall folgen daraus Maßnahmen: Sie erhalten Anhaltspunkte, wie Sie Ihre Leistungsfähigkeit steigern können. Diese Pläne erhalten Sie mit detaillierten Angaben. Und so wird dann aus der lockeren Runde nach Gefühl schnell eine Einheit, in der Sie nichts falsch machen wollen. Klingt einerseits nicht mehr nach Hobby und Spaß. Aber könnte natürlich umso spaßiger werden, wenn Sie die Ergebnisse nach ein paar Monaten sehen.

Alles im Blick

54

Keine Tour ohne Rennradbrille

Dass sich die meisten Rennradfahrer – zumindest die männlichen – in ihrer Sportkleidung sehr ähneln, lässt sich kaum bestreiten. Man könnte von einer Uniformierung sprechen, das Funktionsoutfit nivelliert viele Aspekte, die die Menschen im Alltag unterscheidbar machen. Einen besonderen Anteil daran hat ein Kleidungsstück, das zwar klein ist, aber sehr viel kosten kann und im besten Fall bei jeder Tour dabei ist: die Sonnenbrille, oder genauer, Rennradbrille.

Es gibt zwar immer noch Verwegene, die sich ohne einen Schutz auf der Nase aufs Rad setzen, aber die Argumente für die Schutzschicht auf dem Nasenrücken überwiegen. Wer mit den Augen bei höheren Geschwindigkeiten länger im Wind fährt, wird nämlich nicht selten hinterher über Beschwerden im Sehorgan klagen. Schlimmstenfalls drohen nicht nur unangenehme Gefühle, sondern etwa Bindehautentzündungen. Neben Luftmassen bewegen sich beim Radfahren aber auch viele andere gefährliche Dinge und sogar Lebewesen auf Augenhöhe: Man denke nur an Insektenschwärme in der Abendsonne, an Wespen, an Rollsplitt, den der Vordermann mit dem Hinterreifen aufwirbelt – oder den Dreck, den die Athletin sich aus Versehen selbst ins Auge reibt. Hier bieten Brillen Schutz.

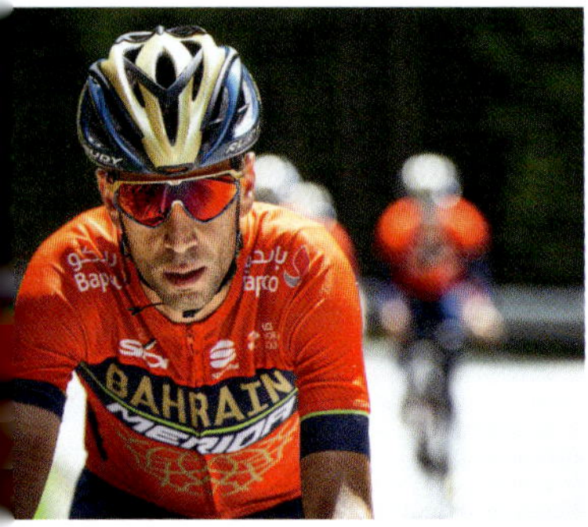

Style und Schutz für Profis und Amateure

Wunderwerke der Technik?

Medizinisch relevant ist zusätzlich der Schutz vor der ultravioletten Strahlung. Wer draußen in der Sonne oder auch im Schatten der Wolken unterwegs ist, setzt sich diesen Strahlen aus. Eine vernünftige Radbrille ist also auch Sonnenbrille, denn sie sollte vor den Schäden schützen.

An Rennradbrillen gibt es aber relativ hohe Anforderungen, weswegen es im Markt nicht nur Einstiegsmodelle für ein paar Euro gibt, sondern auch wahre Hightech-Produkte, die schon mal so viel kosten können wie eine ordentliche Videospielkonsole. Beworben werden diese Produkte wie Wunderwerke der Technik. Das mag etwas übertrieben sein, aber Sportler-

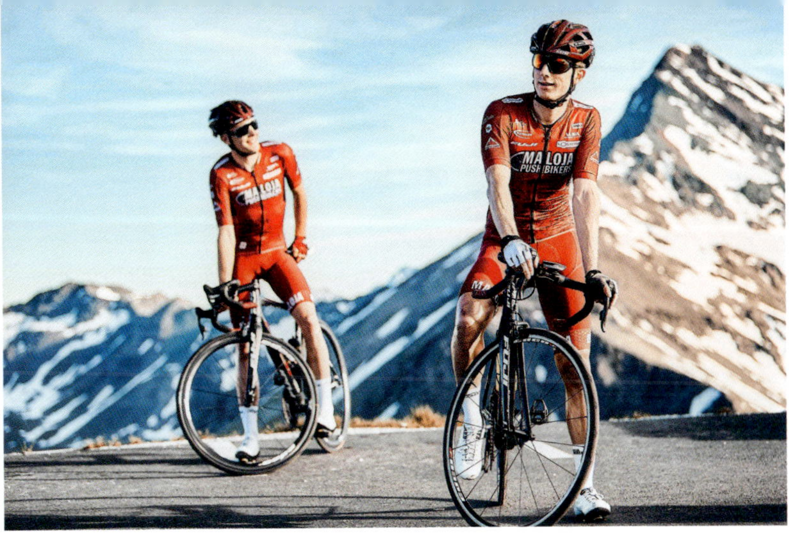

Die Brille schützt bei Wind und Sonne.

brillen haben heute eine Menge Funktionen, die mit großer Detailversessenheit entwickelt wurden.

Selbsttönende Brillen

So gibt es unterschiedliche Passformen – und diese entscheiden darüber, ob die Brille funktional ist. Die meisten guten Brillen lassen sich mit Adaptern an der Nase so einstellen, dass sie möglichst dicht am Gesicht sitzen. Zugleich bieten sie Belüftung genug, damit die Scheiben bei hoher Belastung nicht vernebeln. Das ist nämlich sehr unangenehm und auch gefährlich. Neben dieser Anpassung an die Anatomie sind heute selbsttönende Brillen längst zur Massenware geworden. Bei diesen Modellen reagiert das Brillenglas auf die Sonneneinstrahlung und passt die Tönung entsprechend an. Das funktioniert allerdings nicht bei allen Brillen gleich schnell, was beispielsweise zum Problem wird, wenn es bei Sonnenschein durch eine Allee mit weitem Abstand zwischen den Bäumen geht. Hier ist also gute Produktauswahl geboten.

Für Rennradler mit Sehstörungen gibt es verschiedene Systeme, mit denen sich auch unterwegs der Überblick wahren lässt. Bei vielen Sportbrillen befestigt man Gläser in der benötigten Stärke mit einem Clip an der Brille, es gibt aber auch geklebte Varianten und solche Brillen, bei denen man die passend geschliffenen Linsen in eine Fassung montiert. Außerdem lassen sich auch die vorhandenen Gläser der Brille durch geschliffene mit der richtigen Dioptrienzahl ersetzen.

Aus der Kiste

55

Geliebt, gehasst – Räder vom Versender

Roman Arnold aus Koblenz hat in der Fahrradbranche Einiges verändert. Viele bewundern sein Wirken, manche fürchten es sogar. Denn der Unternehmer hat die gängigen Mechanismen der Branche nicht übernommen, sondern weiterentwickelt – und dann auf den Kopf gestellt: Als Teenager verkaufte er bei Rennen direkt importierte Rennkleidung aus Italien. Heute verkauft er weltweit Rennräder, Mountainbikes und andere Velos aus der eigenen Produktion, unter eigenem Namen und unter Ausschluss der Fahrradhändler im Land.

Ebenso wie bei Rose Bikes, einem anderen Vorreiter in diesem Segment, ist Arnolds Firma Canyon ein so genannter Versender. Das sind Firmen, die ihre Ware direkt an ihre Kunden verkaufen. Bei Rose fing das mit einem Katalog an, der noch heute Kultstatus hat, weil er so viele Teile für Schrauber enthielt. Heute ist das Geschäft längst digital – und Canyon und Rose haben mit dem Direktvertrieb übers Netz den tradierten Handel das Fürchten gelehrt.

Ablehnung in der Werkstatt

Es passiert auch heute noch, dass Radler sich mit dem Wunsch einer Inspektion in eine Werkstatt begeben – und von den Fachleuten hin-

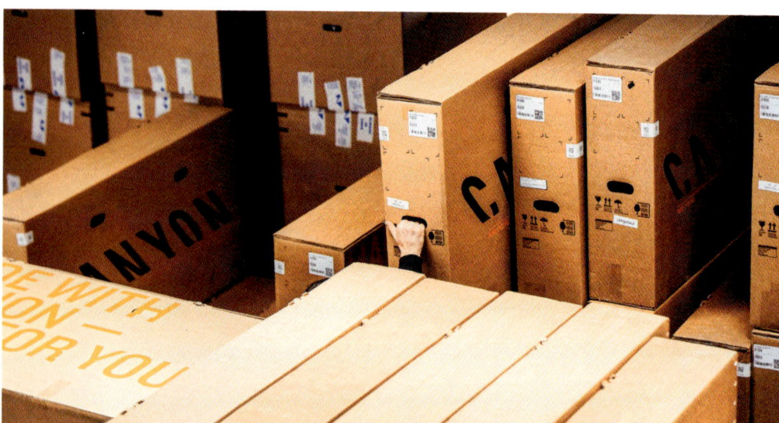

Das Geschäft mit dem Direktverkauf läuft seit Jahren auf Hochtouren.

term Tresen mit offener Ablehnung behandelt oder gar direkt des Geschäfts verwiesen werden. Das passiert, wenn dem Händler die Marke nicht passt, die der potenzielle Kunde fährt – weil er das Rad eben nicht beim Händler um die Ecke gekauft hat, sondern im Netz.

So kann es sein, dass man mit seinem Rennrad mitten in einem Kulturkampf landet, der sich im Zuge der Digitalisierung abspielt. Die Details dieses Konflikts sind kompliziert, es geht nicht nur um den Verkauf der Räder selbst, sondern auch um vermeintliche Unfairness bei Einkaufsbedingungen. Doch es ist, wie es ist: Canyon und Rose haben den Markt erfolgreich umgekrempelt. Bei Rennrädern wird man nicht lange suchen müssen, um die Versenderprodukte zu finden, und Canyon ist seit Jahren Ausstatter einiger der besten Profiteams.

Technisch überzeugende Räder

Versender verschicken ihre Räder nicht nur, sie investieren auch in Entwicklung und stellen eigene Produkte her. Damit sind sie in den vergangenen Jahren sehr erfolgreich gewesen, in den relevanten Tests der Fachpresse schneiden die Räder oft hervorragend ab. Preis und Leistung, das kauft man mit dem Paket. Was man aber nicht bekommt: persönlichen Service um die Ecke. Wer das Rad beim Hersteller in die Inspektion schickt, muss es wieder in die Box packen und zurückschicken – und braucht einen Termin, was durchaus dauern kann. Da gehen viele lieber mit dem Rad zum Händler des Vertrauens. Sofern der ihr Versand-Bike in Empfang nimmt.

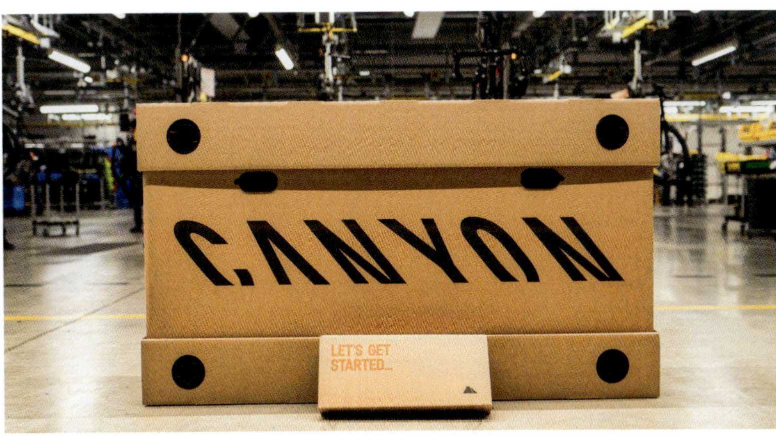

Karton für den Radversand vom Koblenzer Hersteller Canyon

Bella Nostalgia

56

Der Kult um italienische Räder

Allein der Klang! Wer kommt nicht ins Träumen, wenn er Namen wie Colnago, Columbus und Cinelli hört? Wer hat da nicht dieses Gefühl, der Schönheit in Reinform gegenüberzutreten?

Der Rennradsport ist getrieben von Innovationen, von technischen Neuerungen, vom Anspruch, Wissenschaft erfahrbar zu machen. Das prägt mittlerweile weite Teile des Marktes und des Marketings. Doch bei vielen Liebhabern besteht auch in diesen Performance-Zeiten noch eine Sehnsucht nach Italien, nach italienischen Rädern und dem Stil, für den sie stehen.

Namen der Passion

Jahrzehntelang war die italienische Rennradindustrie das Maß aller Dinge. Sie lieferte das Hightech. Es war die Zeit, als Rennräder noch von Hand gefertigte Einzelstücke waren, konstruiert von den Meistern ihres Faches. Einer dieser Namen, die für die hohe Kunst des Rades stehen, ist Ernesto Colnago. Er schuf in der Nachkriegszeit ein Unternehmen, dessen Name bis heute Passion und Handarbeit verheißt. Das gilt auch für De Rosa, eine

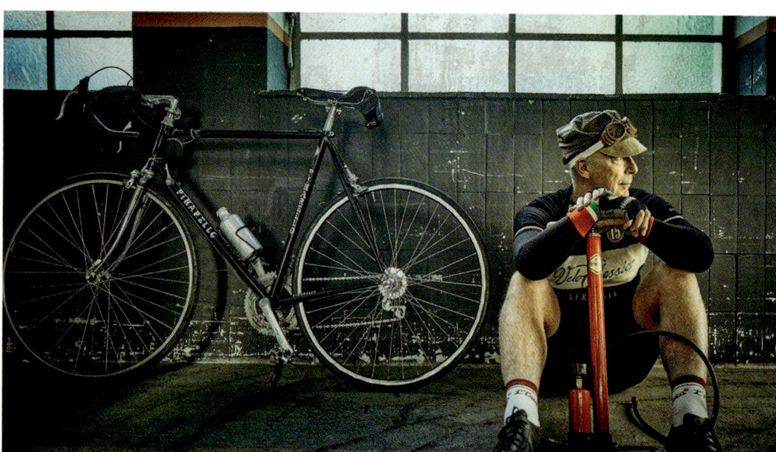

Inszenierte Nostalgie mit Stahl und Wollkleidung

Firma, die als Edelschmiede des Stahlrahmens noch immer Weltruhm genießt.

Wer sich diesem Mythos hingibt, sieht die Bilder der großen Fahrer der Nachkriegszeit, der Siebzigerjahre. Es ist eine prägende Ästhetik, der Stahlrahmen und die Kleidung, denen die Nostalgiker nicht nur nachhängen, sondern die sie auch wieder aufnehmen oder in moderneren Interpretationen – etwa mit Carbonrahmen – am Leben halten.

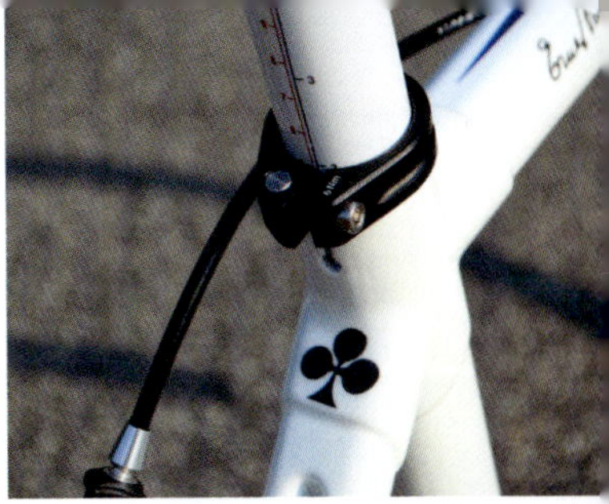

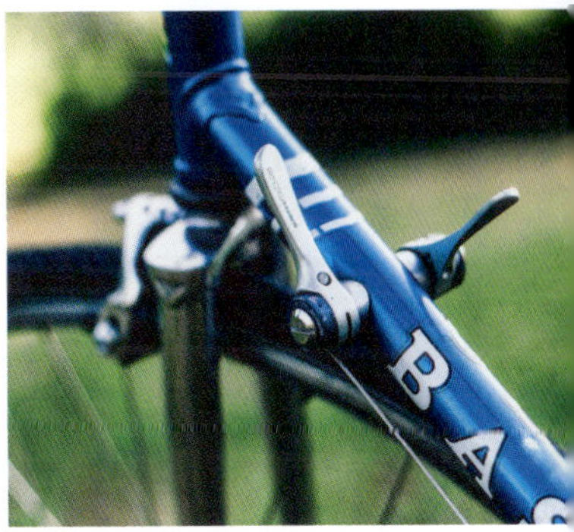

Begeistern Liebhaber: Räder aus Italien

Die neue Ära

Die Italiener waren die Künstler der Handarbeit. Doch dann kam eine andere Interpretation. Als in den Neunzigern der Alurahmen die Branche veränderte, wandelte sich nicht nur das äußere Bild vom Rennrad. Es kam auch ein neues Denken auf: »Die Italiener hatten zwar tolle Lacke und große Namen, fuhren aber immer schlechter. Als pedantischer Ingenieur kann man da natürlich gegen anschreiben – aber besser ist es, die Fahreigenschaften mit vergleichbaren Zahlen abzubilden«, erinnert sich Dirk Zedler, der als Radsachverständiger und Journalist mit dem Magazin *TOUR* für Objektivität sorgen wollte. In der neuen Welt des Rennradfahrens, für die Zedler gemeinsam mit dem Kollegen Robert Kühnen möglichst objektive Testmethoden entwickelte, hatten viele Firmen aus Italien Probleme.

Doch der Kult lebt weiter. Es gibt nicht nur Retrofahrten wie die »L'Eroica«, ein Stahlradfestival in der Toskana. Nein, es gibt eine ganze Menge Leute, die der Handarbeit den Vorzug geben vor einem laborgetesteten Sportapparat. Und einige der italienischen Firmen haben sich zumindest als wettbewerbsfähig erwiesen.

Colnago gehörte selbst immer zu den Vorreitern in neuen Modellformen, war beim Carbonbau ganz vorne – und sein Prachtexemplar C64 ist denn auch heute eine Kombination aus Historie und Moderne. Das Rad verbindet italienische Handarbeit mit neuer Carbon-Rennradtechnik und erinnert optisch doch an die gemuffte Bauweise, die einst die Stahlrenner aus Italien so prägte.

Harte neue Welt

57

Gravel-Rennen ziehen sehr fitte Sportler an

Im Mai 2023 schrieb Björn Müller mit seinem Organisationsteam in Aachen ein bisschen Geschichte. Der Radsportenthusiast veranstaltete zum ersten Mal in Deutschland ein Gravelrennen, das unter dem Siegel eines Radsportverbands stand. Mit dem 3RIDES, so der Name des Events, löste er einen Begeisterungssturm aus. Nie zuvor hatte es hierzulande die Chance gegeben, in einem offiziellen Schotterrennen anzutreten – und sich sogar noch für die Weltmeisterschaft zu qualifizieren. Wohlgemerkt in einem offenen Format, vom Hobbyfahrer bis zu Straßenprofis waren alle für dieses Rennen zugelassen. Ein Novum – und inzwischen ganz normal.

Der Autor dieses Buchs trat 2023 in Doppelrolle an, machte Pressearbeit für 3RIDES und wagte sich auch ins sportliche Getümmel. Es war, klar, sein erstes Gravelrennen. Und es war ein Rennen, das in Erinnerung blieb. Denn das sportliche Niveau bei dieser Jedermannveranstaltung war enorm. Abgeschlagen rollte er ins Ziel. Trotz einer sehr soliden Vorbereitung. Die-

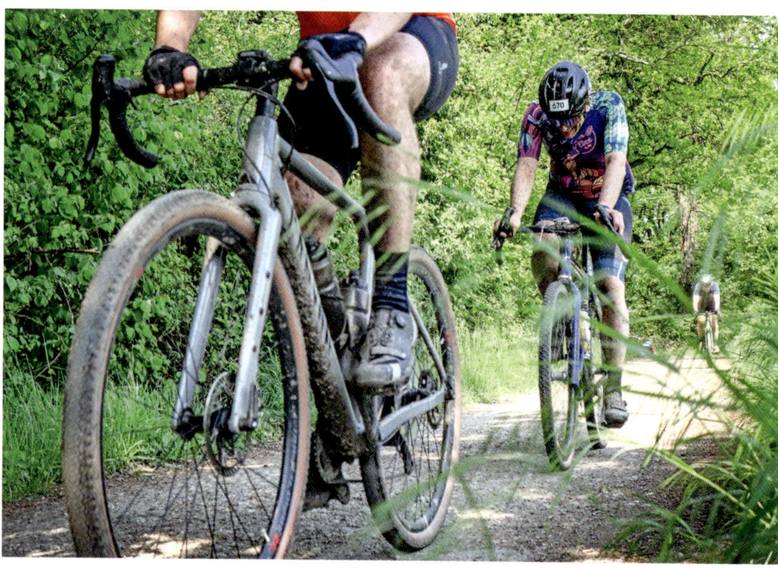

Erschöpfender: Der Autor (r.) beim Rennen in Aachen 2023

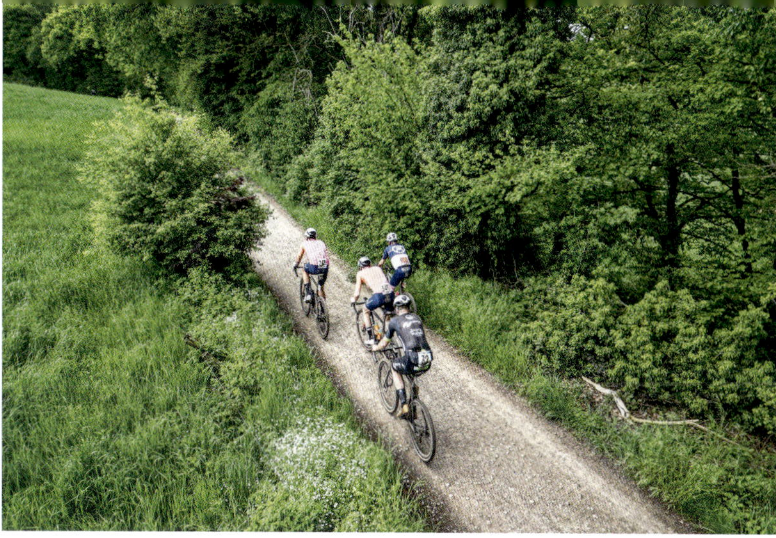

Beim Gravelrennen geht es über schmale Pfade abseits der großen Straßen.

sen Eindruck, dass bei Gravel-Wettbewerben ein besonderer sportlicher Zug herrscht, haben mittlerweile viele Gesprächspartner bestätigt. Ebenso wie das Graveln selbst eine Ausflucht vom klassischen Radsport war (Kapitel 52), ist der Rennsektor hier besonders anspruchsvoll. Das zieht.

Schwierige und schöne Events

Für Leute wie Sie und mich ist es inzwischen einfach möglich, bei Gravelrennen in Europa coole Events in Verbindung mit sehr schwierigen, oft zudem landschaftlich wunderschönen Strecken zu erleben..

Das legendäre Rennen von Kansas

Es ist jedoch eine Veranstaltung im Mittleren Westen der USA, die noch immer als Referenzpunkt des Gravel-Rennsports gilt: Unbound heißt das Rennen (ehemals Dirty Kanza), im US-Bundesstaat Kansas. Es führt über verschieden lange Strecken, teilweise zermürbend lange schnurstracks geradeaus, teilweise in klebrigen Matsch hinein. Es war eine Sensation, als 2024 die Deutsche Rosa Klöser hier gewann, eine Doktorandin, die zwar schon gute Ergebnisse eingefahren hatte, aber doch noch nicht zur Elite dieser Szene gehörte. Wer zunächst mal in Europa ins Geschehen einsteigen möchte, kann sich auch hier für Kansas qualifizieren. Beim Heathland im Osten Belgiens geht es durch eine schöne Heidelandschaft – und Finisher können Startplätze für das US-Rennen ergattern.

Ungeschriebene Regeln

Der unerbittliche Dress- und Verhaltenscode

58

Wer unbedacht auf eine Ausfahrt mit langjährigen Rennradenthusiasten startet, kann durchaus verblüffte oder missgünstige Blicke ernten. Oder Sprüche kassieren, wie man sagt. Zurecht, denn wer im magentafarbenen Telekom-Trikot und mit unrasierten Beinen auf eine durchgestylte Gruppe trifft, kränkt ja das Auge dieser Rennradästheten. Man kann viel falsch machen als Radfahrer. Aber das muss man eben auch wissen.

Vor ein paar Jahren veröffentlichten die Velominati – ein Wortspiel aus den Elementen Illuminaten und Velo – ihren vielleicht nicht ganz humoristisch gemeinten Verhaltenscode mit 95 Regeln (*Kodex für Radsportjünger. Die Regeln*). Es ist ein Manifest des Selbstbilds, das viele Rennradfahrer gemeinsam haben. Man kann darüber schmunzeln. Aber es kann durchaus passieren, dass draußen in der Trainingsgruppe jede Menge Ernst dabei ist, wenn jemand wegen eines Verstoßes angesprochen wird.

Das sollte man beachten

Hosen sollen schwarz sein und am Oberschenkel etwas knapp getragen werden, sodass eine Bräunungskante über dem Knie möglich ist (siehe Kapitel 4). Das Tragen einer schwarzen Hose ist elementar und hat

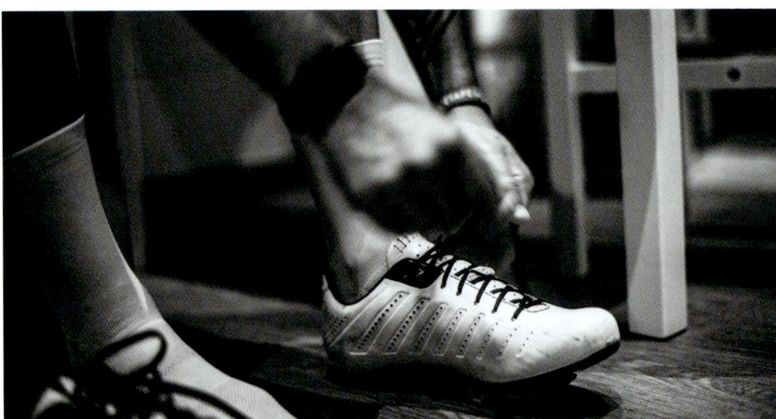

Perfektes Styling ist für ambitionierte Sportler entscheidend.

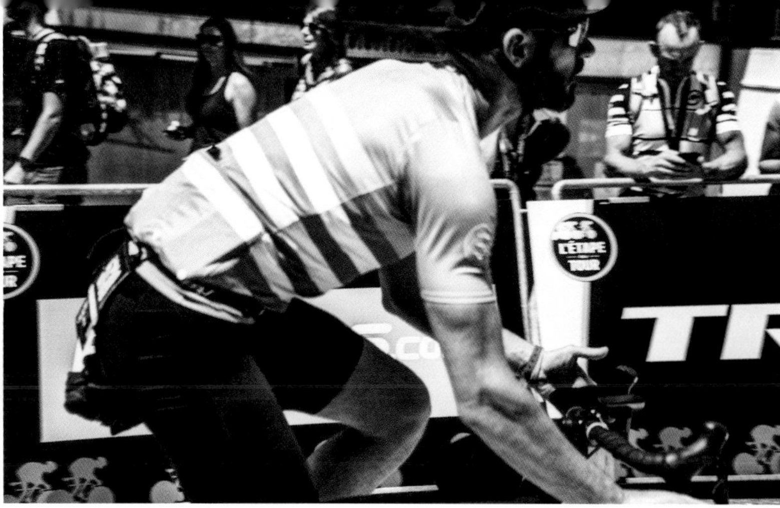

Gut angezogen ist halb anerkannt.

vielleicht auch praktische Gründe. Wer nämlich in einer weißen Hose durch Pfützen fährt – na ja.

Zwischen den Hosen und den Socken sollte die Haut rasiert sein. Punkt (siehe Kapitel 67).

Aber auch an den Füßen kann man Einiges verkehrt machen. Eigentlich alles. Traditionalisten akzeptieren zur schwarzen Hose nur weiße Socken. Aber heute gibt es viele schicke Radsportler, die über leuchtende Farben am unteren Textil Statements senden. Fakt ist in jedem Fall: Die Socken müssen genau richtig lang sein, weder unter den Knöcheln enden noch hinauf reichen bis kurz unters Knie. Das genaue Maß? Hat man eben im Gefühl.

Schuhe braucht man natürlich auch. Sie müssen teuer sein und Stil haben. Auf keinen Fall trägt man Mountainbikeschuhe – auch wenn man damit besser laufen könnte. Denn wer Rennrad fährt, geht nicht.

Mit den Konsequenzen leben

Das Trikot ist auch so etwas: Es muss wirklich eng sitzen. Jedes Flattern beleidigt die Mitfahrer. Es muss farblich passen, na klar, zum Rad und zu den Socken. Wer in der Kleidung der Profiteams unterwegs ist, wird ganz sicher einen Spruch abkriegen. Profitrikots sind für Profifahrer, so heißt es. Man kann also viel verkehrt machen.

Vielleicht haben Sie gemerkt, dass die obigen Zeilen mit Ironie geschrieben wurden. Vielleicht haben Sie sich dabei aber auch nur getäuscht. Letztlich kann auf dem Rennrad natürlich jeder fahren, wie er oder sie möchte. Nur gilt es dann eben auch mit den Konsequenzen zu leben.

Auf und ab am Stiefel

Familiär und heftig: der Giro d'Italia

59

Er dauert genau wie die Tour de France drei Wochen, es fahren genau wie in Frankreich die besten Teams der Welt mit, es ist genau wie im Nachbarland ein Rennen der höchsten Wertungskategorie des Radverbands UCI. Doch eigentlich ist der Giro d'Italia das Gegenprogramm zu dem Riesenrennen im Juli.

Drei dreiwöchige Radrundfahrten gibt es pro Saison, und der Giro – die Runde durch Italien – ist die unangefochtene Nummer zwei. Die Spanienrundfahrt Vuelta a España gibt es zwar auch noch, aber eben weit dahinter.

Wenn es warm wird

Der Giro findet jedes Jahr statt, wenn an Italiens Küsten schon Badegäste empfangen werden und die Alpenpässe im Normalfall geöffnet sind, also im Mai und manchmal bis Anfang Juni. Die Tradition ist enorm, 1909 jagten die Profis zum ersten Mal um den Titel. Lanciert wurde das Rennen genau wie sein größerer Konkurrent in Frankreich von einer Zeitung, die mit der Veranstaltung ihre Auflage steigerte: die auf rosafarbenem Papier gedruckte Tageszeitung La Gazzetta dello Sport. Bis heute organisiert der Medienkonzern RCS, zu dem die Gazzetta gehört, das Profirennen.

Das Rennen hat enormes Prestige, aber es ist doch weitaus entspannter als das Massenspektakel Tour de France. Wer sich vor oder nach einer Etappe des Giro in den Orten bewegt, muss sich nicht durch Menschenmassen kämpfen oder gar stundenlang auf einer Stelle stehen. Man kann eng ran an die Fahrer und diese auch entspannter erleben als bei der Tour. »Es ist ehrlich gesagt etwas einfacher für uns Sportler beim Giro, denn die Medienaufmerksamkeit und der Druck hier sind etwas geringer, es ist weniger los um uns herum«, sagte der Berliner Simon Geschke 2017, kurz bevor er als Helfer gemeinsam mit dem Niederländer Tom Dumoulin feiern durfte, der sich in die Siegerliste eintrug.

Drastisches Programm

Der Giro ist nicht nur familiärer, er war über einige Jahre auch drastischer als die Tour. Wer den Streckenplan sah, sah vor allem ein Auf und Ab. Italiens Topographie bietet überall Berge, und Organisator Mauro Vegni entschied sich dafür, dieses Profil beim Giro maximal auszunutzen.

Damit provozierte man spannungsgeladene Schlusstage mit vielen Einzelattacken. Für die Sprinter ist das Rennen eher Vorbereitung, sie flüchten oft vor der letzten Woche, um in Frankreich fit zu sein. Schließlich geht es in Italien zum Schluss fast immer im Hochgebirge der Alpen und Dolomiten zur Sache.

Beachtlich ist, wie viele Menschen beim Giro d'Italia selbst mit ihren Rennrädern an den Streckenrand kommen und dort ihre Helden feiern. Das gilt vor allem für die Bergetappen. Oben auf den Pässen, an denen es im Mai noch oft neblig-kalt ist, stehen sie stundenlang, nachdem sie selbst die Steigung bewältigt haben. Für Zuschauer ist der Giro mit Sicherheit das stressfreiere Erlebnis.

Es gibt auch einen weiblichen Giro – damit ist in Italien eine große Rundfahrt für Fahrerinnen erhalten geblieben. Die Tour de France organisiert nur ein Eintagesrennen, der »Giro Rosa« gilt als das Maß aller Dinge bei den Etappenrennen für Frauen. Er hat neun oder zehn Etappen. Dieser Giro wird allerdings von einem anderen Organisator ausgetragen als das Männerrennen.

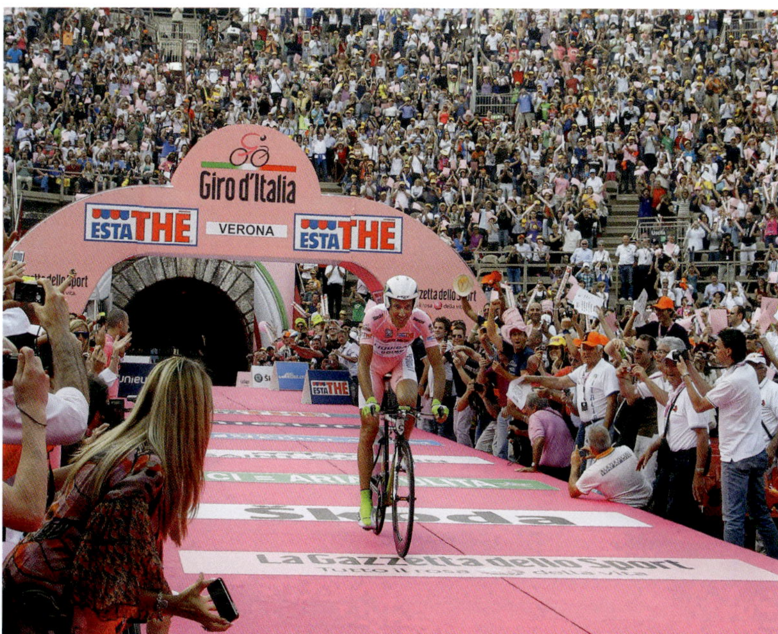

Einfahrt zur großen Giro-Show in Italien

Laufen lassen

60 Nervensache Abfahrt

Der französische Radprofi Thibaut Pinot hat nach einer Tour-de-France-Etappe in den Pyrenäen einmal einen beachtlichen Dreisatz für einen Berufsradfahrer genannt: »Manche Menschen haben Angst vor Spinnen oder Schlangen. Ich habe Angst vor Geschwindigkeit. Es ist eine Phobie.« Mit diesen Worten erklärte er, warum er auf dem Weg aus den Bergen nicht nur ein paar Sekunden, sondern 25 Minuten auf die Etappensieger verloren hatte. Pinot steckte in einem Dilemma, das ihm die Tränen in die Augen spülte.

Die Angst konfrontiert

Dabei galt Pinot lange schon als riesige Hoffnung in seinem Heimatland, als einer, der vielleicht doch noch einmal den Toursieg schaffen könnte. Seine Leistung bergauf war vielfach phänomenal, doch seine Schwächen in der Abfahrt zerstörten jede Hoffnung. Pinot konfrontierte die Angst mit Expositionstherapie, er setzte sich hohen Geschwindigkeiten aus – wie es scheint mit Erfolg: Bei der Tour 2019 fehlte nicht viel für einen Triumph. Den Franzosen lähmte nicht die Angst vorm Speed bei der Abfahrt, sondern ein schnöder Muskelfaserriss am linken Oberschenkel.

Abfahren. Eine Disziplin, der sich Rennradfahrer stellen müssen. Wer Pässe hinauffährt, muss schließlich auch wieder runterkommen. Man darf den Weg nach unten auf keinen Fall unterschätzen: Eine Abfahrt über 30 Kilometer kann den ungeübten Fahrer mindestens genauso fordern wie der Weg rauf zum Pass. Denn Abfahren erfordert dauerhaft hohe Körperspannung, enorme Aufmerksamkeit für mögliche Probleme auf der Straße und bei anderen Verkehrsteilnehmern und natürlich ständiges Bremsen.

Der Flow der Abwärtsneigung

Wobei man sich merken sollte: Gute Abfahrer stehen nicht auf der Bremse. Sie bremsen klar, und weniger als Angstgeplagte. Und die weisen alten Guides sagen: Wer mit Angst und viel Gebremse den Berg hinabschleicht, fährt letztlich unsicherer als diejenigen, die sich dem Flow der Abwärtsneigung hingeben.

Bei Abfahrten stehen Kernqualitäten des Radsportlers auf dem Prüfstand. Wie gut man sein Rad beherrscht, mit dem Körpergewicht lenken und eine sichere Spur fahren kann, zeigt sich vor allem auf kurvigen Wegen zurück ins Tal. Auch das richtige Bremsen gilt es zu trainieren. Und man muss eben lernen, die Geschwindigkeit nicht nur zuzulassen, sondern sie im Idealfall sogar noch zu steigern und zu genießen. Fortgeschrittene Sportlerinnen und Sportler wechseln in eine Haltung mit maximaler Aerodynamik. Manche gehen sogar so weit und rutschen vom Sattel nach vorn und sitzen auf dem Oberrohr, während die Schwerkraft ihr Werk tut. Ob man so weit gehen muss, sei dahingestellt.

Denn natürlich ist Abfahren gefährlich. Es hat Gründe, warum Rennveranstalter vielfach auf Gefahrenstellen hinweisen. Der Rausch der Geschwindigkeit sollte niemandem den Blick vernebeln. Denn ein plötzlicher Seitenwind, Spurrillen oder ein Steuerfehler können bei 70 oder 80 Stundenkilometern ein fatales Ende nach sich ziehen.

Ein Problem sollte man in jedem Fall mitbedenken: das Unterkühlen. Heute muss sich niemand mehr eine Zeitung unters Trikot stecken. Es gibt gute, leichte Windjacken und Westen, die sich im Trikot verstauen lassen. Die gehören auch bei milderem Wetter am Gipfel immer dazu. Eine Unterkühlung beim Abfahren kann nämlich dazu führen, dass der hypothermische Sportler die Kontrolle über sein Rad verliert.

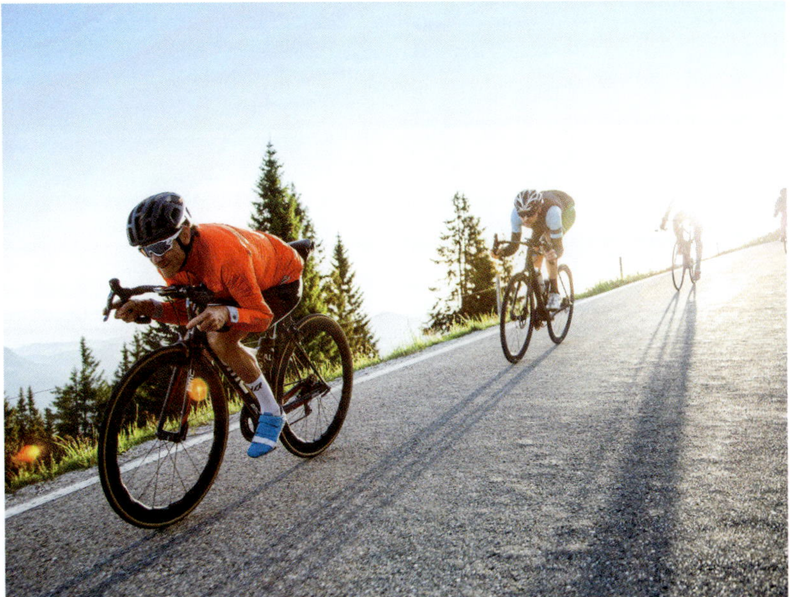

Mit guter Abfahrttechnik lässt sich viel herausholen.

Bin dann mal weg

61

Das Trainingslager als Grundlage

Bei Profisportlern und ambitionierten Amateuren ist die Sache eh klar. Aber auch bei abertausenden Hobbyathleten gehören sie fest in den Jahreskalender: Trainingslager. Eine Woche oder länger, in der es nur um das Eine geht.

Trainingslager beschleunigen den Aufbau der Kondition, mit der man den Rest des Jahres gute Ergebnisse erzielen möchte. Bei manchen mögen es Platzierungen sein, bei manchen eine Traumzeit bei einem Radmarathon, bei anderen nur das mühelose Bestehen der üblichen Touren im Sommer. Aber immer geht es beim Trainingslager darum, so viel Grundlage wie möglich zu legen in einer Zeit, in der Beruf, Familie und andere Hobbys hintanstehen.

Man könnte das theoretisch auch zuhause machen, aber eine Reise nach Mallorca, Andalusien oder Sizilien im März verspricht natürlich deutlich bessere Wetterbedingungen. Außerdem gibt es an solchen Destinationen eine Infrastruktur, bei der man sich voll auf die eigene sportliche Leistung einlässt, ohne noch viel selbst organisieren zu müssen.

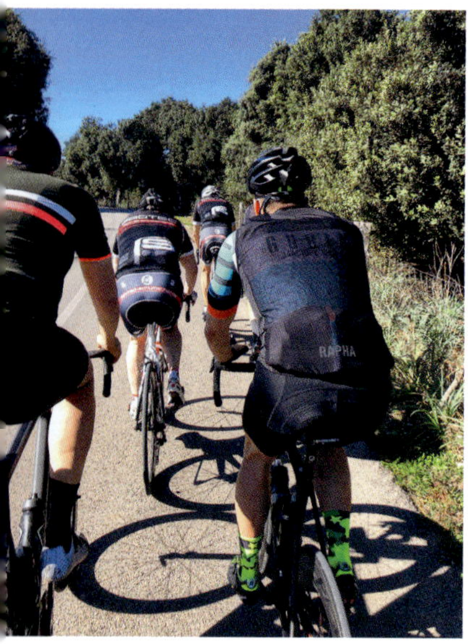

Die Trainingsgruppe bei bester Laune – morgens auf Mallorca

Auf Mallorca ist zwischen März und Mai Trainingslager-Hochsaison. In Playa de Muro sammeln sich morgens zahlreiche Trainingsgruppen. Beim Veranstalter Max Hürzeler, dem Größten der Branche, können sich auch einzelne Reisende problemlos einer Trainingsgruppe anschließen. Sie haben die Wahl zwischen Guides, Geschwindigkeiten, Entfernungen und Strecken. Wer da eine Woche mitradelt, sammelt 600 Kilometer oder mehr. Das lohnt sich auf jeden Fall. Und es befreit den Kopf, wie überzeugte Teilnehmer sagen. Wer es einmal gemacht hat, will es immer wieder machen.

Höchstgeschwindigkeit

62

Volle Kraft für den Sprint

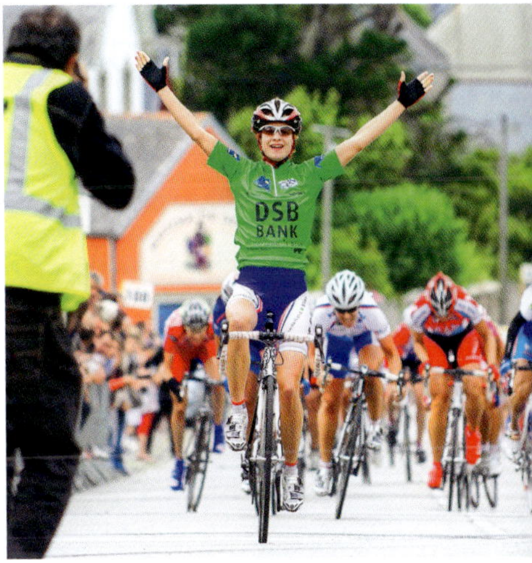

Jubel am Zielstrich: der Preis der Sprinter

Die Männer und Frauen für die letzten Meter sind besondere Exemplare im Radsport. Sie sind die Muskelpakete, die oft zu schwer sind für die Berge und zur Teamarbeit nicht viel beitragen. Sie leben auch ein bisschen für sich – und werden von ihren Mitstreitern beschützt und gezielt unterstützt, um diesen einen Kraftakt zu erbringen. Den Kraftakt vor dem Zielstrich, wenn sie ihre gebündelte Power im richtigen Moment aus dem Windschatten heraus entfalten.

Sprinter sind totale Spezialisten, die für eine sehr kurze Zeit enorm hohe körperliche Leistung erbringen. Marcel Kittel etwa, ein Hüne aus Erfurt, produzierte 1900 Watt im Sprint. Mit dieser Physis gewann er 14 Tour-de-France-Etappen – eine historische Leistung. Aber als es bei ihm nicht mehr lief, war Kittel kaum noch der medialen Rede wert.

Ehre am Ortsschild

Sprints üben kann jeder. Der Geschwindigkeitsrausch will aber hart erarbeitet sein. Die Kette gleitet ganz nach rechts, der Tritt erfordert enormen Aufwand, dann merkt man den Vortrieb, geht aus dem Sattel und drückt in die Pedale, so fest es geht. Lange geht es nicht. Bei der Trainingsrunde sorgt der Ortsschildsprint seit Jahrzehnten für freundschaftlich ausgetragene Konkurrenz. Wer als erstes an der Beschilderung vorbeirollt, kassiert die Ehre. Sprintintervalle – also wiederholtes Sprinten mit maximaler Leistung für ein paar Sekunden – zahlt sich stark für die Leistungsfähigkeit aus (siehe Kapitel 29). Das lohnt sich, wenn man bei einem schnellen Straßenrennen für Jedermänner nicht den Anschluss verlieren möchte.

Im Velodrom

Bahnradfahren ist purer Sport

63

Die wenigsten haben es schon mal probiert. Aber für viele Leistungssportler gehört es zur Grundausbildung. Rennradfahren auf der Bahn ist eine eigene Kunst und steht im Schatten des Straßenradsports.

Bahnradsport ist die puristische Variante des Rennradfahrens. Der Einstieg ist alles andere als leicht. Wer radeln kann, muss es für die Bahn nochmal neu lernen. Denn die Räder, mit denen man auf die Holzbahn startet und dort im Kreis fährt, haben weder Gangschaltung noch Bremse. Viel schlimmer: Sie haben eine starre Nabe, das heißt es gibt keinen Freilauf, man muss mit der Kraft der eigenen Beine nicht nur beschleunigen, sondern zum Bremsen auch gegenhalten. Das will geübt sein. Zumal es beim Bahnradfahren nicht über eine flache Runde geht, sondern über steile Rampen. Die Berliner Radbahn etwa hat eine Länge von 250 Metern – und in den beiden Steilkurven einen 45-Grad-Winkel. Hier ist Geschick ebenso gefragt wie Übersicht. Leider gibt es immer wieder heftige Unfälle. Die deutsche Weltklassefahrerin Kristina Vogel kollidierte im Juni 2018 im Training mit einem anderen Fahrer. Sie ist seither querschnittsgelähmt.

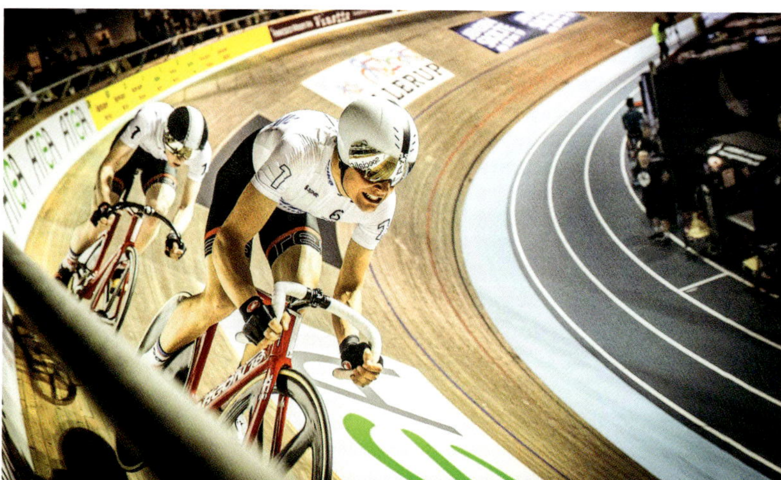

Im Team herum im Rund, das ist Bahnradsport.

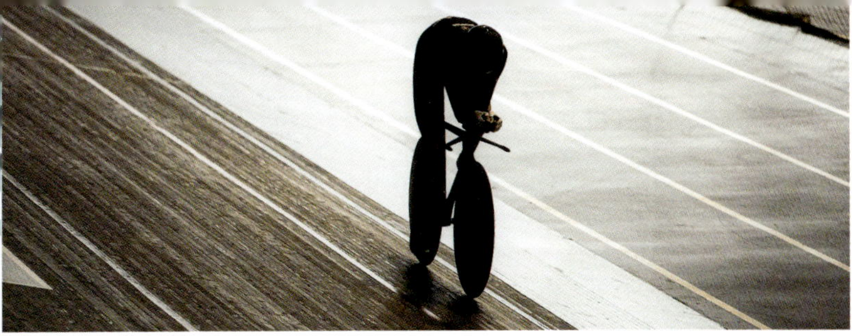

Eiserne Disziplin und Tempohärte sind gefragt.

Spezifisches Training

Bahnradfahren ist sehr gut geeignet, um spezifisch zu trainieren. Auf der Bahn können die Fahrer sich auf gleichmäßige Leistung einrollen und ohne äußere Einflüsse ihr Trainingsprogramm durchziehen. Für manche Hobbyathleten ist das – gerade im Winter – eine Alternative zum Rollen- oder anderem Indoortraining, zumal man dabei auch die eigene Fahrtechnik verbessert.

Bei den Olympischen Spielen gehören verschiedene Disziplinen des Bahnradsports fest zum Programm. Die Athleten messen sich auch bei Weltcups und Sechstagerennen (siehe Kapitel 84). Auch auf der Bahn treten sehr unterschiedliche Fahrertypen an. Es gibt Ausdauerdisziplinen und Sprintrennen, Zeitfahren und Verfolgungsrennen, bei denen die Fahrer mit einer halben Runde Abstand versetzt starten. Vor allem die Mannschaftsverfolgung ist eine spektakuläre Variante: Vier Athleten versuchen, in möglichst perfekter Abstimmung einen Zug zu bauen, der über 4000 Meter durch die Kurven jagt. Die Geschwindigkeit auf der Bahn ist abenteuerlich: Bei den Olympischen Spielen in Rio raste das britische Viererteam mit einem Durchschnittspeed von fast 63 Stundenkilometern über die vier Kilometer.

Hinter dem Motorrad

Eine besondere Disziplin, die man zum Beispiel in Nürnberg noch vor Publikum austrägt, sind die so genannten Steherrennen. Dabei fahren die Radsportler im Gespann mit einem Motorrad. Der Motorradfahrer spendet den Windschatten und beschleunigt und bremst auf Kommando des Radlers – der dabei häufig Geschwindigkeiten jenseits der 100 Stundenkilometer erreicht.

Auf Radrennbahnen wie dem Berliner Velodrom oder der Albert-Richter-Bahn in Köln können auch Hobbysportler erste Versuche im Bahnradsport wagen, ohne dafür einem Verein beizutreten.

Krieg auf den Straßen

Immer Zoff mit Autofahrern

64

Der Vorgang war so krass, dass es dem Autor und seinem Trainingskumpel für ein paar Minuten die Sprache verschlug. Die Laune war gut, das Wetter frühsommerlich-schön, gut 100 Kilometer durch die Eifel lagen zurück, nur noch eine halbe Stunde bis Köln. Entspannt ging es über einen Feldweg. Und dann das: von hinten Geschrei, dann Gehupe, Schimpfworte. Der Wagen schob sich auf dem schmalen Weg vorbei, hielt an, die Tür öffnete sich – doch zum Glück nicht schnell genug, die Radler kamen gerade noch vorbei. Doch der Wagen beschleunigte erneut, fuhr wieder am Autor und seinem Freund vorbei – und aus dem Seitenfenster sah man nicht nur das rot angelaufene Gesicht des Beifahrers und eine Kölschflasche, sondern auch ein Messer. Schock. Zum Glück näherten sich die drei Fahrzeuge der Ortseinfahrt und der Wagen brauste davon.

Die Gefahr radelt immer mit.

Die Normalität ist gefährlich

Die Szene mag ein Tiefpunkt sein, der tagelang und auch in den Träumen hängen blieb. Aber die Normalität ist kaum besser. Radfahrer leben gefährlich. Rennradfahrer umso mehr. Sie sind mit ihrem Bewegungsmuster, mit ihrem eher schmalen Profil und ihren ungewöhnlich hohen Geschwindigkeiten für viele Autofahrer schwer einzuschätzen. Für manche sind sie darüber hinaus aber schlichtweg ein Feindbild, an dem man seine geballte Aggression auslassen kann.

Das ist bewusst einseitig dargestellt. Rennradfahrer sollten sich der Gefahr, in der sie schweben, bewusst sein. Denn sie haben keine Knautschzone, keine Polster, keinen Airbag. Wer auf der Fahrbahn unterwegs ist, erwirbt deshalb über kurz oder lang eine besondere Wahrnehmungsfähigkeit für Dinge, die hinter ihm passieren. Doch auch das hilft nicht immer, wenn ein Autofahrer den Seitenabstand beim Überholen falsch einschätzt.

Einsicht von Schwäche

Die Sache ist so: Dafür, dass so viel los ist auf den Straßen, passiert eigentlich recht wenig. Doch es gibt sie halt immer wieder, die schlimmen Unfälle, die manchmal tödlich enden. Spricht man hinterher mit den Menschen in den Vereinen, aus denen verunglückte Sportler kamen, bleibt da viel Ratlosigkeit und Trauer über eine Leere, die aus einer Hobbyfahrt entsteht. Und die Einsicht, dass der Selbstschutz besser ist als das Beharren auf eigenem Recht oder gar der ausgetragene Konflikt. Das heißt: im Zweifelsfall auf dem Radweg fahren, auch wenn er nicht benutzungspflichtig ist, so weit wie möglich nach außen fahren, Autofahrer bei Abfahrten durchlassen – auch wenn man gern den Berg schnittig hinunterfahren würde. Man kann Risiken suchen oder meiden. Es ist eine Einsicht von Schwäche, die sich vielleicht langfristig lohnt. Wählen Sie also lieber die kleine Nebenroute als die Bundesstraße.

Fakt ist: Wenn Sie Kilometer abspulen auf dem Rennrad, werden Sie Ärger mit Autofahrern, Motorrad- und Kraftfahrern haben. Das gehört einfach dazu. Seien Sie darauf vorbereitet. Und bewahren wenigstens Sie einen kühlen Kopf.

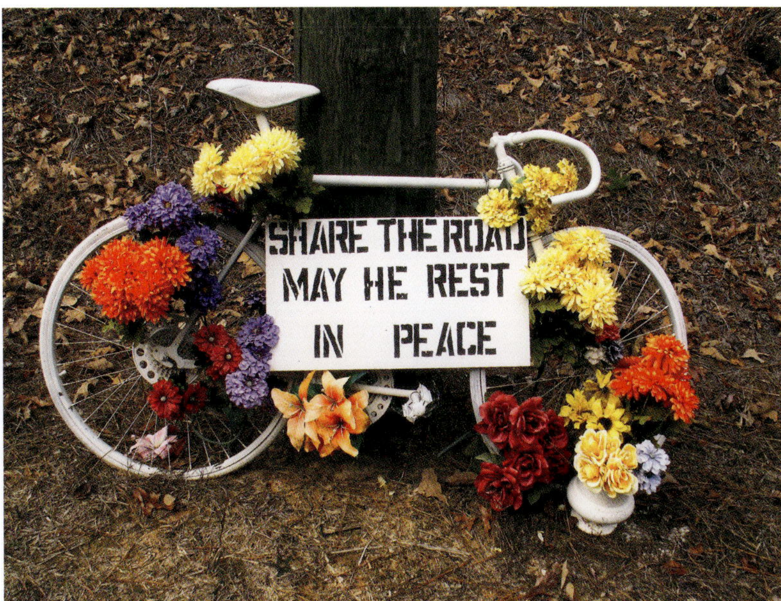

Mahnmal eines fatalen Aufeinandertreffens

Geschwindigkeitsrausch

Jedermann rast bei den Cyclassics

65

Immer nur Berge sind auch langweilig. Das gilt umso mehr, wenn man im Gebirge immer hinterherfährt. Zum Glück bietet der Radsport auch anderen Charakteren als den drahtigen Bergathletinnen eine Bühne. Als Hobbyfahrer erleben Sie den Geschwindigkeitsrausch eines Flachlandrennens besonders gut beim größten Jedermannrennen in Deutschland – den Cyclassics in Hamburg.

Die Traummarke lautet 40. Mit einem Schnitt von 40 Kilometern in der Stunde über eine Distanz von 100 oder gar 160 Kilometer kommen – das ist für so manchen Hobbyfahrer der Stoff für wilde Träume. Der Autor machte 2019 den Selbstversuch im Auftrag des Radsportmagazins *TOUR*. Wie fühlt es sich an, alles nur diesem einen Ziel unterzuordnen: mit mindestens 40 Stundenkilometern durch die Hamburger City zu rasen, vorbei an der Alster, vorbei an den Sehenswürdigkeiten der Stadt und durch die flachen Landstriche Schleswig-Holsteins?

Mut und Überwindung

Das Projekt lief erfolgreich. Mehr als 41 Stundenkilometer standen am Ende auf dem Tacho, nach knapp 160 Kilometern. Die Elemente, die es dafür braucht, sind bei den Cyclassics vorhanden: Eine Menge hochmotivierter Mitstreiterinnen und Mitstreiter (insgesamt 18 000), die Windschatten spenden; ein Kurs mit breiten Straßen und sehr wenig Steigungen; eine gewisse Portion Mut, manchmal dranzubleiben und auf den Halt an Verpflegungsstellen zu verzichten; und auf den letzten Kilometern, entlang der Elbe und zurück in die Millionenstadt, eine Kulisse, die nochmal alles mobilisiert.

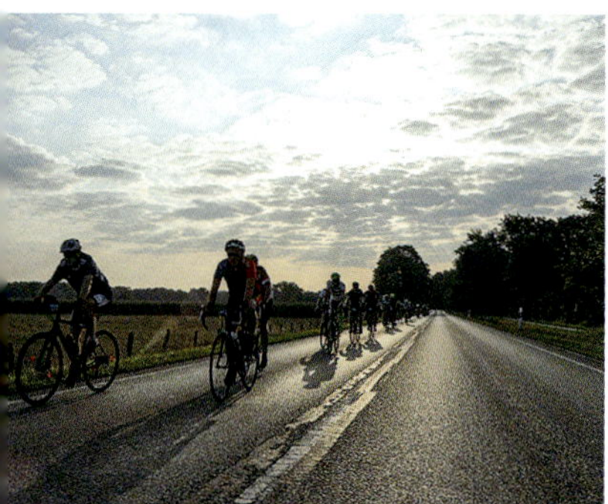
Über viel flaches Land geht es bei den Cyclassics.

Es fühlt sich gut an, wenn der Kilometerschnitt nach der ersten Stunde höher ist als erhofft – und sich daran auch fast vier Stunden später nichts ändert. Eine solche Fahrt ins Flachland mit Geschwindigkeitsrausch, das lohnt sich.

Wie die Profis

66

Die Etape du Tour lockt international

Wie mag es sich anfühlen, als Profi bei der Tour de France mitzufahren? Die Organisatoren des größten Radrennens der Welt bieten weit mehr als 10 000 Menschen aus aller Welt jährlich die Gelegenheit, genau das auf dem eigenen Rad zu erleben. Die Etape du Tour ist ein Höhepunkt für Hobbyfahrer: Hier dürfen sie, ein paar Tage vor dem Start der Profietappe bei der Frankreich-Rundfahrt, eben diese komplette Etappe als Rennen absolvieren.

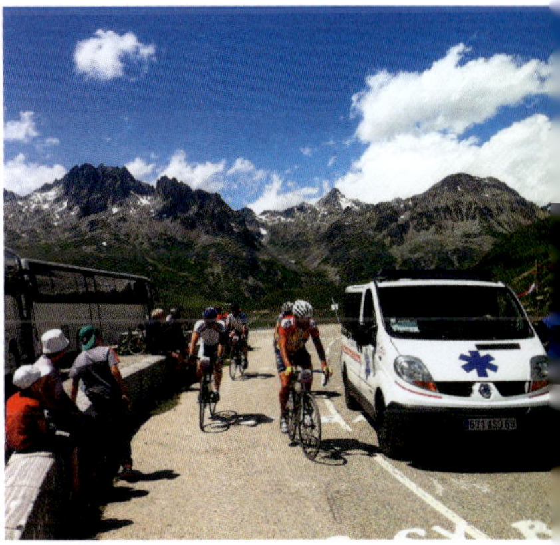

Betreuung wie im Profirennen bei der Etape du Tour

Die Straßen sind für den ganzen Tag gesperrt, im Start- und Zielort ist schon fast so viel los wie sonst nur an den großen Tagen der Profis. Und im Peloton rollen auch Motorräder mit neutralem Material mit, ebenso Ambulanzwagen. Allerdings ist das Fahrerfeld natürlich erheblich größer als bei der Tour. Aber die Fantasie spielt mit, auch wenn man sich eher die Berge hochquält.

Zehren vom Mythos

Die Organisatoren bei der ASO, die die Tour erfolgreich weltweit vermarkten, setzen auf den Mythos. Klar: Man lockt die Massen nicht mit einer Flachetappe durch die Champagne. Dafür müssen schon die harten Prüfungen her. In den vergangenen Jahren ging es beispielsweise über den Col d'Izoard, auf den Col de la Croix de Fer und den Pyrenäenpass Tourmalet. Von diesen Bergen und den Dramen, die sich dort bei den Profis abspielen, zieht die Tour de France einen guten Teil ihres vermarktbaren Images. Bei der Etape du Tour versilbert sie es mit einem Massenspektakel. Die Plätze sind jedes Jahr schnell vergriffen – und wer teilnehmen möchte, sollte sich sehr zeitig auch um die Übernachtung kümmern. Das ist in den kleinen Alpenorten oft nicht einfach, und wer ein Hotel weiter weg bucht, wird am Renntag sehr früh anreisen müssen.

Unten ohne?

67 Rasierte Beine als Erkennungszeichen

Sollten Sie dem weiblichen Teil der Leserschaft angehören, ist dieses Kapitel für Sie vielleicht nicht ganz so bewegend wie für alle Männer, die sich dem Radsport hingeben. Wobei Sie vielleicht noch etwas über die männliche Psyche lernen – aber das kann der Autor schlecht selbst beurteilen. Denn er macht es seit einigen Jahren: setzt den Rasierer nicht mehr nur zwischen Koteletten und Nase an, sondern regelmäßig auch vom Oberschenkel bis zum Knöchel.

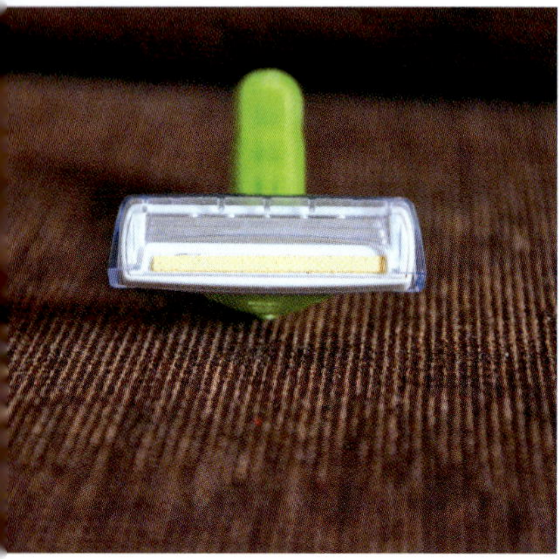

Damit geht das Haar ab, aber bitte mit Geduld.

Muss Mann sich also die Beine rasieren, um wirklich ein Radsportler zu sein? Das ist eine Frage des Standpunkts. Jedenfalls gibt es viele Kreise, in denen man nicht nur prüfend, sondern kopfschüttelnd betrachtet wird, wenn man mit sprießender Behaarung oberhalb der Pedale herumstrampelt. Schauen Sie sich mal die Profis an: Alle haben sie rasierte Beine. Also muss es wohl so sein.

Es gibt viele Mythen

Warum allerdings die Beine rasiert werden sollen – dazu gibt es viele Mythen, aber leider nur sehr wenig stichhaltige Gründe. Ins Feld geführt wird gern die Behauptung, dass bei Stürzen eine Rasur vor Haaren in der Wunde schütze. Mag für ein, zwei Tage stimmen. Aber wir haben es ja mit natürlichem Wachstum zu tun. Dann bahnen sich die Haare eben ihren Weg in die Schürfwunde hinein. Alternativ behaupten manche: Für die Massagen sei ein rasierter Körper weit besser geeignet als ein behaarter. Interessanterweise widerspricht ein anerkannter Physiotherapeut, den der Autor mit dieser Frage konfrontiert: Nein, mit Öl seien auch behaarte Beine gut zu bearbeiten. Und überdies wachsen eben schnell neue Stoppeln – die bei der Massage deutlich unangenehmer sind als längeres Gewächs.

Geringer aerodynamischer Vorteil

In der wissenschaftlichen Literatur verweisen Forscher insbesondere auf einen Aspekt: Für die Rasur spricht ein leichter aerodynamischer Vorteil. Rasierte Gliedmaßen reduzieren demnach den Luftwiderstand, weil weniger Verwirbelungen entstehen. Allerdings beträgt der Vorteil auf 40 Kilometer zwischen ein paar Sekunden und einer guten Minute. Sollten Sie ein Top-Athlet sein, könnte man hier also gute Argumente finden. Ansonsten stellt sich die Frage, wie viel Zeit Sie für den Pflegeaufwand gegenrechnen müssen.

Es bleibt die ehrliche Antwort: Bei den meisten von uns ist dieser Faktor der Aerodynamik nur psychisch relevant. Der Hauptgrund für enthaarte Schenkel dürfte ganz schlicht folgender sein: Eitelkeit. Wir blicken gern an uns herab, wenn wir die gut trainierten Muskeln an ihren Beinen sehen – und die, finden viele, sehen eben ohne Haare noch besser aus.

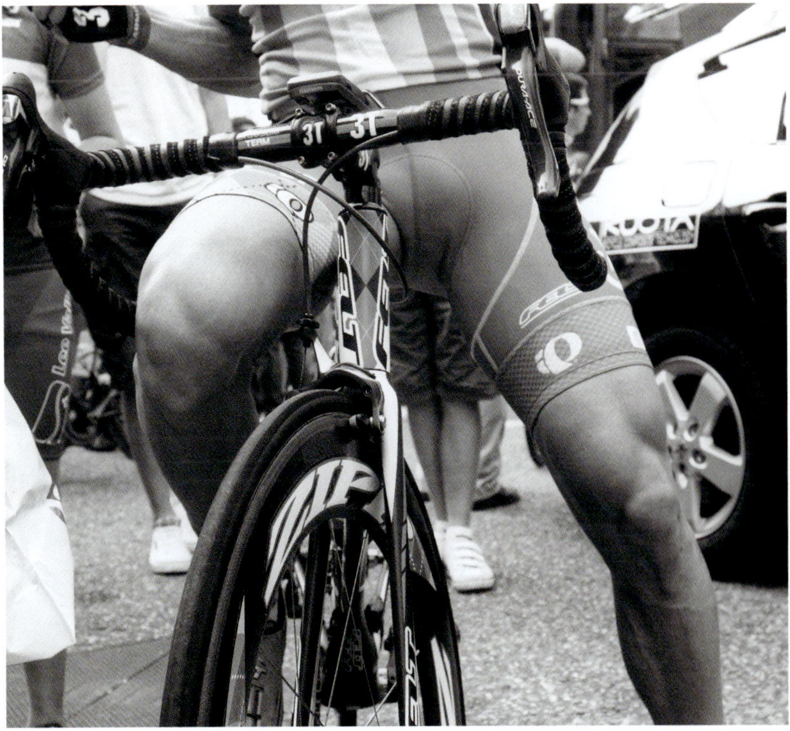

Natürlich mit haarfreien Beinen: Profis vor dem Start

Die Raphaisierung des Radsports

Wie ein Unternehmen einen neuen Stil schuf

68

Man kann Textilien für Sportler zusammennähen. Oder man kreiert ein ganzes Lebensgefühl und schafft einen Look, der weite Teile der Radsportwelt prägt. Ersteres machen viele, auch sehr gute Bekleidungsfirmen. Letzteres ist Simon Mottram gelungen. Mottram, einst einflussreicher Manager in der Markenberatung, gründete 2004 gemeinsam mit dem Kreativdirektor Luke Scheybeler in London eine Firma für Fahrradkleidung, die aus dem sportlichen Textil eine Mode und sogar eine ganze Lebensart machte. Die beiden erhielten viel Aufmerksamkeit, denn sie lieferten neben hoher Qualität ein Design, das sich von den meisten Anbietern unterschied: viel Schwarz, viel Weiß und dunkle Farben, dazu klare geometrische Elemente und enge Schnitte. Vor allem schuf man mehr als nur das Produkt. Rapha erzählt Geschichten. Die Werbemittel des Unternehmens kommen daher wie Modemagazine, mit grobkörnigen Schwarz-Weiß-Bildern und viel Atmosphäre.

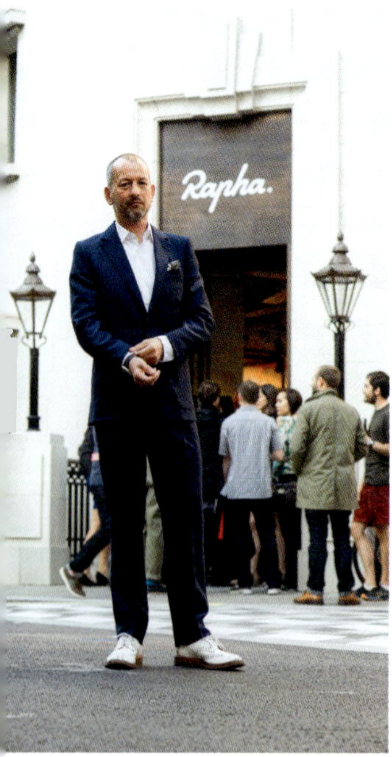

Veränderte die Radmode: Simon Mottram

Die Erfolgsgeschichte des Unternehmens ist erstaunlich. Wenige Jahre nach der Gründung hatte sich Rapha international einen Namen gemacht. Dabei half sicher auch der Aufschwung des Radsports in Großbritannien, wo viele zahlungskräftige Hobbyathletinnen die Nachfrage ankurbelten. Rapha baute die Marke international aus, mit einem eigenen Cycling Club und Filialen in Metropolen wie Berlin, Tokio, San Francisco und Melbourne.

Heute hat die Marke, deren Name und Schriftzug sich vom französischen Aperitif-Hersteller St. Raphael ableitet, viele Nachahmer gefunden. Ein neuer Stil hat sich unter Rennradfahrern breitgemacht. Und Simon Mottram machte Kasse. Er verkaufte Rapha 2017 für 200 Millionen Pfund an einen amerikanischen Investor.

Im Eis

69

Gut eingepackt durch den Winter

Wer sagt, dass man im Winter nicht Rennradfahren kann? Der sollte mal die Menschen im Polarkreis fragen, die sogar noch in der tiefsten nordischen Kälte – mit Spikes in ihren Reifen – draußen trainieren. Auch in Mitteleuropa lassen sich zwischen November und März durchaus Grundlagenkilometer auf der Straße sammeln. Hierbei ist die gelungene Kleidungswahl entscheidend.

Oben angefangen: Bei sehr kalten Temperaturen gehört auf den Kopf eine Thermomütze, die vor allem die Stirn und die Ohren vor Zugluft schützt. Der Hals lässt sich mit Schlauchtüchern umhüllen, bei eisigen Temperaturen fahren viele auch mit Gesichtsmasken.

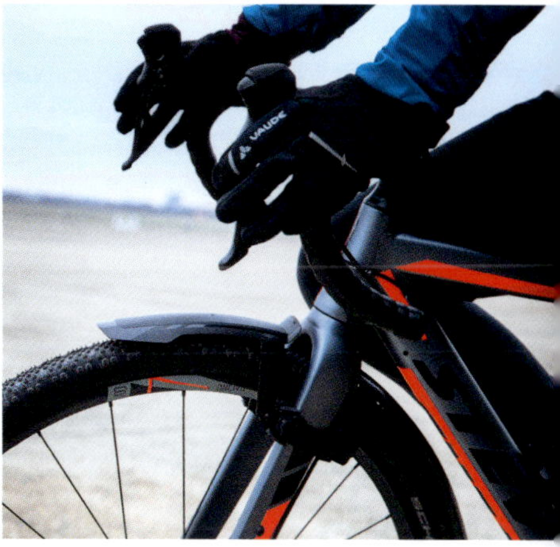

Die Hände brauchen guten Schutz, wenn es friert.

Wie in der Zwiebel

Beine und Oberkörper sind umfasst von Thermo-Hosen mit Trägern. Auch auf dem Rad gilt das Zwiebelprinzip. Bei Temperaturen um den Gefrierpunkt funktionieren drei Schichten: Mit einem Funktions-Unterhemd, das Dampf abgibt, einem oder gar mehreren Trikots als Isolierschicht und natürlich der alles entscheidenden Winterjacke, die eng sitzen sollte und im Winter am besten eine Hardshell-Version ist. Sehr gute Modelle schaffen es, dass Feuchtigkeit nach außen gelangt. Denn ansonsten droht relativ flott ein Abkühlen im Inneren der Zwiebel. Dann wird es schnell unangenehm.

Niemals unterschätzen sollte man die Schmerzen, die Kälte an den Füßen verursacht. Deshalb bewähren sich Thermosocken mit Spezialgewebe in den Radschuhen – und winddichte, umschließende Überschuhe. Das Anziehen für eine solche Fahrt dauert etwa viermal so lang wie für die Sommerrunde, aber es lohnt sich – und auch vier Stunden im Freien lassen sich so aushalten.

Wummern im Winter

70

Cyclocross – die Alternative für die kalte Jahreszeit

Wenn es draußen in Strömen regnet, wenn es schneit und der Wind die Menschen in die Flucht schlägt, ist der Zeitpunkt für eine besondere Schinderei gekommen. Cyclocross, die Querfeldeinvariante des Rennradfahrens, ist ein traditionsreicher Ableger mit besonderen Herausforderungen.

Beim Cyclocross, zu Deutsch auch Radcross oder Querfeldein, starten die Sportlerinnen und Sportler auf Rundkursen, die ihnen körperlich alles abverlangen. Den Regeln zufolge müssen die Athleten nicht nur auf Asphalt schnell fahren, sondern auch im Gelände. Sie müssen Hindernisse, Treppen und Rampen überwinden und beweisen, dass sie enge Kurven meistern und Sandhindernisse hinter sich legen. Was von außen schon spektakulär aussieht, fühlt sich im Körper eines Teilnehmers brachial an.

Man schmeckt Blut im Mund

Man kann das Blut im Mund schmecken, den Matsch auf den Lippen, den Sand, der durch die Luft wirbelt, manchmal in den Augen spüren. Cyclocross ist archaisch und wahnsinnig effektiv. Wer einen Winter im Gelände auf diese Weise trainiert, wird garantiert fit bleiben.

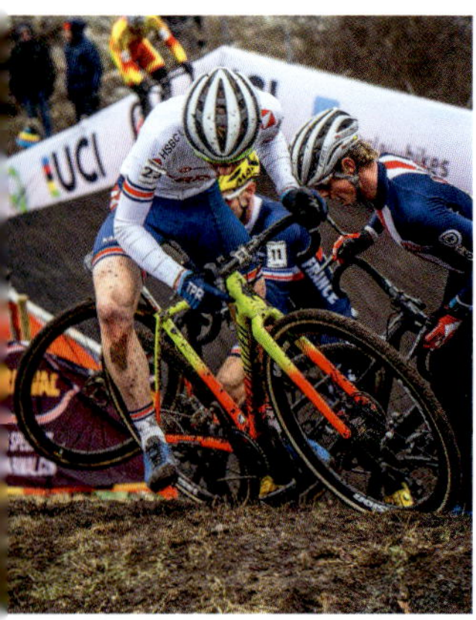

Die Herausforderungen des Geländes fordern viel Geschick.

Die Hochburg des Radcross ist Belgien. Dort ist der Sport so groß wie in Deutschland das Skispringen oder in den Niederlanden Eisschnelllauf. Kein anderer Markt kommt heran an das Königreich, es zieht Athleten aus dem Ausland an – und meist sind auch die Weltmeisterschaften geprägt von Schwarz-Gelb-Rot. Es gibt viele Rennen, die Strecken liegen oft mitten in kleineren Kommunen, man kann direkt an den Kurs und die Fahrer gleich mehrfach beobachten – so bekommen die Zuschauer wesentlich mehr vom Rennverlauf mit als an Straßenstrecken. Wobei man das bei vielen bezweifeln muss, denn belgische Crossrennen sind immer auch Kirmes-Veranstaltungen mit wummern-

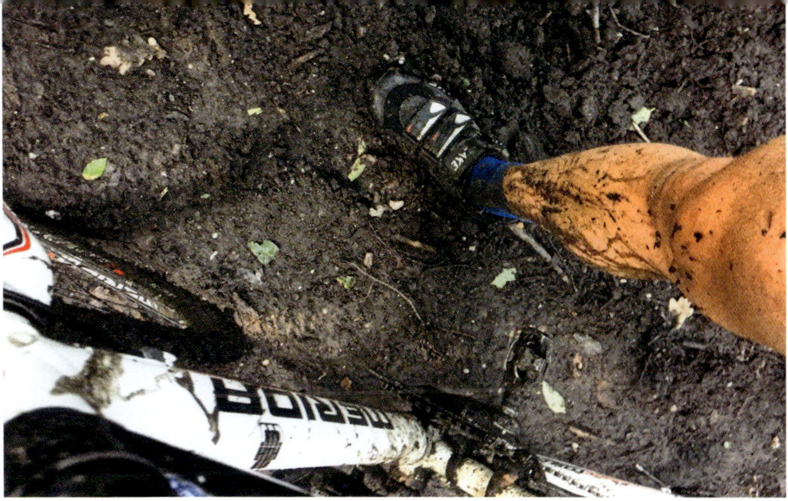

Ohne Schmutz war es keine Cross-Tour.

der Musik im Festzelt, Fritten mit Mayo und jeder Menge Bier. Es ist eine Folklore, für die allein sich ein Ausflug lohnt. Im belgischen Fernsehen ist Cyclocross übrigens ein Quotengarant.

Interesse wiedererwacht

Auch im deutschsprachigen Raum ist das Interesse am Cross-Sport wiedererwacht. Eine Tradition existiert ja, mit Rolf Wolfshohl, Klaus Peter Thaler und Mike Kluge gab es drei deutsche Weltmeister, der Schweizer Albert Zweifel triumphierte ebenfalls. Doch war die Disziplin immer Nische. Für Hobbysportler ist das Thema zunehmend attraktiv, weil der Fahrspaß und die Technik im Vordergrund stehen – und sie nicht mit Autofahrern in Konflikte kommen. Man lernt beim Crossen viel Radbeherrschung, etwa Sprünge, die einem auch im sonstigen Radlerleben dient. Crossräder sind üblicherweise etwas kompakter als Straßenexemplare, die Gabel erlaubt einen Durchlauf von breiten, geländetauglichen Stollenreifen, an denen oft Matsch pappt. Ordentliche Materialpflege gehört beim Cross auf jeden Fall dazu, denn die Kette, die Bremsen, Züge und viele andere Teile sind Schmutz und Wasser ständig ausgeliefert.

In den vergangenen Jahren gab es in Deutschland ein kleines Revival, Vereine organisieren wieder Renntage, bei denen sich auch Hobbyfahrer ohne Lizenz anmelden. Bei solchen Rennen, die gerade mal eine halbe Stunde dauern, lässt sich die Intensität eindrücklich erleben. Es gibt durchaus Athleten, die nach fünf Runden im Parcours genauso erschöpft sind wie sonst nur nach einem Radmarathon.

Die Perfektionistin

71

Marianne Vos dominiert ihren Sport

Der moderne Radsport ist oft von Teamleistungen geprägt, die einzelnen Protagonisten die Gelegenheit bietet, mit ihrer Leistung gewissermaßen auf den Schultern von Riesen den Unterschied zu machen. Wer aber die gelungenen Antritte der Niederländerin Marianne Vos bei großen Rennen gesehen hat, erlebte die totale Dominanz einer überlegenen Sportlerin. Marianne Vos, 1987 in s'Hertogenbosch in den Niederlanden geboren, hat ihren Sport ab 2004 für anderthalb Jahrzehnte geprägt. Das Magazin »Cycle Sport« aus ihrem Heimatland benannte Vos schon 2013 als »beste Radsportlerin der Welt«.

Goldmedaillen überall

Das lässt sich mit Zahlen leicht unterlegen: Vos hat in ihrer Karriere bislang 45 Goldmedaillen bei Meisterschaften und Olympischen Spielen angehäuft auf Bahn, im Matsch, auf Asphalt. Dass etwas Großes aus ihr werden würde, ahnte man schon, als sie 2004 Juniorinnen-Weltmeisterin auf der Straße wurde. Zwei Jahre später aber war der Radsportwelt klar: Diese Frau wird die Szene dominieren. Sie sicherte sich zwei WM-Titel, einen EM-Triumph und eine Landesmeisterschaft. Besonders erstaunt die Vielfalt der

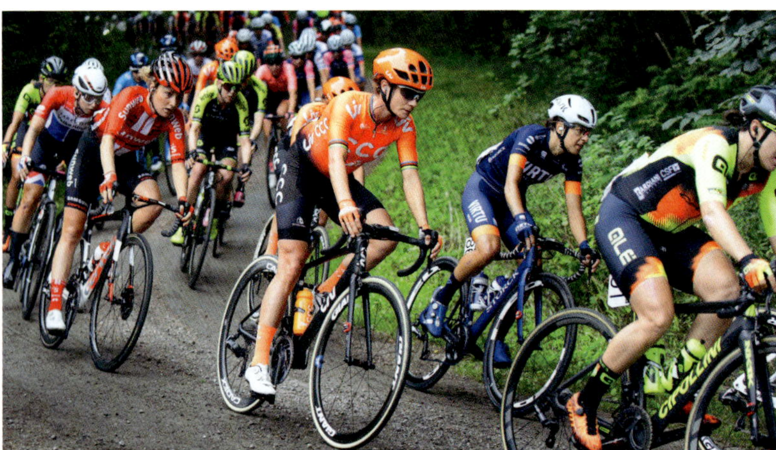

Die Niederländerin hat oftmals das Renngeschehen unter Kontrolle.

Wettkämpfe, in denen Vos triumphierte. Mit nicht einmal 19 Jahren entriss sie 2006 der Titelverteidigerin Hanka Kupfernagel aus Deutschland den Triumph im Cyclocross, im selben Jahr gewann sie aber auch das Straßenrennen bei der WM in Salzburg. Zwei Jahre darauf jubelte Vos bei den Olympischen Spielen in Peking, wo sie das Punktefahren gewann.

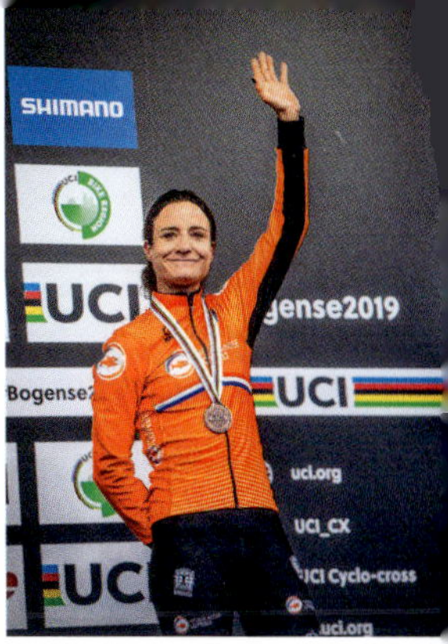

Zurück in Medaillenform nach längerer Pause: Marianne Vos

Die Art, auf die Vos eine ganze Zeitlang das Feld dominierte, wie sie im Stil einer Anführerin im Kreis ihrer Teamkolleginnen wirkte, dieses unbedingte Nachvornepreschen – das hebt sie im Wettbewerb von ihrem Umfeld ab. 2011, als sie erstmals den Giro der Frauen gewann, das wichtigste Etappenrennen, trumpfte sie vollkommen auf. Gerade in den schwierigen Bergen Norditaliens unterwarf sie alle Konkurrentinnen mit Unnachgiebigkeit. Auf der Etappe über den schweren Bergpass Mortirolo setzte sich Vos ab, am Tag darauf spielte sie mit ihrer größten Widersacherin und kam zeitgleich ins Ziel. Und in der letztlich vorentscheidenden neunten Etappe konterte sie nicht nur alle Attacken des Weltklassefelds. Vielmehr setzte sie sich auf dem Weg hinauf in den Nationalpark Gran Paradiso im Piemont spielend von ihren Konkurrentinnen ab.

Der Körper machte nicht mehr mit

Marianne Vos tut seit ihrer Jugend alles für den sportlichen Erfolg. Sie hat aber auch einige Wunden mitgenommen. Der totale Fokus auf Triumphe hat bei ihr Spuren hinterlassen. Vos hatte über Jahre dominiert, wo sie auftrat. Dafür musste sie immerzu hart arbeiten – und auch Alarmsignale ihres Körpers ignorieren. 2015 kam dann der Einbruch, Vos war nicht mehr zu sehen und viele spekulierten, was genau passiert war. In einem Gespräch mit Andreas Kublik vom Magazin *TOUR* berichtete sie im März 2016 bemerkenswert offen über die Schattenseiten ihres Erfolgs und die Entbehrungen. Vos hatte die Pause nicht nur verletzungsbedingt genommen, nein, sie hatte an »Non-functional overreaching« gelitten, einem Übertrainingszustand. Die Perfektionistin Vos hatte ihren Körper ausgebeutet. »Wenn du das lange genug machst, mit einer Verletzung oder unter Druck, mit einem gestressten Körper, dann sagt er dir: Du kannst machen, was du willst, aber ich mache nicht mehr mit.«

Doch Vos fand zurück zur Form. Sie siegte und siegte wieder. Auch bei der Tour de France der Frauen, wo sie 2022 zwei Etappen holte. Und bei der Gravel-WM, die sie 2024 gewann – mit 37 Jahren.

Auf der Waage

72

Es geht immer ums Gewicht

Zum Rennradfahren gehören Essstörungen genauso wie Reifenpannen. Wer den Sport halbwegs ernst nimmt, wird irgendwann anfangen, das eigene Körpergewicht als entscheidende Größe zu werten. Vor allem, wenn es mit dem Rad über längere Strecken bergauf geht, wird das Gewicht zum entscheidenden Faktor. Besser gesagt: Das Verhältnis von Leistung und Körpergewicht. Die genaue Berechnung des Mehraufwands für Gewicht am Berg ist relativ komplex. Aber feststeht: Um 65 Kilogramm den Berg hinaufzubefördern, ist weniger Kraft nötig als bei 85 Kilogramm.

Schnelle Polsterbildung

Die kritische Auseinandersetzung mit den eigenen Pfunden gehört ebenso zum Saisonrhythmus wie der mühsame Neuaufbau der Bestform im Sommer. Klar, denn die beiden Aspekte hängen natürlich miteinander zusammen. Wer im Winter die sonst übliche Trainingszeit auf dem Weihnachtsmarkt und vor der Glotze verbringt, kann ziemlich sicher mit Anpassungen seines Körpers rechnen. Jeder weiß: Bewegung verbrennt Kalorien. Fehlt der Sport und bleibt das Essverhalten wie bei Topform aufrechterhalten, so wird relativ schnell ein Polster gebildet. Fett, das Gold für schwere Zeiten. Aber eben auch der Ballast, den man dann auf dem Rad mitbewegen muss.

7000 Kilokalorien, so die Faustformel, stecken in einem Kilogramm Fett. Muskeln wiegen mehr, aber sie anzulegen kostet natürlich mehr Aufwand als das Kultivieren von Einlagerungen durch Pommes und Weizenbier. Zunehmen ist keine Kunst, Abnehmen ist eine Geduldsfrage. Denn wer eine Gewichtsreduktion mit Trainingsaufbau verbinden möchte, muss ja immer noch Energie zu sich nehmen. Das heißt: Man wird in aller Regel deutlich langsamer abnehmen, als man die Masse draufgepackt hat. Zumal der Körper auch selbst Anpassungen vornimmt und etwa den Stoffwechsel umstellt.

Watt pro Kilogramm

Mit Nulldiäten für ein besseres Gewicht riskieren Sie einen Verlust an Muskelmasse. Das senkt letztlich die Leistungsfähigkeit und wäre kontraproduktiv. Es ist also kompliziert. Dann doch lieber am Rahmen sparen und das neueste Hightech-Rad kaufen, um ein Kilo rauszuholen? Kennt man seine Wattwerte und wiegt sich regelmäßig, dann kommt man auch auf einen der wichtigsten Werte der Radsportszene: Watt pro Kilogramm Systemgewicht, also Körper plus Kleidung plus Fahrrad mit Trinkflaschen. Weltklasseathleten bringen hier dauerhaft mehr als fünf Watt pro Kilogramm in die Pedale. Hobbyradsportler kommen auf drei bis vier Watt. Untrainierte werden weit unter zwei Watt stagnieren.

Klar ist auch: Eher massige Typen werden sich nicht auf Bergziegenniveau hinabhungern. Sie sollten sich Ziele stecken, die zum eigenen Körper passen. Wer zu viel Masse und Muskeln fürs Gebirge hat, kann ja bei Flachlandrennen, im Sprint oder beim Zeitfahren häufig besser auftrumpfen.

Beim Radsport geht es also auch um Selbstoptimierung, um Entsagung. Das kann auch schiefgehen. Nicht nur ehemalige und aktive Radprofis wie Dominik Nerz sprechen über ihre Magersucht. Auch in Hobbykreisen trifft man heute viele Menschen, die ihr Ess- und Trinkverhalten vor allem dem sportlichen Ziel unterwerfen. Mediziner der Uniklinik Freiburg warnten schon 2007, dass Sportarten durch den Zusammenhang von Gewicht und Leistung »zu einem restriktiven Essverhalten führen, das in vielen Fällen eine Essstörung provoziert«.

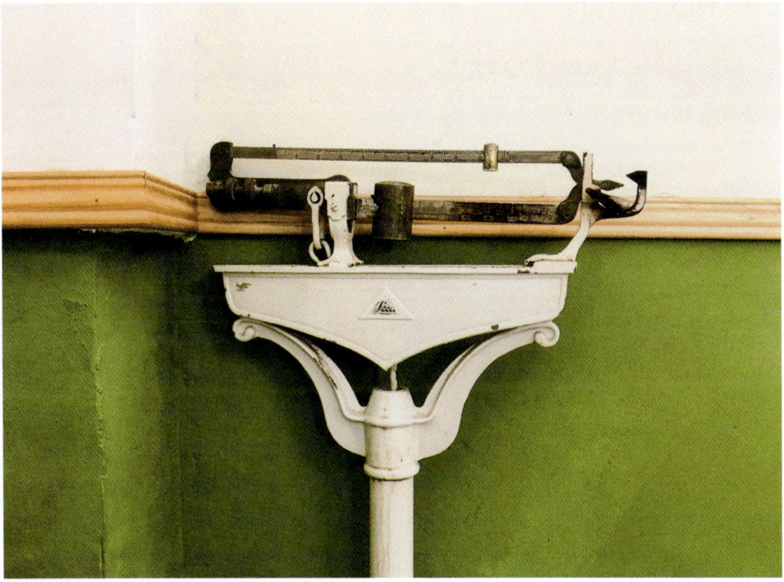

Verrät oft zu viel: die Waage als wichtiges Messinstrument

Nichts gefrühstückt

73

Der Hype ums Nüchterntraining

Bislang ist es eher Hypothese als harte wissenschaftliche Erkenntnis. Aber die Erfahrungen aus der Praxis ermuntern immer mehr Sportler, ihre Form mit dem so genannten Nüchterntraining zu verbessern, das Gewicht im Griff zu behalten und den Stoffwechsel für bessere Ausdauerergebnisse zu trainieren. Wie das gehen soll? Indem man sich morgens aufs Rad schwingt, ohne vorher Lebensmittel mit Brennwert gegessen oder getrunken zu haben.

Vereinfacht formuliert, funktioniert Nüchterntraining so: Nach dem Abendessen nimmt man nichts mehr zu sich. Über Nacht baut der Körper die frei vorhandenen Kohlenhydrate ab, speichert ab, was er selbst nicht verbrennen muss. Am Morgen ist die frei verfügbare Energie minimiert. Isst man also nichts, muss der Körper die Energie für seine sportlichen Leistungen aus dem eigenen Speicher gewinnen. Dabei kann er zunächst noch auf Kohlenhydrate zurückgreifen, die in Muskeln und Leber gespeichert sind. Diese sind aber nur begrenzt vorhanden, sodass immer stärker auf die Fettpolster zurückgegriffen wird.

Moderate Einheiten

Das Problem an Fett im Körper aber ist, dass die Rückverwandlung von Fett in Kohlenhydrate und dann in Energie sehr viel Sauerstoff benötigt. Deshalb lassen sich hohe Geschwindigkeiten mit nüchternem Magen nicht lange durchhalten. Die Energie steht einfach nicht schnell genug bereit. Das Nüchterntraining setzt daher auf gedrosselte, moderate Ausdauerleistungen, bei denen die Athletinnen nicht über festgelegte Leistungsgrenzen hinausgehen. So schmilzt man die eigenen Reserven ab und kann damit das Abnehmen befördern. Das zieht aber auch Kritik nach sich, weil das Training sehr moderat sein muss. Damit sei es kaum geeignet, die Muskulatur zu stimulieren.

Das Nüchterntraining gilt vielen inzwischen als fester Bestandteil der Trainingsplanung. Hierbei wird auch immer wieder behauptet, der Fettstoffwechsel – also das Rückgewinnen von Energie aus dem Körper – lasse sich über dieses Training verbessern. Außerdem führe diese Art des Trainings zu besserer Kondition. Wie eingangs geschildert: Die wissenschaftliche Basis ist umstritten. Zumal einzelne Sportler damit sehr unterschiedliche Erfahrungen machen.

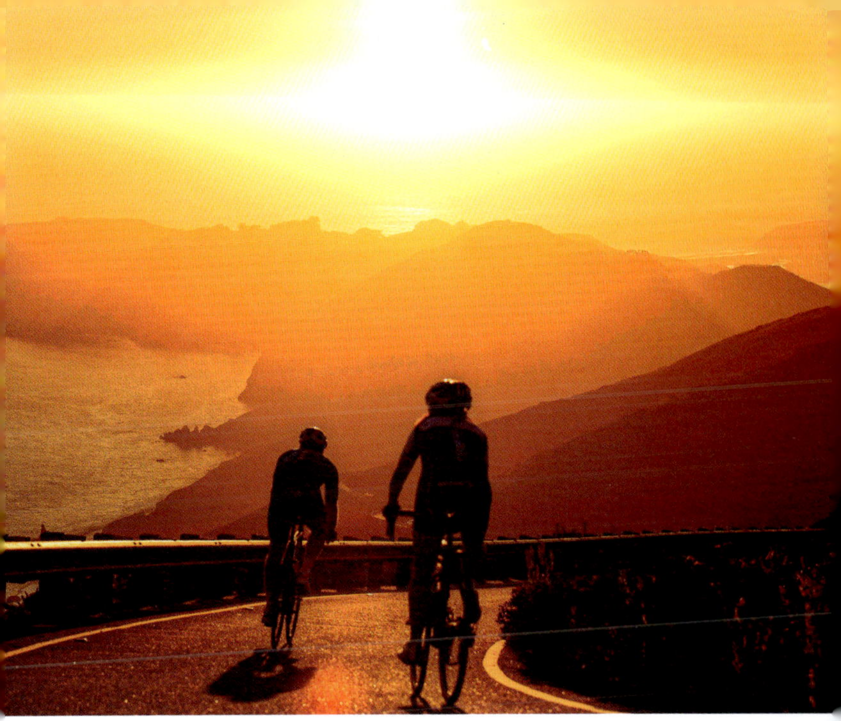

Früh am Morgen geht es ohne Essen los.

Die Train-low-Methode

Deutlichere Indizien gibt es immerhin dafür, dass die noch konsequentere Train-low-Methode sich positiv auf die Fettverbrennung auswirkt: Dabei entleert die Sportlerin zunächst beim Sport ihre Kohlenhydratspeicher. Danach gibt es keine Kohlenhydrate, also weder Nudeln noch Brot. Dann geht es nicht nur ohne Essen, sondern auch mit diesen leeren Speichern in das nächste Ausdauertraining noch am selben Tag. Beobachtet wurde bei dieser Methode ein verbesserter Fetttransport. Ob sich das dann aber auch in besserer Leistung oder Kondition niederschlägt, ist zumindest wissenschaftlich noch arg umstritten. Und ob Hobbysportler entsprechende Methoden wagen sollten, sei dahingestellt – schließlich haben sie ja auch noch andere Lebensinhalte und in aller Regel keine engmaschige medizinische Kontrolle. Je weiter man ins Extreme geht, desto größer sind auch die Gefahren, dass das Training nicht die gewünschten Effekte bringt oder gar kontraproduktiv wirkt. Wer das Nüchterntraining für die eigene Figur nutzen möchte, sollte auf keinen Fall zu lang auf dem Rad sitzen. Die Faustregel: Nie länger als 90 Minuten nüchtern trainieren.

Nichts geht mehr

74

Der berüchtigte Hungerast

Wer es mit dem Nüchterntraining übertreibt (siehe vorheriges Kapitel) oder bei einer intensiven Einheit nicht genug Gel nachgeführt hat (siehe Kapitel 7), wird es mit einem mächtigen Feind des Radsportlers aufnehmen müssen: dem Hungerast. Er droht auf jeder Radfahrt, bei der es die Athletinnen und Athleten zu optimistisch angehen.

Ullrichs schlimmste Etappe

Die schlimmste Etappe seines Lebens durchlitt etwa Jan Ullrich (siehe Kapitel 40) am 27. Juli 1998 bei der Tour de France. Der junge Deutsche war als Titelverteidiger bei der Tour, er trug das Gelbe Trikot des Führenden. Alles hätte also passen können für »Ulle« und bis weit hinauf auf den Galibier schien es, als habe der Deutsche mit seinem Team die Lage

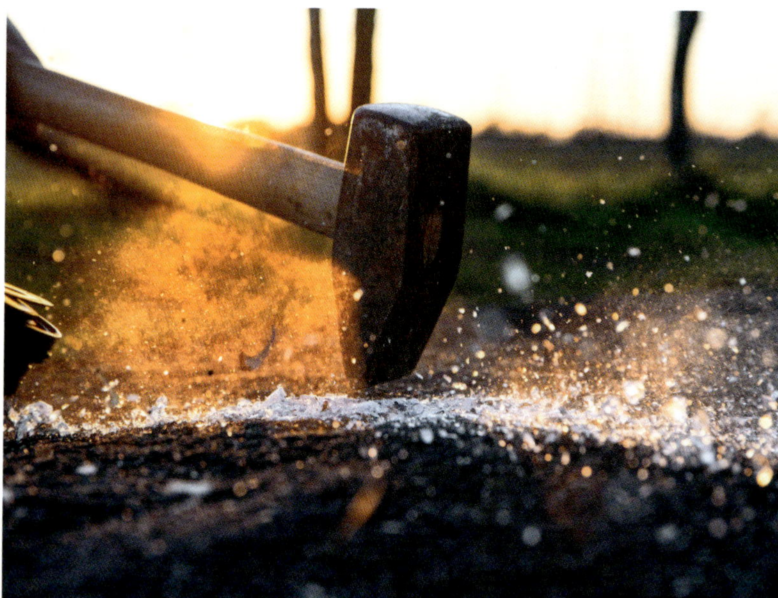

Wenn der Mann mit dem Hammer kommt: Der Hunger schlägt zu.

unter Kontrolle. Doch dann attackierte der Italiener Marco Pantani, Ullrich konnte nicht nachsetzen und machte alles falsch. Pantani erreichte den Pass drei Minuten vor dem Widersacher, es ging in die regnerisch-kalte Abfahrt, Pantani aß, Ullrich nicht. Der Deutsche brach ein, hatte zudem noch eine Panne. Auf dem Schlussanstieg hinauf nach Les Deux Alpes war er nicht nur für den Tag geschlagen. Er hatte den Toursieg verloren. »Ich war oben so kaputt, dass meine Betreuer mich auf dem Rad zum Hotel schieben mussten.«

Der einzige deutsche Toursieger, das Wunderkind des Vorjahres, hatte einen schweren Fehler gemacht. Er hatte zu viel geleistet und dabei zu wenig gegessen. Nun war er unterzuckert. Das ist ein Gefühl, das auch Hobbysportler kennen, nicht nur vom Radfahren übrigens.

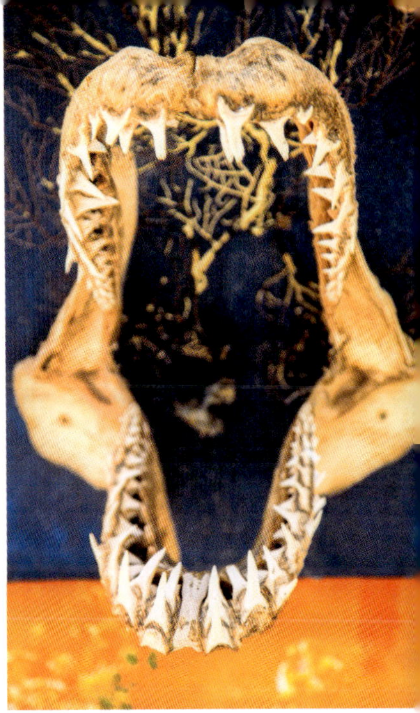

Kohlenhydratschuld fühlt sich an wie ein gieriges Tier.

Er trifft auch das Hirn

Doch bei der körperlichen Aktivität stellt sich der Hungerast eben plötzlicher ein und hat noch dramatischere Folgen als auf dem Bürostuhl. Hat die Muskulatur alles an verfügbarem Blutzucker verfeuert, muss die Fettverbrennung heiß laufen (siehe vorheriges Kapitel). Doch wer weiterhin versucht, volle Leistung zu erbringen, rauscht in einen Mangel. Folgen sind schlagartig auftretender Hunger, Schwindel, Kopfschmerzen, Müdigkeit und gar Bewusstseinsstörungen. Der Hungerast schlägt sich also nicht nur auf die Muskeln nieder, sondern trifft gerade auch das Gehirn. Denn unser Denken funktioniert nur dank der Energie aus Kohlenhydraten.

Wer eine intensive Belastung oder ein Rennen vorhat, sollte also auf Nummer sicher gehen und schon in den Tagen vorher die Kohlenhydratspeicher im Körper füllen, statt noch Gewicht zu reduzieren. Regelmäßiges Nachführen von Sportnahrung ist der Schlüssel für das Aufrechterhalten von beidem: der Tret- und Denkfähigkeit.

Unter Last

75 Die effektive Fahrradkette

Das Fahrrad hat den Vorteil, dass es im Gegensatz zu Automobilen, Flugzeugen und Computersystemen sehr leicht zu verstehen ist. Wie der Antrieb funktioniert, hat man schnell raus. Zumindest bei den allermeisten Modellen – und bei Rennrädern. Das Einfache hat sich oft durchgesetzt, weil es eben leicht zu begreifen, einfach zu bedienen, gut zu reparieren und vor allem vorteilhaft in der Anwendung ist. Fahrräder sind hier der beste Beweis: Ihr Hauptwirkmechanismus ist immer gleichgeblieben: Man tritt in die Pedale – und die Kette dreht sich.

Enormer Wirkungsgrad

So einfach dieser Mechanismus ist und so wenig modern er daherkommt, so effektiv und effizient ist der Antrieb mit einer Fahrradkette. Im Jahr 1999 widmeten sich Forscher der Johns Hopkins University in Baltimore, USA, der Energieleitung durch die Kette. Überzeugte Radler kennen die Zahl aus Kolportage: Im besten Fall kommen fast 99 Prozent der in die Pedale gebrachten Energie dem Vortrieb des Gefährts zugute. Ähnliche Zahlen, immer bei annähernd 100 Prozent, haben auch andere Versuche belegt. James B. Spicer, der die Studie in Baltimore damals überwachte, zeigte sich hinterher überrascht. Zwei Faktoren machten die Ingenieure aus, die die Effizienz besonders beeinflussten: Die Größe der Kettenblätter und die Spannung auf der Kette. Interessanterweise war die Ölung der Kette nicht entscheidend für das Ergebnis.

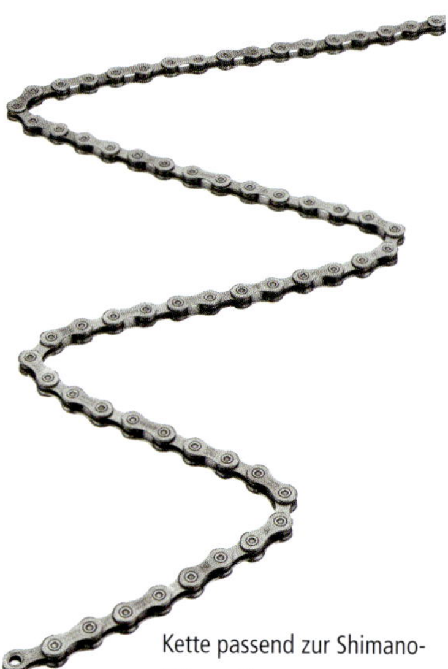

Kette passend zur Shimano-Ultegra-Gruppe

Jeder Rennradfahrer sollte wissen, dass es die Kette mit Liebe zu pflegen gilt. Das bedeutet: Die Kette sollte vor Verschleiß geschützt werden. Natürlich nutzt sie sich unter dauerhafter Belastung ab, aber man kann das verlangsamen. Etwa durch sehr regelmäßiges Säubern des Antriebs, durch eine empfohlene Schmierung und einen möglichst geraden Lauf der Kette. Wenn diese nämlich nach dem Schalten extrem schräg steht, also etwa auf dem kleinen Blatt vorne und ganz außen rechts hinten, dann vergeudet man Kraft und schadet auch der Kette.

Regelmäßige Kontrolle nötig

Das gute Ding sollte man auf jeden Fall regelmäßig kontrollieren – und schauen, ob die Kette nicht über das tolerierbare Maß gelängt ist. Das passiert irgendwann sowieso, denn der ständige Zug auf dem System sorgt dafür, dass der Abstand zwischen den einzelnen Kettenrollen Stück für Stück anwächst. Mit Messlehren oder Messschiebern lässt sich in Sekunden bestimmen, ob die Kette getauscht gehört. Eine übermäßig gelängte Kette wird nicht nur springen, sondern auch die Ritzel beschädigen. Dann ist der materielle Schaden höher, als wenn man rechtzeitig die Kette tauscht.

Welches Exemplar man wählt, wie breit sie am besten ist und wie lang die Kette gespannt sein sollte, ist schon eher eine Angelegenheit für geübte Handwerker. Es gibt eine große Auswahl an Modellen mit unterschiedlichen Breiten. Dadurch, dass es an Rennrädern heute Antriebe mit zwischen acht und zwölf Gängen gibt, sollte man beim Austausch aber genau hinschauen – und im Zweifel im Fachhandel nachfragen.

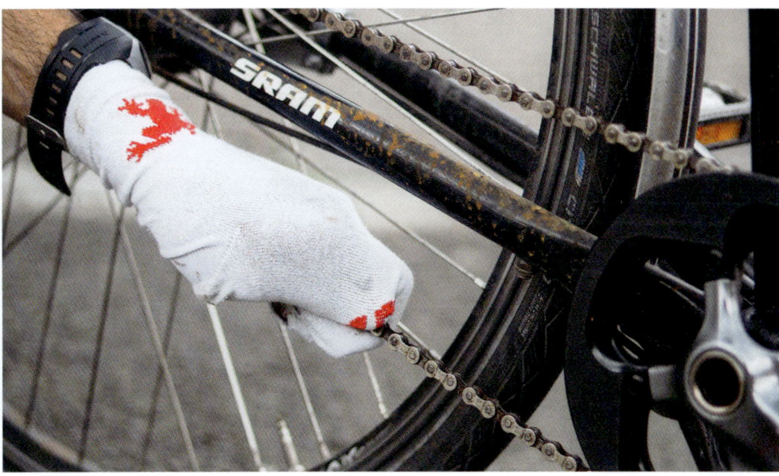

Kettenpflege geht auch mit improvisierten Mitteln.

Die Schrauber

76

Handwerk gehört dazu

Neueinsteiger haben oft ein Problem, wenn sie in die Sphäre der Rennradjunkies vorstoßen. Ihnen fliegen Begriffe und Zahlen um die Ohren, die genauso gut auch Teil einer Baustatikerkonferenz sein könnten. Vieles ist unverständlich, manches abschreckend. Ähnliche Erlebnisse sammeln technisch Unbedarfte – wie der Autor – manchmal auch im Baumarkt, wenn es darum geht, die passenden Schrauben für ein Spielzeughaus aus Birkenholz zu erstehen.

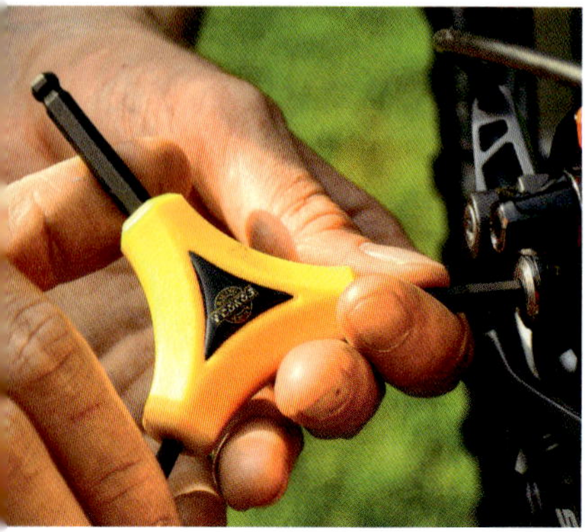

Sechskantschlüssel sind für viele Justierungen wichtig.

Viele eingefleischte Rennradfahrer sind zugleich Verfechter der Schraubkunst. Man hört immer wieder davon, dass solche Hobbyathleten in ihrer Freizeit neben dem Sport auch noch einer weiteren Passion nachgehen. Sie richten sich Werkbänke in ihren Kellern und Garagen ein, kaufen Montageständer und Werkzeuge aller Art, um letztlich nicht nur kleine Justierungen, sondern ganze Neubauprojekte an ihren Rennern zu übernehmen. Klar ist: Materialkunde, der gelernte Umgang mit Komponenten und der Austausch der Verschleißteile auf eigene Faust, all das hat nicht nur kostenmäßig Vorteile, sondern erweitert die Erfahrung des Rennradlers. Schrauben und Rennradfahren, das ist Teil desselben Hobbys.

Geringe Kenntnisse reichen

Man kann allerdings – hier also Entwarnung – auch mit relativ geringen technischen Fähigkeiten ein passabler Radsportler werden. Es gibt ja erstens Werkstätten und Fachhändler, die sich auch freuen, wenn sie für ihren Job Kunden finden und von ihnen Geld bekommen. Zweitens haben wir es beim Fahrrad mit einem verhältnismäßig überschaubaren System zu tun, dessen wichtigste Funktionen selbst Laien relativ leicht überblicken.

Ganz ohne Werkzeug und Selbermachen wird es für Rennradfahrerin und Rennradler nun aber nicht gehen. Es gibt einige Teile, die jeder zu-

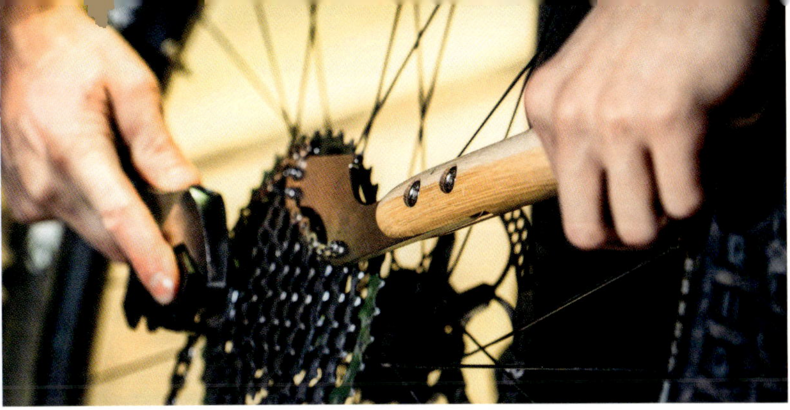

Die Kettenpeitsche dient zum Abmontieren der Ritzelpakete am Hinterrad.

hause haben sollte, um auch eilig Korrekturen und Reparaturen auszuführen: Erst einmal sollte man eine Stehpumpe (siehe Kapitel 50) und ausreichend Reifenheber haben (siehe Kapitel 18). Wenn es am Reifen etwas zu tun gibt, und das ist eben häufiger der Fall, dann ist das die Basis.

Sie brauchen Werkzeug!

Sodann sollten Sie für die Reinigung der Kette, anderer Teile sowie des Rahmens immer Material vorhalten: Alte Lappen oder zurechtgeschnittene Tücher fürs Abziehen der Kette, WD40-Reiniger oder ähnliche Mittel, eine Kettenbürste – oder alte Zahnbürsten. Außerdem sollte das Schmiermittel für die Kette immer parat liegen.

Aber das richtige Werkzeug sollte auch vorhanden sein. Am besten nicht nur ein Multitool (siehe Kapitel 18), das viele Anwendungsmöglichkeiten auf kompaktem Raum zusammenbringt. Zuhause zahlt sich ordentliches Material aus, es muss ja nicht in die Trikottasche. Sechskantschlüssel und, falls Ihre Hersteller entsprechende Schrauben verbaut haben, Torx-Schlüssel gehören für Wartungen dazu. Geraten sei hier zum Einsatz von Drehmomentschlüsseln, damit Sie nichts zu fest anmontieren – Materialschäden passieren schneller, als man meinen könnte.

Für die Kette (siehe vorheriges Kapitel) gibt es nicht nur Material zum Messen, sondern auch relativ leicht handhabbares Werkzeug für den Austausch. Wie man es einsetzt, lässt sich dank Videotutorials einfach nachvollziehen.

Empfohlen sei noch die sehr praxisnahe Lektüre von *TOUR*-Chefredakteur Thomas Musch und dem wahrscheinlich einflussreichsten Technik-Experten in Deutschland, Dirk Zedler. Die beiden haben zwei Bücher herausgebracht mit Praxistipps für Einsteiger und Profis.

Schonzeit

77

Krank aufs Rad? Bitte nicht!

Seit Tagen nichts gemacht, dann scheint die Sonne am Wochenende – die Vorfreude auf die Fahrt ist riesig, doch es kratzt im Hals und der Kopf schmerzt. Schnell eine Schmerztablette rein und los geht's?

Bitte nicht. Sport und Infektionen passen nicht zusammen. Auch wenn man bei den Profis gegenteilige Geschichten hört, gilt für Hobbyfahrerinnen: Sie haben in diesen Fällen Glück. Sie verdienen ihr Geld nicht mit dem Sport, sind nicht getrieben von der Ökonomie. Die Nachteile einer körperlichen Belastung unter Infekt können unangenehm und in manchen Fällen sogar lebensgefährlich ausfallen. Und der Trainingseffekt ist ohnehin nicht gegeben.

Klar: Wenn es nur ein leichter Schnupfen ist, ein bisschen Kopfschmerz, dann ist es zunächst noch eine tolerierbare Konstellation. Doch wie lange? Wer schätzt das richtig ein, ohne sich selbst unter Druck zu setzen? Gut, läuft die Nase wirklich nur ein bisschen, dann sind sehr moderate Ausdauerleis-

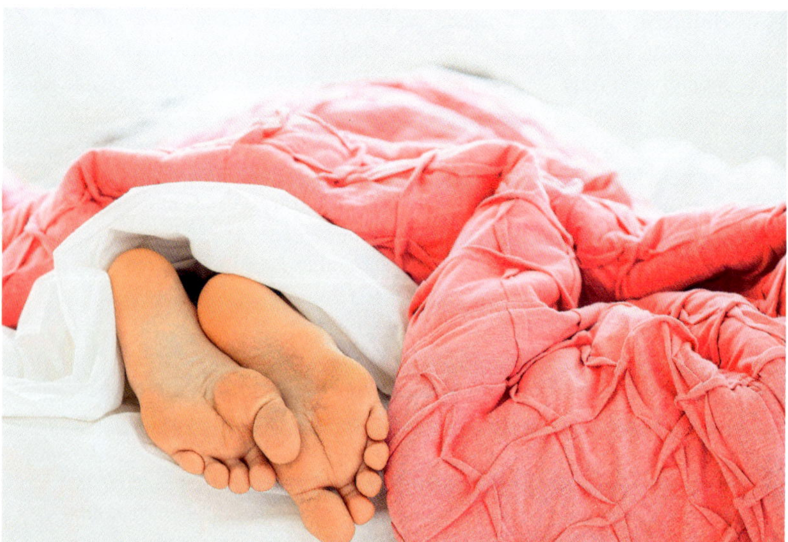

Wenn der Körper nicht mehr möchte, sollte er die Pause bekommen.

tungen, während denen der Athlet den Körper nicht zusätzlich stresst, schon in Ordnung. Denn das Immunsystem ist ja bereits mit der Bekämpfung des eingedrungenen Schädlings beschäftigt, das kostet Energie. Greift man dann noch verstärkt auf die körperlichen Ressourcen zurück, um sich einen Berg hinaufzuwuchten oder die eingeplanten Intervalle zu trainieren, gerät der Körper in einen Überstress.

Die goldenen Regeln sind leicht zu merken: Sport ist tabu, wenn beim Schnupfen oder Husten gelber oder grüner Schleim austritt. Der deutet nämlich auf eine ausgeprägte virale oder gar bakterielle Infektion hin. Dann geht es im Zweifel eher zum Arzt, aber auf keinen Fall aufs Ergometer.

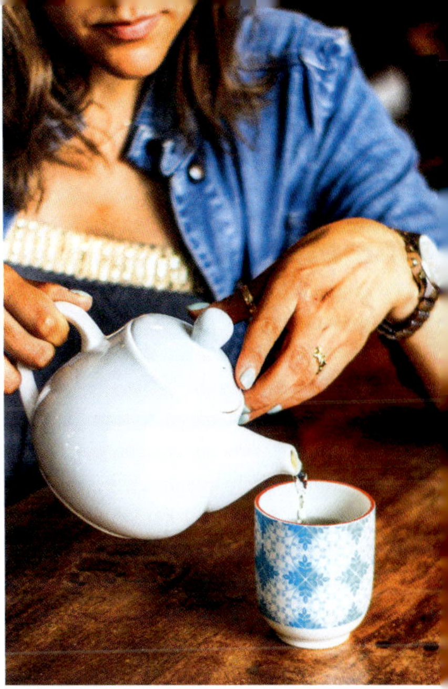

Zeit für Schonung bei Infekten

Bei Fieber ins Bett, keinesfalls aufs Rad

Bei ausgeprägteren Symptomen ist Schonung angesagt. Sobald der Körper Temperatur entwickelt oder gar Fieber auslöst, hat ein Sportler nichts auf dem Rad verloren, sondern sollte ins Bett. Fieber ist ein Vollstress für den Körper, und auch nach Abklingen der Krankheit tut der Wiedergenesende gut daran, einige Tage mit sportlicher Belastung zu warten.

Beim Sport während einer Infektion kann das Immunsystem die Feinde im Inneren nicht mit der ausreichenden Intensität bekämpfen. So dauert die Heilung einer Erkältung plötzlich nicht nur ein paar Tage, sondern vielleicht zwei Wochen.

Das Alptraumszenario ist allerdings die Herzmuskelentzündung. Sie ist nämlich oft Folge der körperlichen Schlacht mit den Eindringlingen. Die Erreger, oft Grippeviren oder Magen-Darm-Viren, verbreiten sich dann im Körper und erreichen die Muskulatur des Herzens. Im Herzmuskel tobt die Auseinandersetzung zwischen körpereigener Abwehr und den Schädlingen oft unbemerkt. Wer in solchen Fällen Sport treibt, begibt sich in akute Lebensgefahr. Mögliche Folge ist etwa Kammerflimmern oder sogar der plötzliche Herztod. Und das wäre ein zu hoher Preis für ein bisschen Fitness, finden Sie nicht?

Urbane Lieblinge

78

Von der Bahn in die Stadt: Fixies und Singlespeeds

Nur wenige Kilometer von der Kölner Radbahn entfernt liegt ein besonderes Geschäft für sportliche Räder, die meist gar nicht für den Radsport genutzt werden. Räder mit Gangschaltung sind hier fehl am Platz. Es gibt Räder ohne Freilauf und mit festem Gang, Material also aus dem Bahnradsport. Das 2009 gegründete Geschäft zog einmal um und vergrößerte sich dabei kräftig – es avancierte in diesem Segment nach eigenen Angaben zum größten in Deutschland. Sore Bikes fertigt Unikate und verkauft keine Räder von der Stange – diesen hohen Anspruch untermalt das Ladenbaukonzept mit viel Holz und einer sehr akzentuierten Präsentation der einzelnen Rahmen und Komponenten für die Räder.

Kunden von der Straße

Sore Bikes ist einer der Spezialisten, die Bahnräder oder verwandte Modelle verkaufen. Diese Räder sind wegen ihres puristischen Stils und ihrer einfachen Technik gerade die Lieblinge im Urbanen. Diese Track Bikes, wie die Radgattung mit starrer Nabe und ohne Gänge im Englischen nach der Radbahn heißt, bringen Gründer Markus Wieneke einen guten Teil seines Geschäfts – allerdings nur zu einem geringen Teil mit Kunden, die in Vereinen in Velodromen trainieren.

Spannend am Thema Bahnrad ist, wie es sich aus dem Leistungssport weiterentwickelt hat zum Szene- und gar Lifestyle-Objekt. Denn Individualität und Design spielen in der Szene eine wichtige Rolle. Das gilt auch für die Marken. Räder des italienischen Traditionsunternehmens Cinelli etwa heben sich von Massenware ab. Vor ein paar Jahren gab es sogar einen richtigen Hype um die Fixies – wie Räder mit starrer Nabe heißen – und Singlespeeds. So heißen Räder mit nur einem Gang. Das hat sich etwas gelegt, aber es gibt eine lebhafte Szene.

Bahnräder in der Stadt: Damit zu fahren, ist gar nicht so einfach. Wer es noch nie geübt hat, ohne Bremsen und Freilauf zu fahren, wird damit im Verkehr einer Großstadt erhebliche Probleme haben. Diese minimalistische Technik empfiehlt sich also nur für wirklich Geübte. Anders sieht es mit Singlespeed-Rädern aus, die nur über einen Gang, aber über Freilauf und Bremsen verfügen. Hier muss man allerdings in der Lage sein, mit nur einem Gang zu beschleunigen.

Der Kult aus San Francisco

Fixies sind auch die Räder der Kurierfahrer, die eigene Underground-Rennen fahren. Aus dieser Szene hat sich in San Francisco die Marke MASH SF entwickelt, bei der es gar nicht so leicht ist zu definieren, ob es ein Radteam ist, eine Modemarke, ein Kunstprojekt oder ein Marketingunternehmen. 2007 veröffentlichten Gründer Mike Martin und seine Mitstreiter einen Film über die Subkultur der Fixie-Radfahrer in San Francisco. Es ist ein Werk mit abenteuerlichen Bildern: Da heizen Kurierfahrer kreuz und quer durch den dichten Stadtverkehr, über die tiefen Schienen der Cable Cars und die steilen Hügel der Stadt am Pazifik hinab. Mit diesen Bildern erlangte MASH schnell weltweite Bekanntheit.

Damit verdienen sie Geld. Aber man kann ihnen abnehmen, dass es ihnen nicht allein darum geht, sondern um eine Lebenseinstellung. Auf ihren Bahnrädern heizen sie durch San Francisco, reisen zu internationalen Szene-Events auf Straßen und im Cross-Gelände. In dieser Unterwelt des Radsports sind die Fahrer aus San Francisco, ihre Bärte, ihre Tattoos, ihre Mode weltbekannt. Genau wie die Videos, mit denen Mike Martin und seine Mitstreiter viele Fans gewonnen haben.

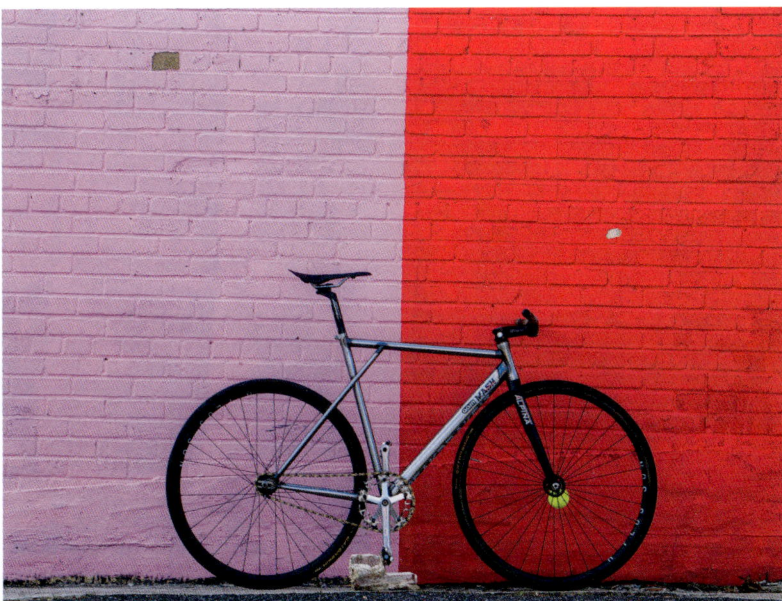

MASH aus San Francisco macht das Fixiefahren zur Mode.

Der Kopf siegt

Die mentale Seite des Trainings

79

Sport ist niemals reine Körpersache. Wer es zu etwas bringen möchte, braucht auch eine passende geistige Haltung. Und die lässt sich ebenso trainieren wie die Oberschenkelmuskulatur. Vor einigen Jahren war es allerdings eher tabu, diesen Aspekt öffentlich zu thematisieren. Heute hört man von immer mehr Sportlern, dass sie sich gezielt psychologische Hilfe holen.

»Das Mentale ist gleich wichtig wie das Körperliche«, sagt Christoph Strasser, einer der weltbesten Langstreckenathleten. Besonders in der Vorbereitung auf einen sportlichen Höhepunkt ist mentale Stärke gefragt. Das entsprechende Training bringt nicht nur Spitzenathleten weiter, sondern auch Hobbysportlerinnen – aber: »Ich bin immer wieder erstaunt«, sagt etwa Thomas Jaklitsch, ausgebildeter Sozialarbeiter und heute angesehener Mentalcoach. »Viele Radsportler geben Tausende fürs Material aus, aber ein Hunderter für einen VHS-Kurs in Entspannungstechniken ist nicht drin. Das ist unausgewogen.«

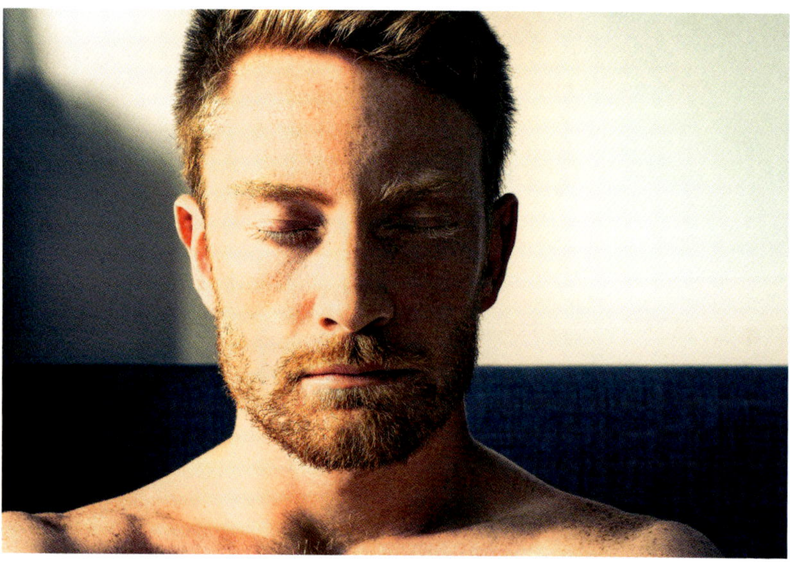

Meditieren, in sich gehen – Training ist auch Kopfsache.

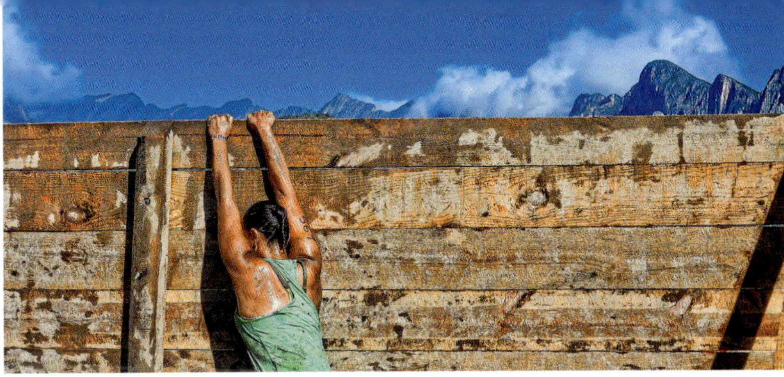

Hindernisse überwinden bedeutet, den Weg zu identifizieren und hart zu arbeiten.

Richtiges Training

Mentales Training ist die Arbeit an seelischen Ursachen für Probleme, Blockaden, Widerstände – aber es ist auch das positive Formulieren von Zielen und Interpretationen. Die Sportpsychologin Babett Lobinger von der Deutschen Sporthochschule in Köln sagt über das mentale Trainieren: »Es muss regelmäßig sein, zielgerichtet und auch im sportlichen Training eingeübt werden. Es sollte detailliert und individuell geplant werden.« Dazu gehört auch eine akribische Analyse dessen, was im Training im Kopf passiert ist. Das kann man aufschreiben und später nochmal anschauen, um an den Gedanken zu arbeiten und sie positiv neu zu bewerten. Die Auseinandersetzung mit der mentalen Seite des Sports schadet auch im Berufsleben nicht – man kann die Tools oft auch dort anwenden.

Ab in den Flow

Der Österreicher Thomas Jaklitsch hat beobachtet, dass sich sehr erfolgreiche Athleten oft in einen Flow begeben können. Doch bei Hobbysportlern sieht das meist anders aus, sie sind mitunter verbissen. Nimmt man etwa das Hobby im Verhältnis zu Beruf und Familie zu wichtig, so entsteht Stress. Besonders Anfänger sollten sich nicht überfordern. »Das Ziel ist das Ziel«, lautet eine griffige Formel für die erste Teilnahme an einer längeren Runde. Wer schon Erfolgserlebnisse gesammelt hat, darf und soll sich steigern – am besten aber nicht eine Platzierung im Verhältnis zu den anderen Teilnehmern anpeilen, sondern eher ein messbares Zeitziel oder eine Verbesserung gegenüber der letzten eigenen Leistung.

Wer ins mentale Training einsteigen möchte, sollte sich an ausgebildete Experten wenden. Die findet man beispielsweise über die Expertendatenbank beim Bundesinstitut für Sportwissenschaft oder beim Bundesverband der deutschen Psychologen.

Der Größte

Jeder sollte Eddy Merckx kennen

80

Man könnte Eddy Merckx einfach nur über seine Vita einordnen: erfolgreichster Radsportler aller Zeiten. Tour-de-France-Sieger 1969, 1970, 1971, 1972 und 1974, Giro-Sieger 1968, 1970, 1972, 1973 und 1974, Sieger der Spanienrundfahrt 1973, siebenmaliger Sieger bei Mailand–Sanremo, zweimal bei der Flandernrundfahrt, dreimal bei Paris–Roubaix, fünfmal bei Lüttich–Bastogne–Lüttich sowie Profi-Weltmeister 1967, 1971 und 1974. Die Zahlen allein beeindrucken, aber seine historische Rolle ist noch viel größer.

Das zeigte sich im Juli 1969. In seiner Biografie über Merckx berichtet der schottische Autor Daniel Friebe vom Dilemma belgischer Journalisten direkt nach der Mondlandung. Sie mussten die Nachricht von der gelungenen Mission im All gegen Merckx gewichten, der das erste Mal die Tour gewonnen und am belgischen Nationalfeiertag von Flamen und Wallonen gleichermaßen gefeiert wurde. Beides waren historische Leistungen. Viele Journalisten, schreibt Friebe, hätten sich für den Sport entschieden.

Überall erfolgreich

Merckx ist ein lebendes Denkmal. Sieben Jahre lang, von 1968 bis 1975, dominierte er seine Disziplin. Er vereinigte die Königreiche der Kopfsteinklassiker und der großen Rundfahrten. Vorher waren es unterschiedliche Sphären mit je eigenen Helden gewesen. Seine erste Tour de France dominierte er total: Sechs Etappensiege und 17:54 Minuten Vorsprung auf den Zweiten der Gesamtwertung standen am Ende in der Statistik. Es war eine Demütigung aller anderen Teilnehmer. Damals erfand die Tochter eines Teamkameraden den ewigen Beinamen des Belgiers: Kannibale.

Eddy Merckx steht auch für eine fremde Zeit des Optimismus, als der Mensch zum Mond aufbrach und Radsportler als Helden verehrt und nicht als Doping-Scharlatane verdächtigt wurden. Er machte die Sportart in seinem Heimatland über die arbeitende Klasse, der die meisten Radsportfans angehörten, hinaus bekannt, seine Triumphe inspirierten weite Teile der Bevölkerung. Sein Tour-de-France-Sieg 1969 war für Belgien ein nationales Ereignis. Der Mann mit den schwarzen Haaren und den langen Koteletten avancierte zur Ikone. Welcher Radsportler außer ihm hat das geschafft? Wie Muhammad Ali und Pelé sind seine Porträts Teil des kulturellen Erbes.

Widersacher ausgelöscht

Schauen wir heute auf die Leistung des Eddy Merckx, ist das kaum ohne Zweifel möglich – Zweifel an der sauberen, fairen Leistung. Einer wie Merckx könnte heute kaum mehr in einem Ausmaß Held werden wie damals: Dreimal wurde er in seiner Karriere positiv auf Doping getestet. Seinen ersten Toursieg errang er, weil die Fahrervereinigung ihn ausnahmsweise starten ließ – eigentlich hätte er gesperrt gehört.

Merckx beherrschte seine Sportart im Angesicht enormer Talente, die ihm nicht gewachsen waren. Daniel Friebe schreibt, Merckx habe die Widersacher »in den Schatten gestellt, praktisch ausgelöscht« – obwohl sie »ein Sternbild formten, wie es der Radsport nie heller gesehen hat«. Merckx gewann 1972 bei 120 Starts 54-mal, darunter Mailand–Sanremo, Lüttich–Bastogne–Lüttich, die Lombardei-Rundfahrt, den Giro d'Italia, die Tour de France.

Eddy Merckx gewann die Tour de France auf eigene Faust, das wäre heute undenkbar, war der schnellste Mann auf dem Rad – und arbeitete bei seiner ersten großen Niederlage selbst am eigenen Kämpfer-Mythos weiter: 1975 war er am Fuße des Col du Télégraphe aufs Gesicht gefallen. Er fuhr mit gebrochenem Wangenknochen und Kiefer weiter, nicht nur die Etappe, sondern Mittwoch, Donnerstag, Freitag, Samstag und Sonntag. Der Kannibale hätte sich wohl nie verziehen, wenn Spitzenreiter Bernard Thévenet noch einen Fehler gemacht und er diese Chance nicht mehr bekommen hätte.

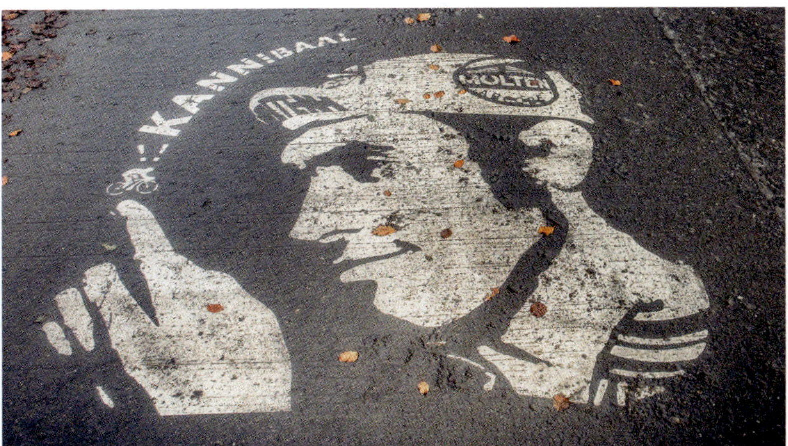

Der Kannibale ist noch heute eine Marke in seiner Heimat.

Beständig

81

Stahl und Titan bleiben in

Florian Wiesmann baut Fahrräder in einer Nische. Die Räder haben einen exzellenten Ruf, überzeugen in Tests und haben ihren Preis. Für ein Rennrad aus seiner Fertigung blättert man gut und gerne 5500 Euro oder mehr hin. Aber man bekommt dafür etwas Besonderes: in Deutschland von Hand konstruierte Einzelstücke – noch dazu aus den Rahmenmaterialien Stahl oder Titan.

Mit diesen Materialien bauen wie Wiesmann im badischen Freiburg als Einzelunternehmer nach wie vor auch andere Hersteller, tief im Zeitalter der Carbon-Aero-Optimierung. Die Belgian Cycling Factory mit ihrer nach dem großen Sportler benannten Marke Eddy Merckx etwa bietet neben ihrem Hightech-Leichtbau-Geschäft im Inland geschmiedete Stahlräder; auch in Italien schweißen sie weiter an Colnago- und Tommasini-Rahmen – und die berühmte Stahlrohrfabrik Columbus in Mailand hat auch heute ihren Platz in den Herzen vieler Enthusiasten und Rahmenbauer.

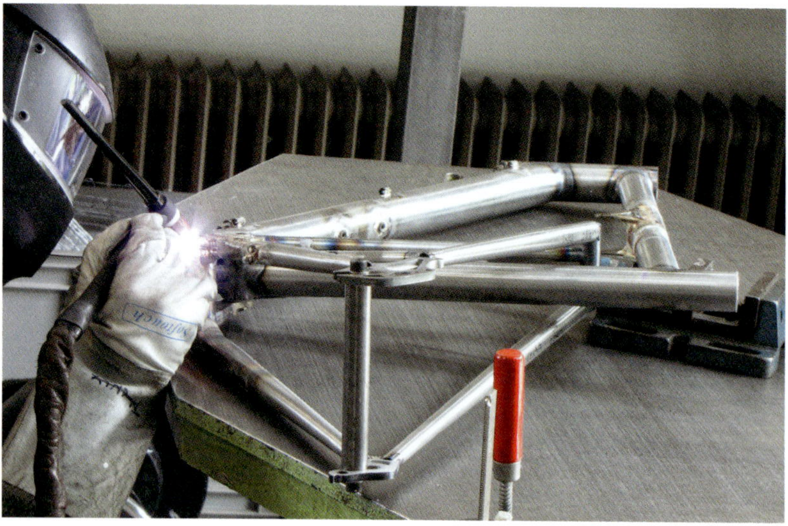

Schweißarbeit von Hand ist weiter beliebt.

Alu, dann Carbon, ersetzten Stahl

Tatsächlich lassen sich aus Stahlrohren immer noch sehr gut fahrbare Rennräder produzieren. Bis Anfang der Neunziger war dieser Werkstoff das Maß der Dinge im Rennradbau. Doch dann kam, vom Mountainbike getrieben, ein Innovationsschritt. Aluminium ersetzte immer öfter den Stahl, weil es sich zu wesentlich dickeren Rohren verarbeiten ließ und damit die Stabilität bei wenig Gewicht rasant steigerte. Wer mit einem Alurahmen antrat, erlebte erheblich bessere Steifigkeitswerte – die Kraft ging nach vorne. Zudem war Alu in der Verarbeitung deutlich günstiger als Stahl. Ein Jahrzehnt später wurde das Leichtmetall am Rennrad selbst mehr und mehr ersetzt durch das noch leichtere und steifere Carbon (siehe nächstes Kapitel).

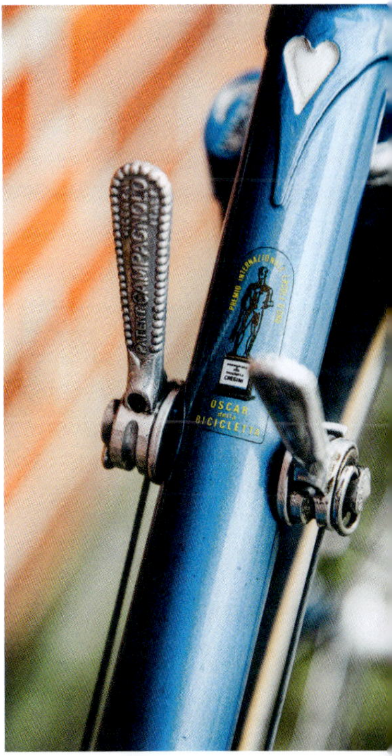

Wenn schon, denn schon: Retro mit Schalthebeln am Unterrohr

Überbleibsel einer alten Ära

Stahlrennräder sind somit Überbleibsel einer fast vergangenen Rennradära. Doch es gibt gute Argumente, die ihre Fans für den Erhalt ins Feld führen. Sehr praktisch ist, dass Stahl sehr langlebig ist. Er lässt sich recht günstig reparieren. Bei Carbonrahmen und Alu sieht das ganz anders aus.

Die Stahlräder sind erheblich schwerer als die Konkurrenten aus Carbon, was das Fahrerlebnis prägt und sie etwa aus dem Spitzensport verdrängt hat. Sie sind in den meisten Fällen eher etwas komfortabler als aggressiv, was an der Beschaffenheit des Werkstoffs liegt.

Neben Stahlrädern gibt es noch immer einen Markt für ein weiteres Material, das einst als avantgardistisch galt: Titan. Titan ist leichter als Stahl und zugleich erheblich elastischer, also komfortabler. Damit ist es für längere Fahrten prädestiniert. Es hat den Vorteil, dass es gegenüber den anderen Materialien am meisten aushält, sowohl Stöße als auch Korrosion durch Wasser und Streusalz. So sind Titanrahmen stabile Dauerläufer, die aber preislich noch einmal weit über den Konkurrenten liegen.

Schwarz und steif

82

Willkommen im Carbon-Zeitalter!

Man muss erstmal damit klarkommen, mit 85 Kilogramm auf einem Rad unterwegs zu sein, dessen tragende Elemente aus Gewebe bestehen. Gewebe, bei dem Kunststoff durch Kohlenstofffasern verstärkt wird und das dann, mühevoll in Form gebracht, im Backofen seiner Bestimmung entgegengeht. Wer beim Radeln noch an Metall denkt, liegt damit bei der neuesten Generation von Rennrädern ziemlich daneben.

Carbon ist das Material der Gegenwart. Überall, wo es auf sehr leichte Konstruktionen ankommt, die zugleich erhebliche Steifigkeit benötigen, ist CFK, wie es auch genannt wird, im Einsatz: an Flugzeugen, Jachten, Autos und natürlich am Rennrad, dem wichtigsten Fortbewegungsmittel von allen.

Toursieg auf Carbon

Seit den Siebzigerjahren war mit Carbon als sehr leichtem und extrem steifem Material für Rennräder experimentiert worden, doch der französische Hersteller Look kam 1986 als erster mit einem Rad auf den Markt, das diesen Werkstoff wirklich einsetzte. Anders als heute hatte das KG86 allerdings Muffen, um die Rohre zusammenzubringen. Der Amerikaner Greg LeMond gewann die Tour de France auf einem solchen Rad.

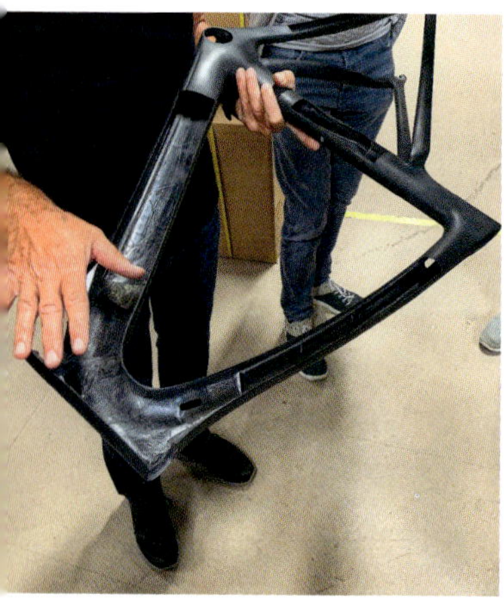

Blick auf einen musterhaften Carbonrahmen bei der Eingangskontrolle

Seit den frühen Neunzigerjahren hat sich Carbon nicht nur bei Rahmen immer stärker durchgesetzt, sondern auch bei Komponenten wie Gabeln, Kurbeln und Sattelstützen. Ja, auch die Laufräder sind inzwischen häufig aus Carbon. Das schreckte bis vor einigen Jahren noch viele Menschen ab, und wer zum ersten Mal mit Carbon unterwegs ist, hat vielleicht noch Angst. Was bloß passiert, wenn das Rad umfällt oder man stürzt? Noch immer gelten Carbonprodukte als sehr fra-

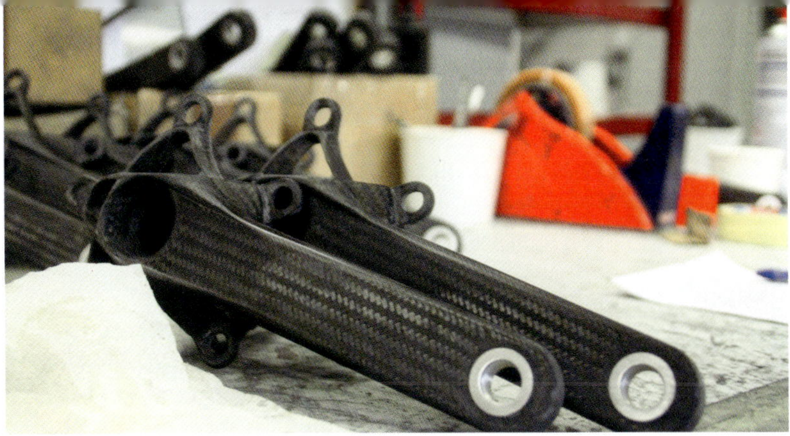

Leichtgewicht-Kurbeln von THM Carbones

gil. Allerdings ist das arg übertrieben. Die Industrie hat gelernt. Übrigens sind Schäden am Carbonrahmen, anders als früher, inzwischen oft reparierbar. Allerdings ist das nicht ganz einfach, denn die Experten müssen dann genau prüfen, wie sich die Statik des Rades verändert. Das ist der Nachteil an Teilen, die aus zusammenhängenden Fasern gebaut werden.

Für viele Formen

Was das alles bringt? Carbon ist ein erstaunlich leichter Werkstoff. Als die Radsportszene immer stärker darauf achtete, wie Steifigkeit und Gewicht eines Rahmens zueinander im Verhältnis stehen, war der Weg für Carbon als Material der Wahl geebnet. Er lässt sich zudem sehr gut formen, was aerodynamische Vorteile bringt. Carbon kann auch in sehr unterschiedlichen Wandstärken gelegt werden. So lässt es sich dort dicker legen, wo es nötig ist, und ansonsten eher sparsam einsetzen. Das bedeutet Gewichtseinsparungen am fertigen Produkt. Was man über Carbon auch wissen sollte: Es ist immer noch Handarbeit. Die Laminate, aus denen ein Rahmen oder eine Gabel gefertigt werden, müssen erst manuell und genau richtig in eine Form gebracht werden. Das erklärt auch, warum es bei Carbon noch immer erhebliche Schwankungen in der Qualität der gelieferten Produkte gibt – und warum das Testen hier besonders relevant ist.

Die Performance der CFK-Teile treibt Radsportenthusiasten zu Investitionen. Für eine weniger als 300 Gramm leichte Clavicula-Kurbel des deutschen Nischenanbieters THM Carbones legen sie weit über 1000 Euro hin, für Laufräder des kleinen Carbon-Entwicklers Schmolke vom Bodensee auch fast 2000 Euro. Mit dem Wunsch nach immer leichterem, immer schnellerem Material brachen auch beim Preis die Dämme.

Umweltsauerei

83

Die negative Bilanz des Radsports

Ist das nicht herrlich? Wir machen Sport an der frischen Luft, in der Natur, ganz ohne Abgase und Lärm. Wären doch nur alle so wie wir!

Und jetzt seien wir mal ehrlich. Unter uns haben wir ein Fahrrad, dessen Kernstück Fabrikarbeiter in Fernost zu Billiglöhnen gebaut haben, ehe es per Schiff um die halbe Welt transportiert wurde, um dann in Europa zusammengebaut zu werden. Der Rahmen ist aus Carbon (siehe vorheriges Kapitel), das ist schön leicht und ein Stoff für den Sondermüll, wenn wir in ein paar Jahren keine Lust mehr auf das Modell haben oder damit bei einem Hobbyrennen auf die Nase fliegen.

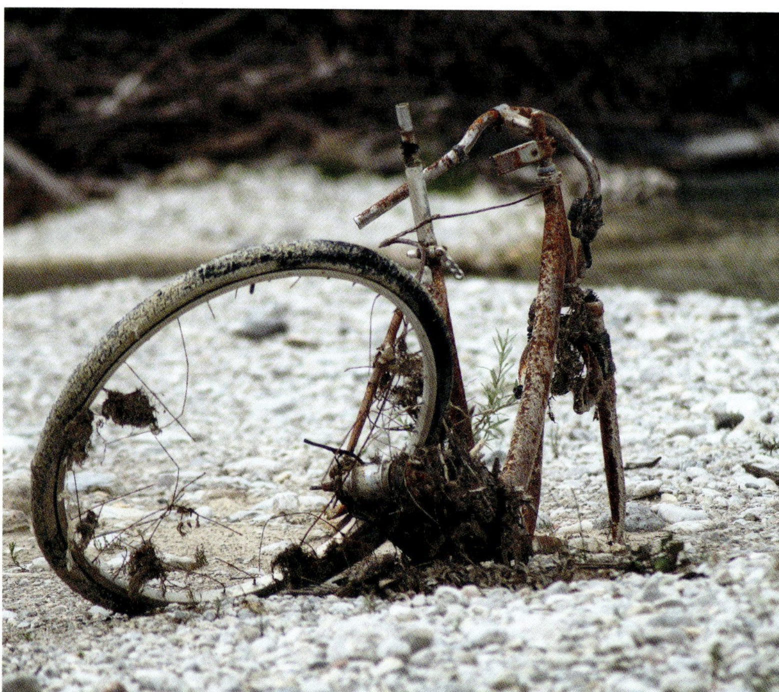

Ausgediente Fahrräder sind eine Umweltbelastung.

Der renommierte Chemiker und Verfahrenstechniker Michael Braungart sagte es im Gespräch mit dem Fahrrad-Branchenmagazin velobiz.de schonungslos: »Carbon ist wie ein Flugzeug ohne Landebahn«, echtes Recycling könne es für das Material nicht geben – wenn es auch erste Verfahren gibt, die zumindest Teile erhalten.

470 Chemikalien in den Reifen

Wer mit einem Stahlrenner unterwegs ist, hat etwas bessere Argumente. Etwas. Denn beim Recycling kommt meistens Stahl in schlechterer Qualität heraus.

Wir rollen auf Gummireifen. Dabei produzieren wir weniger CO_2 als das Auto, das uns gerade überholt hat. Aber schon mal über die Chemie in den Reifen nachgedacht? Braungart beziffert die Anzahl der Chemikalien in einem solchen Reifen auf 470. All diese Chemie wird beim Abrieb freigesetzt – ein großes Umweltproblem. Ist der Reifen unterwegs platt, nutzen wir Kartuschen zum bequemen Aufpumpen.

Und haben Sie an den beliebten Radstrecken schon mal den Streckenrand angeschaut? Da liegt ziemlich viel herum, das eindeutig Rennradfahrern zugeordnet werden kann. Schläuche vom letzten Platten vielleicht, Ventilkappen und auf jeden Fall die weggeflatterten Packungen von Energieriegeln. Fürs Umdrehen war natürlich keine Zeit. Umso weniger bei Rennveranstaltungen im Gebirge, wo dann Hunderte Verpackungen am Wegesrand landen.

Wir sind auf derselben Fahrbahn

Wir begeistern uns für einen Sport, dessen Sinn darin besteht, von Woche zu Woche in neuen Gegenden rund um den Globus einen Wanderzirkus auszutragen. Da fahren dann nicht nur Profis, die natürlich mit dem Flugzeug hin- und herjetten, sondern auch ihre Sportlichen Leiter, Begleitfahrzeuge, die Presse, die Jury und die Fotografen, Kamerateams, Materialwagen, Polizei und mehr im Tross der Kraftfahrzeuge. Mal 150, mal 200 Kilometer am Tag, danach von Ort zu Ort. Wie sieht die CO_2-Bilanz dabei aus? Und denken wir daran: Das sind nur die Profis. Wir selbst fliegen ja auch demnächst wieder ins Trainingslager, und bei den drei bis vier Rennen dieses Jahr, wie sind wir da gereist?

Seien wir also ehrlich: Rennradfahren ist Konsum. Wenn wir mit dem Zeigefinger auf den bösen SUV zeigen, der unsere Umwelt verpestet, sind wir immer noch auf derselben Fahrbahn. Wenn wir im Fernsehen davon hören, dass Veranstalter den Umweltschutz bei ihren Rennen fördern wollen, wissen wir: Da wird schon genug in die Luft geblasen. Denn ohne Energieaufwand kein Ertrag. So einfach ist das System.

Beats, Bikes, Bier

84 Sechstagerennen als Kultveranstaltung

Wenn ein Schlagersänger in die Menge taucht und das Publikum bierselig mitgrölt, wenn die Motoren knattern und Glocken klingen, die Ketten surren und die Schlauchreifen über Holzboden rattern – dann ist das eine Art Jahrmarkt der Radsporttradition.

Sechstagerennen gehören zu den traditionsreichsten Veranstaltungen im Rennradsport. Sie heißen so, weil die Wettkämpfe auf der Radbahn an sechs Veranstaltungstagen ausgetragen werden. Die Teams bestehen aus zwei Fahrern und treten immer wieder zu sogenannten Madisons an, bei denen eine Mannschaft die anderen zu überrunden versucht.

Vieles ist Vergangenheit

Die Abende bieten weitere Attraktionen, etwa Sprints und Dernyrennen, bei denen die Athleten im Windschatten hinter Motorrädern um die Wette jagen. Beliebt sind die Sechstagerennen wegen ihrer besonderen Atmosphäre, doch haben sie ihre einstige Strahlkraft verloren. In Deutschland sind zwei Events übrig: das Bremer Sechstagerennen, bekannt für ein Party-Rahmenprogramm, und das Berliner Rennen, bei dem eine große Begeisterung für den Bahnsport zu spüren ist. Früher waren auch Köln, Stuttgart, Dortmund, München und Zürich große Namen – doch das ist Vergangenheit.

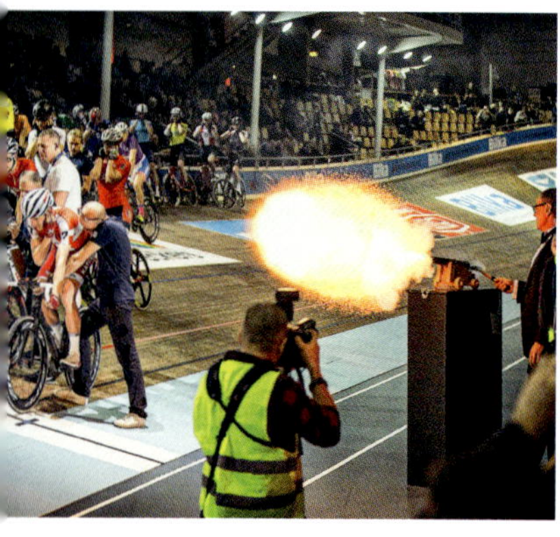

Eröffnung eines Hallenspektakels

Das Epizentrum der Szene liegt indes in der belgischen Universitätsstadt Gent: In der alten Halle t' Kuipke – das Wännchen – treffen sich jedes Jahr im November nicht nur trinkfreudige Studenten, sondern auch sehr viele Fans mit ausgeprägter Radsportkompetenz. Wer den Radsport-Jahrmarkt in Belgien einmal erleben möchte, muss sich beeilen: Die Tickets sind meist schon 52 Wochen vor dem ersten Start vergriffen – also direkt am Tag nach der letzten Sause.

Rauf, rauf, immer weiter

85

Der Teide auf Teneriffa

Wann sind Sie das letzte Mal mehr als 2000 Höhenmeter am Stück bergauf gefahren? Das wird in Kontinentaleuropa schwierig. Auf Teneriffa ist das kein Problem. Allen Gästen der Kanareninsel sei deshalb dringend empfohlen, ein Rennrad mitzunehmen oder an der Küste eines zu mieten – und die Hochebene um den Teide, Spaniens höchsten Berg, in Angriff zu nehmen. Übrigens ist das im Spätherbst oder Winter gut möglich.

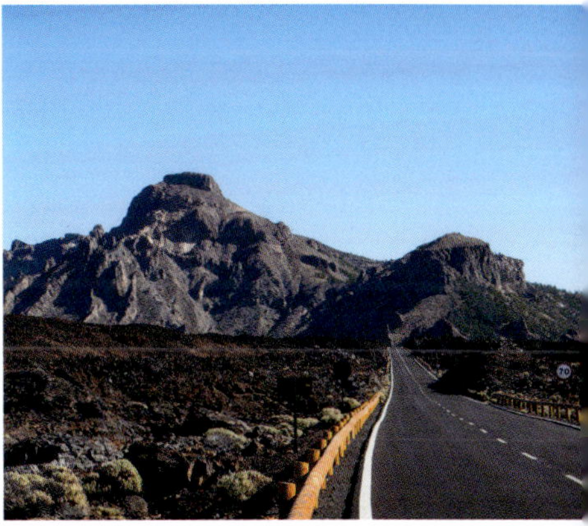

Das vulkanische Plateau auf dem Teide

Wer unten an der Atlantikküste loslegt, radelt fast von Meereshöhe bis auf über 2100 Meter Höhe. Die Routen lassen sich variieren – brutal schwer ist keine, manche haben sogar recht sanfte Anstiege. Es geht zunächst durch touristische und dichte Besiedelung, danach durch eine Landschaft mit vielen Büschen und Agaven, und ab etwa 1000 Metern Höhe durch einen Kiefernwald. Ganz oben auf dem Teide erreicht man eine surreale Landschaft, für die sich die ganze Quälerei auf jeden Fall lohnt. Aus dem Wald kommt man in eine von Vulkangestein geformte, wellige Hochebene. Ganz oben thront mit einer Höhe von 3718 Metern der Gipfel des Vulkans, zu dem hinauf eine Seilbahn führt.

Areal für Trainingslager

Das Canadas del Teide genannte Areal in gut 2000 Metern Höhe ist übrigens bei Topathleten für Trainingslager sehr beliebt. Hier oben lässt sich der Aufbau roter Blutkörperchen gut stimulieren, weil die Luft weniger Sauerstoff hat und der Körper entsprechend reagieren muss. Wer also ein paar Wochen nur in der Höhe des Teide trainiert, dem wird die nächste Auffahrt sicher leichter fallen – aber natürlich nur in der nächsten Zeit.

Prost

86

Bier gehört dazu

Dieses Kapitel wird bei vielen Lesern Kopfschütteln verursachen. Schließlich sind die Seiten vollgedruckt und die Internetratgeber gefüllt mit einer wissenschaftlich vergorenen Weisheit, die besagt: Alkohol und Training passen nicht zusammen. Wer ein guter Radsportler sein will, lässt das Bier weg. Man findet ohne Probleme Artikel, die einem die wichtigsten Gründe für totale Enthaltsamkeit im Trainingsumfeld nahelegen. Alkohol, das wissen wir, verschlechtert die Regenerationsfähigkeit. Bierkonsum führt viel Energie in den Körper, und danach kommt oft noch ein Hunger, man isst schnell noch ein paar Pommes. Und, und, und.

Doch der Autor findet sich damit nicht ab. Er schüttelt nur den Kopf über die Umfragen, in denen die Mehrheit der Hobbyfahrer sagt: auf gar keinen Fall ein Bier bei der Trainingsausfahrt. Sorry, aber das geht einfach zu weit.

Bier ist ein großartiges Lebensmittel. Natürlich ist alkoholfreies Weizen toll, wie man es bei jedem Trainingslager nach der Runde und nach fast jedem Rennen angereicht bekommt. Aber noch besser, und das sei hier ganz unwissenschaftlich argumentiert, ist ein richtig gutes Bier vom Fass während und nach einer körperlichen Leistung. Da dies keine Publikation

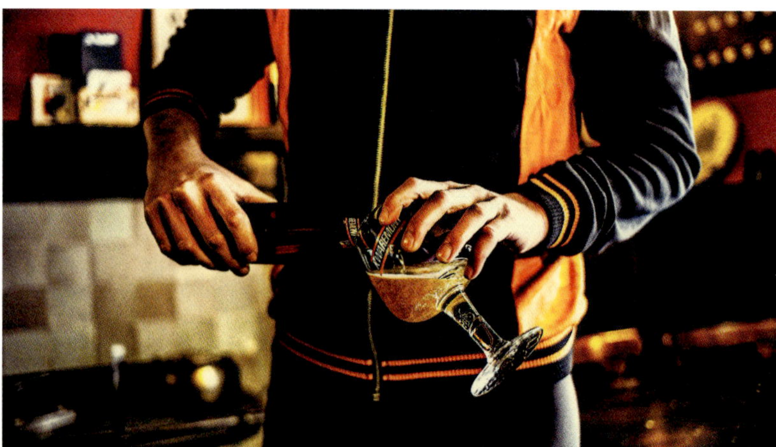

Bier gehört für viele Belgier zum Radeln.

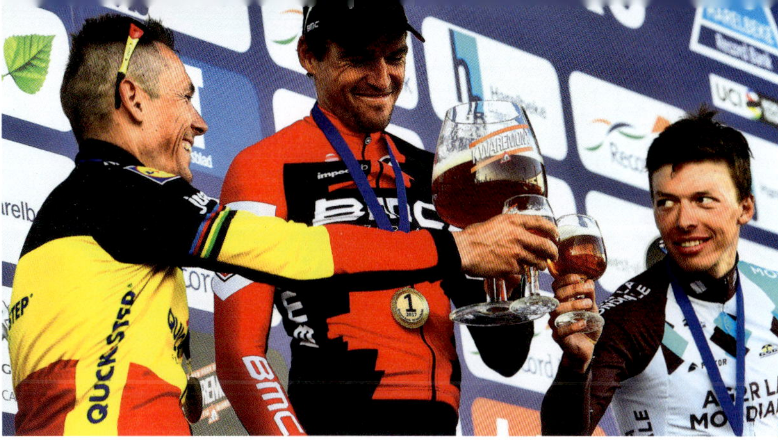

Auch Profis feiern mit Gebrautem.

für die Bundeszentrale für gesundheitliche Aufklärung ist, sei das entsprechend stammtischartig formuliert: Bier gehört dazu!

Element des flämischen Dreiklangs

Es gibt da nämlich neben all dem wissenschaftlichen Warnen – natürlich ist Alkohol ein Gift und ein Suchtmittel – auch eine andere Seite, nämlich die der erlebten Evidenz. Ein jüngeres Beispiel: Vor einem Rennen in den französischen Alpen hatten der Autor und sein Nachbar allerlei attraktiven Versuchungen widerstanden und waren mehrere Wochen nüchtern geblieben. Nichts wollten sie dem Zufall überlassen, die Selbstkasteiung sollte die Leistung am Tag X steigern. Am Abend vor dem Event trafen sie in ihrem Hotel eine Gruppe Belgier, die nicht nur verdammt markige Sprüche klopften und auch annähernd wie Profis aussahen. Nein: Sie tranken sogar in geselliger Runde ein, zwei Bierchen.

Und welche der beiden Parteien hat wohl am Tag darauf abends den besseren Grund zum Anstoßen gehabt? Natürlich die Männer aus Belgien.

Dort gehört übrigens Bier ganz selbstverständlich zur Kultur, und ebenfalls zur Kultur des Radsports. Radeln, kämpfen, sich beim Bier belohnen – das ist ein flämischer Dreiklang, der uns inspirieren sollte. Aus Belgien stammt auch eine Biermarke, die ganz explizit die beiden Aspekte unseres Lebens zusammenführt: Kwaremont, benannt nach dem sauschweren Kopfstein-Anstieg bei der Flandernrundfahrt.

Mögen die anderen in ihrem Trainingswahn verknöchern. Der Autor und einige seiner Freunde lassen sich darauf nicht mehr ein. Scheint die Sonne, macht man auch mal nach 80 Kilometern für ein Weizen halt. Und hinterher fragt meistens einer, ob man nicht noch zusammen in die Kneipe geht.

Die lächelnde Naturgewalt

87

Tadej Pogačar ist längst einer der Größten

Als die erste Auflage dieses Buchs erschien, war Corona-Pause im Profisport und ein damals 21 Jahre junger Mann aus Slowenien noch ein Talent, mit dem man sich besser beschäftigen sollte. Als die zweite Auflage ein Quartal später erschien, war das immer noch so – doch wenige Wochen später war alles anders: Pogačar hatte quasi im Alleingang das vermeintlich übermächtige niederländische Team Jumbo-Visma bei der Tour de France in Schach gehalten und auf der vorletzten Etappe vom Thron gestoßen: Dem vermeintlich sicheren Toursieger, seinem Landsmann Primož Roglič, nahm er im Einzelzeitfahren hinauf zum Vogesenberg Planche des Belles Filles fast zwei Minuten ab. Pogi, wie ihn seine Fans und Bewunderer nennen, hämmerte sich mit diesem Auftritt in die Radsportgeschichte. Er war Sieger bei seiner ersten Tour de France und ab jenem Moment Referenzpunkt aller Konkurrenten und Sportwissenschaftler.

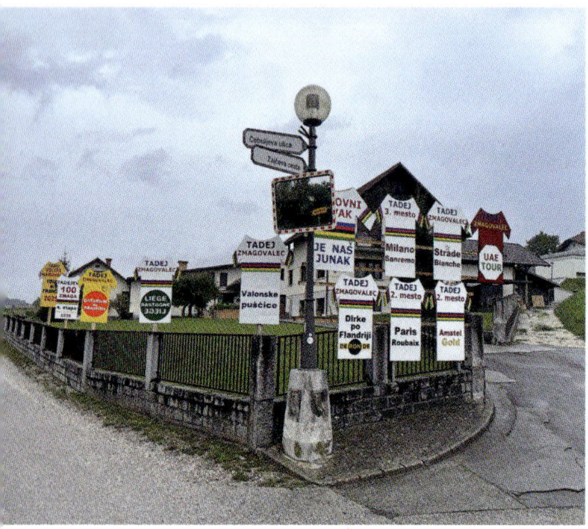

Huldigungen in der Heimat des Rad-Superstars

Im folgenden Jahr war aus dem Wunder so etwas wie eine Naturgewalt geworden, man konnte kaum glauben, was man sah. Der junge Slowene gewann lächelnd erneut drei Etappen bei der Tour de France, das Bergtrikot und eben auch die Gesamtwertung. Sein betreuender Arzt, der in Colorado an einer Hochschule arbeitet, erklärte das mit Pogačars besonderer Physiologie, mit einer Fähigkeit seines Körpers, sich noch weit besser zu erholen als alle vergleichbaren Spitzenathleten. Dazu passten seine Siege im selben Jahr bei den Monumenten in Lüttich und der Lombardei. Schon da war Pogačar aus der Radsportgeschichte nicht mehr wegzudenken. Und bis zum Spätsommer 2025 setzte sich das fort. Mit vier Toursiegen und dem Double aus Rundfahrt-Triumph in Italien und Frankreich 2024 hat er alle Chancen, mit Eddy Merckx (Kapitel 80) auf eine Stufe zu radeln.

Über die Berge

88

Herausforderung TOUR Transalp

Wenn normale Rennradfahrer sich fragen, ob sie einem Tagesrennen in den Alpen gewachsen sind, sollten sie sich mal mit einem der Klassiker der Jedermannszene in Europa beschäftigen. Seit 2003 hat sich die Transalp als eine der größten Prüfungen für ambitionierte Hobbyfahrer etabliert.

Die Transalp macht aus den etwa 1000 Teilnehmern für eine Woche ein Fahrerfeld auf Etappenjagd. Es geht entweder von Süddeutschland oder von Österreich aus durch die Alpen. Das Ziel liegt am Gardasee. Ähnlich wie der Ötztaler steht die Transalp bei vielen zumindest auf der Liste der Traum-Events, die es im Lauf des Lebens einmal zu erfahren gilt. Doch sollte die Form stimmen, denn es geht ja vor allem auf und ab. Die Strecke im Jahr 2019 hatte auf knapp 800 Kilometern Länge 18 613 (!) Höhenmeter.

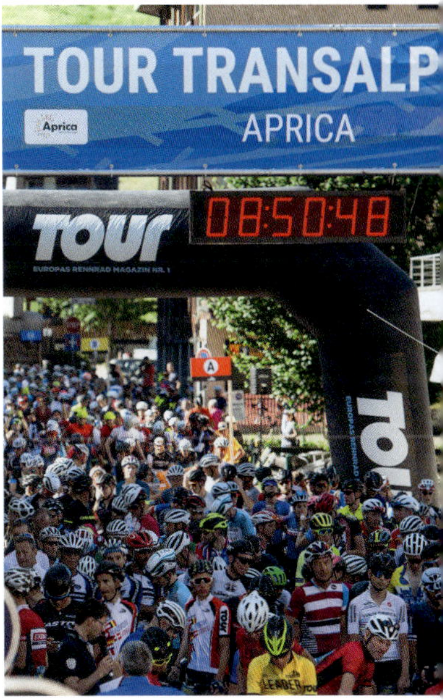

Start zu einer kräftezehrenden Transalp-Etappe

Keine Gedanken an Logistik

Damit sich die Fahrerinnen und Fahrer auf das Durchhalten oder mehr konzentrieren und abends erholen können, übernimmt der Organisator viel von der Logistik. Über den Transport der Taschen von Etappenort zu Etappenort müssen sich die Sportler also keine Gedanken machen, ebenso wenig über die sichere Lagerung ihrer Räder über Nacht. Unterwegs gibt es meist zwei Verpflegungsstellen, abends immer eine Pasta-Party mit Streckeneinweisung für den folgenden Tag.

Klassischerweise starten bei der TOUR Transalp immer Zweierteams. Für die Gesamtwertung zählt dann jeweils die Zeit des Langsameren aus diesem Duo. Zusätzlich hat die Transalp seit 2019 Startplätze für Einzelstarter.

Take a Break

Pausen gehören unbedingt dazu

89

Ambitioniertes Training ist nur so effektiv wie die Pausen zwischen den Einheiten. Dies ist eine Schlüsselerkenntnis, in der sich viele Aspekte des Radsports zusammenfassen lassen. Zur Trainings- und Saisonplanung gehören die Auszeiten ebenso wie zum unmittelbaren Verarbeiten von Reizen auf einer Ausfahrt. Wer nicht pausiert, verliert.

Radprofis verbringen ein Leben, das an Katzen erinnert. Wenn sie nicht auf dem Sprung sind, liegen sie – zugespitzt gesagt – nur herum und dösen. Dafür gibt es gute wissenschaftliche Gründe. 2011 erschien eine Studie von Forschern der kalifornischen Universität Stanford. Die Wissenschaftler hatten sich mit Basketballern beschäftigt, die von der gesteigerten Schlafdauer in mehrfacher Hinsicht profitierten. Schlussfolgerung war, »dass optimaler Schlaf wahrscheinlich hilfreich für das Erreichen der höchsten athletischen Leistung ist«.

Pausen in die Trainingslager-Pläne

Zu einem Trainingslager etwa sollte von vornherein die Regeneration zählen. Wer beispielsweise bei den geführten Touren bei Anbietern wie Hürzeler auf Mallorca mitfährt, wird sonntags mit einer eher lockeren Einheit starten und nach drei sich steigernden Tagesetappen einen ersten Ruhetag einlegen. Auch wenn das in Anbetracht der kurzen Urlaubszeit zunächst wie verschwendete Zeit wirken mag, und wenn das Wetter noch so schön ist: Der Körper braucht die Pause, um die Trainingsreize zu verarbeiten. Darüber gibt es in der Sportwissenschaft keine Diskussion. Klar: Manche Menschen sind zäher als andere und können über längere Zeiten mehr aushalten, aber der Effekt für die eigene Fitness ist bei allen gleich.

Im Idealfall nimmt sich die Sportlerin auch zuhause nach jeder Trainingsleistung Zeit für eine Pause. Wer nicht gleich wieder an den Schreibtisch geht oder sich mit Freunden in der Kneipe trifft, sondern einen Powernap einlegt, sendet damit sehr wichtige Impulse in den eigenen Körper. Überdies ist der nächtliche Schlaf natürlich einer der Schlüssel zur langfristigen Leistungsfähigkeit. Wer dauerhaft ausreichend schläft, also auch genügend Zeit in der Tiefschlafphase verbringt, profitiert von mächtigen körpereigenen Mechanismen. In diesen Phasen repariert der Körper Schäden an den Muskeln und schüttet Hormone aus, die für deren Wachstum wichtig sind. Kurz gesagt: Reizt ein Athlet seinen Körper durch das Training, so reagiert der Körper darauf in der Auszeit und stellt sich auf künftige Belastungen ein. Wer das durchschaut hat, wird an der Bedeutung der Pause nicht mehr zweifeln.

Immer mal wieder aussteigen

Auszeiten sind auch wichtig für die mentale Erholung. Das gilt für eine längere Rennradtour, bei der man sich nach einigen Stunden auch mal einen Kaffee und ein Teilchen gönnen sollte. Und es gilt erst recht für die Saison: Es zahlt sich aus, immer mal wieder ein paar Wochen aus dem Sattel zu steigen. Allerdings bedeutet dies nicht den völligen Verzicht auf Bewegung. Dann gerät man nämlich schnell in eine Abwärtsspirale. Der Formverfall kann schnell eintreten. Wer als Hobbysportler im September noch Topleistungen bringt, kann – bei kompletter Pause – im Oktober schon mit weit verschlechtertem Puls und neuen Speckpolstern kurzatmig ins nächste Training gehen. Das fühlt sich umso gravierender an, je besser der Körper vorher in Schuss war. Hier ist also eher eine aktive Erholung geboten, mit langsamen Dauerläufen, Wandertouren oder etwa lockeren Mountainbike-Ausfahrten.

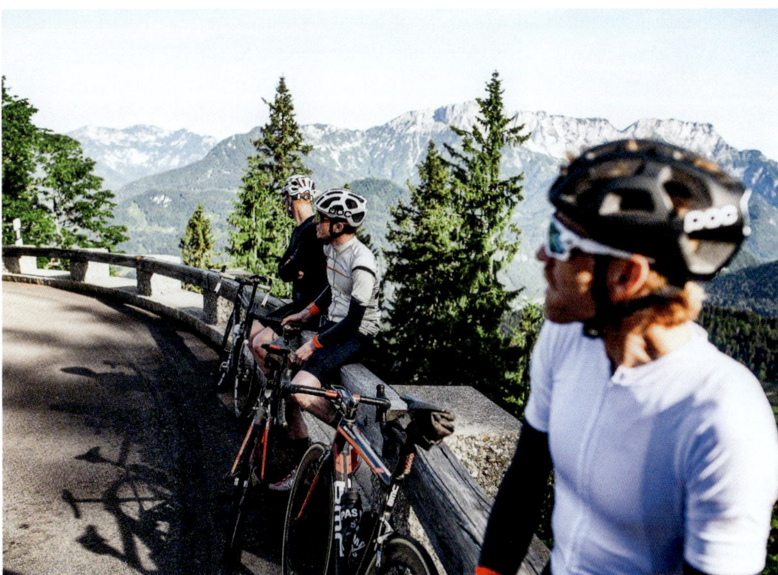

Auch bei guten Gruppen gehört die Rast dazu.

Feuer verbrennt

Zwischen Entspannung und Burnout

90

Der Rennradsport zieht, wie viele Ausdauersportarten, sehr oft jene Menschen an, die sich über Leistung definieren und stolz sind, wenn sie ihre eigenen Widerstände ebenso brechen wie die der Natur oder der Mitmenschen. Radsport ist ein Hobby für Manager und Macher. Für Leute, die stark eingespannt sind, bietet er darüber hinaus nicht nur die Gelegenheit zur Leistungssteigerung. Er ist auch ein Ventil, eine Chance, rauszukommen und sich dem Druck des Berufs- und Familienlebens zu entziehen. Häufig berichten Vielfachbelastete von der psychohygienischen Wirkung, die der Sport in ihrem Leben hat. Einer sagte vor Kurzem: Ohne den Sport würde er die Kombination aus Verantwortung im Betrieb und Patchwork-Familienleben mit zwei Kindern gar nicht durchstehen.

Positiv zur Stressbewältigung

»Wissenschaftlich ist gut belegt, dass sich Stress wesentlich gesünder verarbeiten lässt, wenn man regelmäßig Ausdauersport betreibt«, erklärt Dr. Katharina Hösl, leitende Oberärztin der Klinik für Psychiatrie in Nürnberg. Hösl sieht viele beruflich und sportlich ambitionierte Patienten und leitet die sportpsychiatrische Sprechstunde am Klinikum Nürnberg.

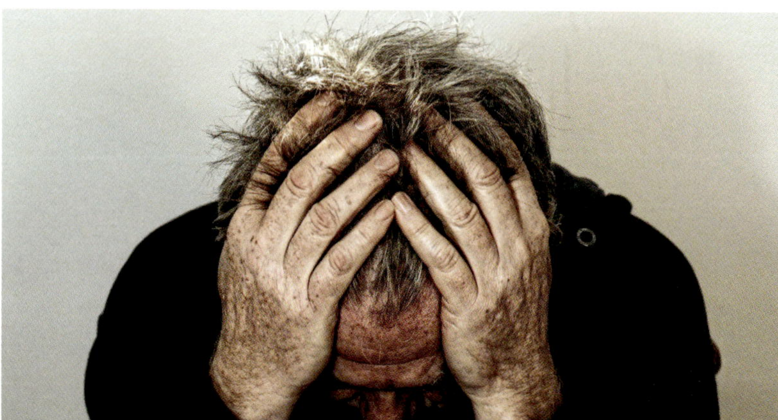

Wer immer auf Höchstleistung gepolt ist, dem drohen negative psychische Folgen.

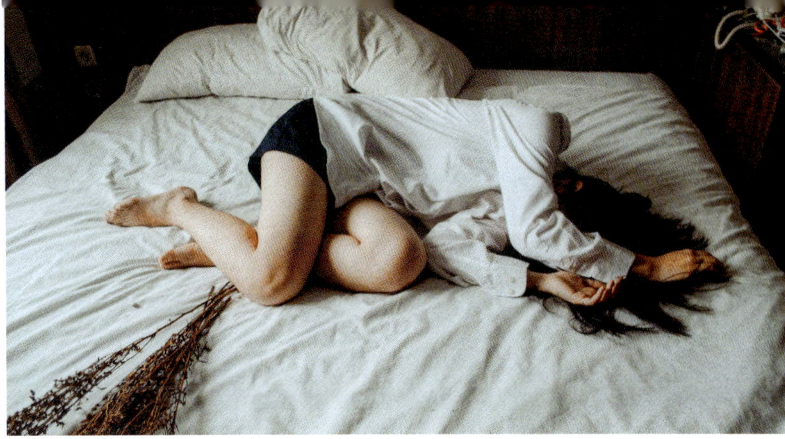

Irgendwann geht gar nichts mehr.

Ihre Empfehlung für Stressgeplagte: Sie mögen die Vorteile des Radsports bewusst nutzen. Denn physiologisch hat das regelmäßige Training eine dauerhaft positive Wirkung auf den Parasympathikus – jenen Teil des vegetativen Nervensystems, der für die Entspannung zuständig ist.

Kehrseite Übertraining

Das ist die unbestrittene eine Seite. Wenn wir aber ehrlich zu uns sind, gibt es noch eine andere: Wir trainieren immer härter. Wir investieren Geld und Zeit. Wir kaufen uns neue Geräte, mit denen wir unsere Leistungsfähigkeit noch genauer erfassen. Gerade für Kontrollfreaks, Menschen mit zwanghaften Neigungen, lauert hier eine erhebliche Gefahr des Überdrehens. Von der gewünschten Erholung durch Sport zum forcierten Burnout infolge der eigenen Überforderung ist es manchmal nicht weit. Die weltbeste Radsportlerin Marianne Vos (siehe Kapitel 71) gibt uns ein mahnendes Beispiel – sie hat lange gebraucht, um aus ihrem Tief wieder herauszukommen.

»Sport kann auch in Leistungsdruck ausarten – gerade bei Menschen mit hohem Leistungsanspruch, dann bietet er nicht den gewünschten Effekt der Stressbewältigung«, sagt deswegen Psychiaterin Hösl. Gerade Menschen mit Leistungskompass sollten sich dieser Tatsache bewusst sein. Sie müssen, auch wenn das paradox klingt, diszipliniert an die Erholung denken, ans Lockerlassen. Gesunde Entspannung sei das Ziel, sagt Hösl, den Körper aus dem Dauerfeuer der beruflichen und privaten Alltagsstressoren zu befreien und dabei das eigene Sozialleben nicht außer Acht zu lassen. Der Radsport bietet viele neue Lebenserfahrungen und Sinneseindrücke gemeinsam mit anderen. Ein »Übertraining« allerdings bedeutet Erschöpfungsgefahr. Und Pausen sind ja auch körperlich geboten (siehe vorheriges Kapitel).

Autonom

91

Die Rennrad-Nation Baskenland

Es ist nicht die erste Region, die einem als Reiseziel für Rennradler in den Sinn kommt. Doch wer sich mit der Historie und Kultur dieses Sports in der Autonomen Gemeinschaft Baskenland beschäftigt und vielleicht sogar einmal zwischen Vitoria-Gasteiz, Bilbao und Donostia-San Sebastián umhergefahren ist, wird den besonderen Reiz dieser Landschaft spüren.

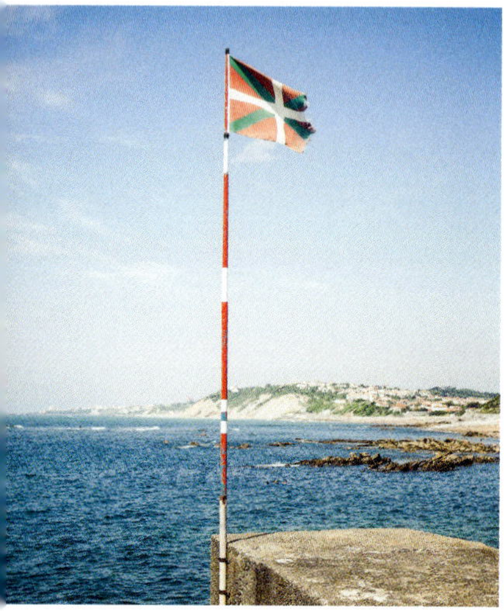

Erkennungsmarke des Baskenlandes

Das Baskenland ist radsportverrückt. Es gibt hier, in den kleinen Orten mit großer Arbeitsethik, Mittelstand und vernünftiger Wirtschaft, eine lange Tradition der Radrennen und auch der Fahrradproduktion. Die Nähe zu dem Sport und einigen seiner besten Vertreter ist hier tief verankert, denn das Baskenland ist Nährboden für die spanische Elite. Wer als Rennradfahrer in Spanien etwas auf sich hält, wird in seiner Jugend sehr wahrscheinlich viele Rennen in der Region fahren, in der Alt und Jung die baskische Sprache noch immer pflegen.

Ein Rennen als Teil der Kultur

Die Itzulia, wie die Profirundfahrt auf Weltklasseniveau heißt, wird getragen vom ehrenamtlichen Einsatz der Radsportenthusiasten – und gehört zu den Einwochenrennen mit dem größten Prestige. »Die Itzulia ist Teil unserer kulturellen Landschaft«, erklärt Jesus Gómez Peña, der für die Zeitung El Correo Tag für Tag über den Sport berichtet. Hier herrscht Begeisterung an den Strecken. Die Basken verstehen etwas vom Radfahren, sie feiern Fahrer aus ihrer Heimat frenetisch, motivieren aber auch die Gäste aus aller Welt.

Die Welt kennt diese Euphorie vor allem aus Zeiten, als das Baskenland noch eine eigene Auswahl auf höchstem Niveau stellte. Das endete zwar mit der Wirtschaftskrise in Spanien und ihren Folgen, Hauptsponsor Euskaltel stieg aus, und seither sind keine Männer in den markant-orangefarbenen Trikots mehr bei der Tour de France zu sehen. Aber der Geist lebt fort, und ein neues Team – ebenfalls in Orange – schickt sich an, wieder zurückzukehren in die Höhenlagen der Elite. Finanziert wird dieses Team von Spenden aus der Bevölkerung und dem Engagement einzelner Firmen. Unterstützung bekommt es auch von den prominenten Fahrern aus dem Baskenland, die heute bei Weltteams agieren, etwa Mikel Landa.

Standort der Industrie

Im Baskenland gibt es auch noch größere Hersteller. Orbea ist sicherlich der bekannteste, eine angesehene Firma für Rennräder und Mountainbikes. Sie ist als Genossenschaft organisiert, ebenfalls eine Besonderheit. Dort, wo Orbea seinen Ursprung nahm, in der kleinen Stadt Eibar, floriert der Sport, begehen viele Tausend Zuschauer jede passierende Rennetappe. Auch BH, eine weitere Herstellerfirma, stammte ursprünglich aus Eibar.

Das Baskenland gilt als beste Fahrradregion Spaniens. Die Landschaft hat enorm viele Reize auf sehr engem Raum. Flache Kilometer gibt es kaum, dafür Hügel und Berge aller Schwierigkeitsgrade, sehr viel grüne Landschaft und auch die Nähe zu den bekannten Riesen der Pyrenäen. Eine Hobbyrennszene floriert ebenfalls mit anspruchsvollen Events wie dem Orbea Klasika Bilbao-Bizkaia Ende September.

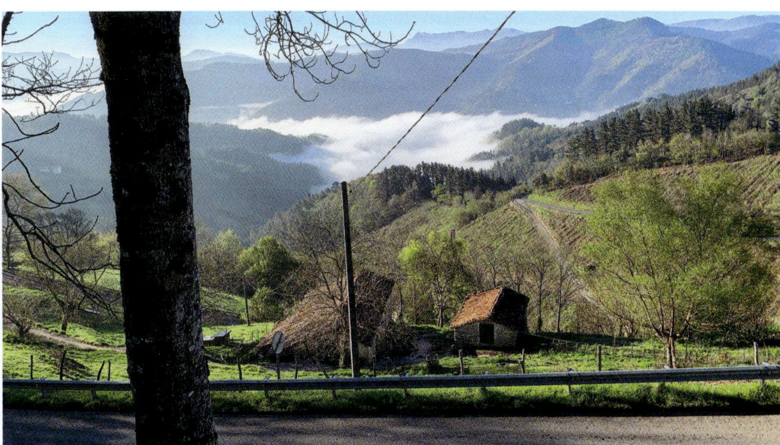

Berge und Täler für Rennrad-Enthusiasten nahe Eibar

An der Riviera

92 Ligurien, das Sportparadies

Ein beliebiger Morgen im Sommer, es ist kurz nach 9 Uhr morgens, die Luft an der Strada Provinciale 14 ist schon warm, aber noch erträglich. Die Sonne steht schon über dem Valle Pennavaire. Es ist die Zeit, in der die Rennradler aufbrechen, hinauf in die Berge der Seealpen, von der schicken Rivieraküste über die Höhenzüge. Hier, kurz vor der Grenze zum benachbarten Piemont, die hinter einer Linkskurve in einem ruhigen Wäldchen oberhalb des Olivenörtchens Nasino ausgeschildert ist, braucht man nur zu stehen: Schon ist klar, wie natürlich Rennradfahren hier im Nordwesten Italiens zum Leben gehört. Denn einer nach dem anderen strampelt die ansteigende Straße hinauf, manche in Grüppchen, manche für sich, alle mit dem geübten Tritt der Veteranen.

Anspruchsvoll und schön

Das Areal zwischen der französischen Grenze im Westen und La Spezia im Osten ist ein Traum für alle, die anspruchsvolles, abwechslungsreiches Terrain und kulinarisches Programm suchen. Durch diesen Landstrich führt auch Italiens wichtigstes Eintagesrennen: Mailand–Sanremo. Die Strecke der Profis lässt sich perfekt mit dem Rennrad fahren, es geht auf der Schnellstraße oberhalb der recht steilen Küste vorbei an schönen Badeorten, die in der Ferienzeit überlaufen sind und dabei noch immer wirken wie aus einem Film von Fellini. Bella Italia eben, hier ein wenig in die Jahre gekommen und doch stilvoll.

Garantiert nicht verstaubt sind die Räder der Sportlerinnen und Sportler, die man hier auf den Straßen trifft. Entweder sind diese modisch bis ins Extremste gestylt – und haben ihr Rennrad einwandfrei geputzt. Oder sie sind, wie vor allem die Älteren, in etwas konservativer Teamkleidung ihrer zahlreichen Vereine unterwegs – und haben ihr Rennrad ebenfalls perfekt in Schuss.

Meer und Berge eng zusammen

Das Schöne am Rennradrevier Ligurien ist, dass sich neben den vielbefahrenen Hauptstraßen unten am Meer und in den Tälern immer auch reizvolle Nebenstraßen oder wenig befahrene Anstiege wählen lassen. In den Bergen lohnt es sich, auch einmal in die Dörfer abzubiegen. Viele Örtchen bieten noch mittelalterliche Bausubstanz und entspannten

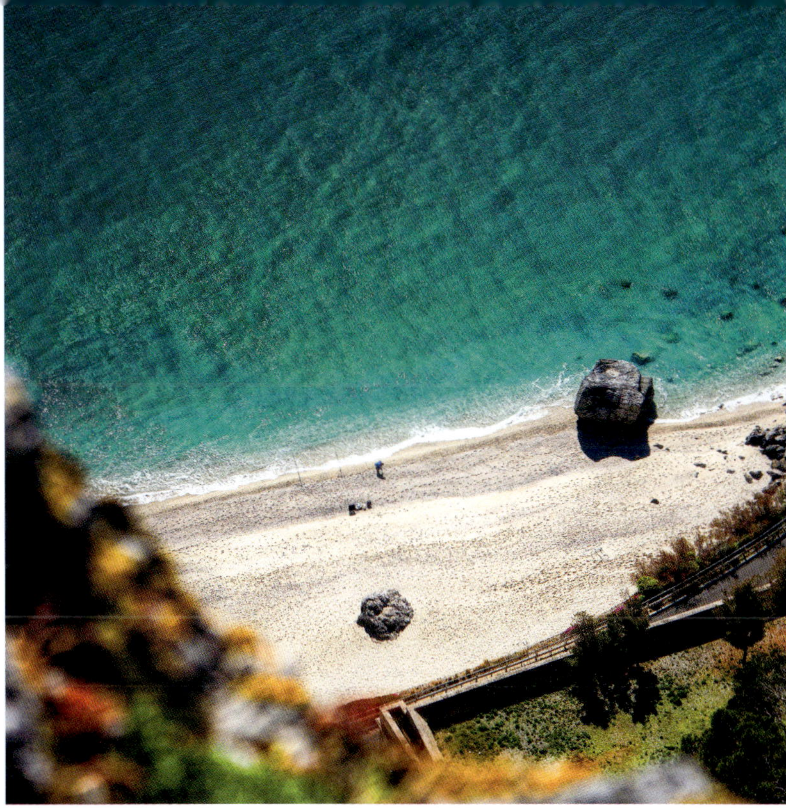

Hier führt auch der Radklassiker Mailand–Sanremo vorbei.

Charme. Der Espresso ist überall herausragend und günstig, den Wein aus der Region kann man auch auf einer Tour zumindest probieren – und das Essen ist formidabel. Oben in den Bergen sind die Leute nicht immer ganz leicht zu verstehen, das sei dazugesagt, der Unterschied zwischen touristisch erschlossenem Küstenstreifen und Hinterland ist schnell bemerkt. Auf und Ab ist garantiert – und mitunter spektakuläre Blicke in die Berge und aufs Meer. Atemberaubend ist die Abfahrt hinunter nach Alassio, nachdem man die Berg- und Tallandschaft von der Bauernmetropole Pieve di Teco über einen Bergrücken mit vielen Kurven abgefahren ist.

Wer Lust hat auf möglichst viele Höhenmeter am Stück, kann etwa von Albenga aus auf den Colle di Caprauna fahren – meistens fast ungestört von Autos. Es geht vom Meeresspiegel hinauf auf 1375 Meter. Einziger Haken: Sie sind dann nicht mehr in Ligurien. Aber Piemont ist ebenfalls eine Tagestour wert. Nicht nur aus Perspektive des Rennradenthusiasten.

Gut geplant

93

Eine passende Route finden

Rennradfahrer haben andere Bedürfnisse als E-Bike-Touristen oder Naherholungsuchende auf Trekking-Velos. Insofern sind die ausgeschilderten touristischen Radstrecken zwar zunächst einmal eine gute Orientierungsmarke, wenn man eine Ausfahrt ohne größere Ortskenntnis vorhat. Doch diese Strecken eignen sich mitunter nicht für zügiges Training: zu voll, zu verwinkelt, falscher Belag, plötzliche Wald- oder Schotterwege. Das passiert immer wieder, wenn man den weißen Wegweisern mit Radsymbol und Nummern folgt, die je nach Standort unterschiedlich gestaltet sind.

Karten auf Papier nur für Geduldige

Wer sich also im Training nicht immer wieder auf dieselben Strecken begeben oder am Urlaubsort eine spannende Route ohne eigene Erfahrung angehen möchte, hat dafür viele Möglichkeiten. Klassischerweise gibt es für touristische Regionen und die meisten Gebiete in Deutschland detaillierte Fahrradkarten. Die sind weiterhin eine gute Option für geduldige Planer und Menschen, die sich unterwegs Zeit nehmen.

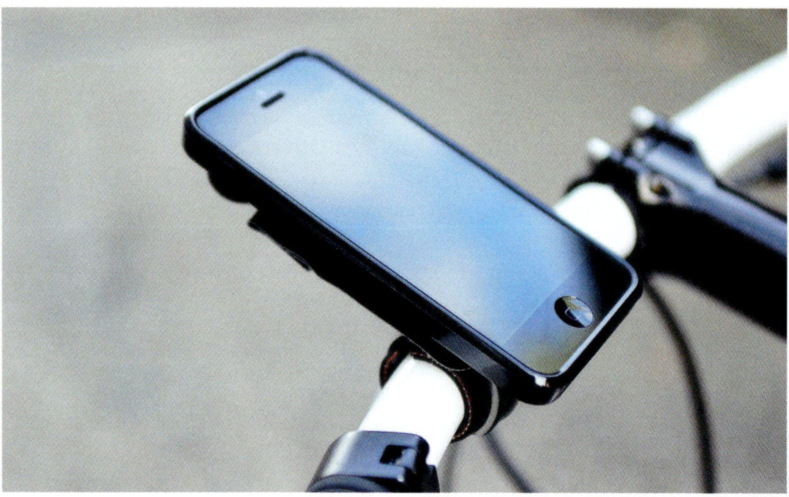

Auch ein Smartphone lässt sich als Radcomputer verwenden.

Dank digitaler Technik hat sich das Planen von Ausfahrten allerdings maßgeblich verändert. Fahrradcomputer verschiedener Hersteller – Garmin und Wahoo sind Vorreiter – dienen eben nicht nur dem Vermessen der körperlichen und technischen Werte der Fahrt, sondern sind auch als Navigationssysteme nutzbar. Mit ihnen behält man unterwegs den Überblick, wird wie in einem Auto von Kreuzung zu Kreuzung geleitet. Das funktioniert heute sogar ohne teures externes Gerät. Ein Smartphone bietet dank großer Rechnerleistung ähnliche Funktionalität. Es lässt sich auch genauso gut am Lenker befestigen wie ein Bike-Computer.

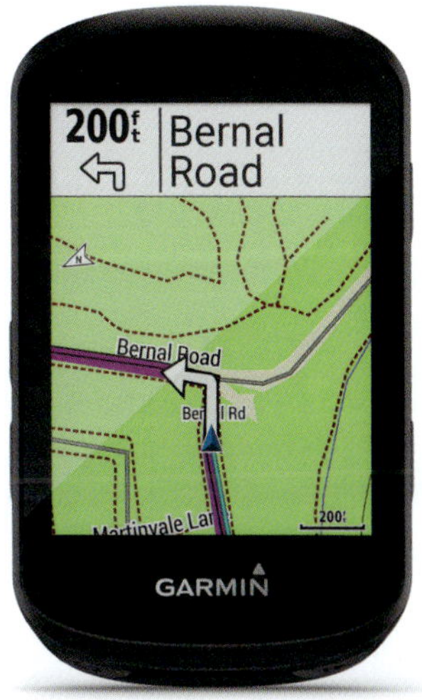

Garmins Edge kombiniert Leistungsmessung und Navigation.

Anbieter im Netz speziell für Radler

Inspiration für Strecken lassen sich im Netz finden. Eine sehr simple Methode ist es, Dienste wie Google Maps zu verwenden. Gerade mit der vom Computer-Browser aus nutzbaren Variante lassen sich hier auch komplexere Routenplanungen anlegen, bei denen die Höhenprofile der Touren schon recht realistisch vorauszusehen sind. Eine Stufe weiter auf die Bedürfnisse von Radsportlern zugeschnitten ist das Planungssystem des Internetdienstleisters Strava (siehe Kapitel 6). Hier lassen sich sehr detailliert fahrradfreundliche Routen anlegen. Diese Strecken können die Nutzer dann, ebenso wie bei Google und anderen Tools, als Datei auf ihr Navigationsgerät oder in eine App ziehen. Schon steht der geleiteten Runde nichts mehr im Weg.

Immer stärker durchgesetzt hat sich nicht nur bei Wanderern, sondern bei echten Sportlern Komoot. Das Unternehmen bietet ebenfalls einen Routenplaner sowie eine große Vielfalt an abrufbaren Strecken für alle Leistungsklassen. Die Planbarkeit der Routen gilt hier als besonders komfortabel.

Und noch eine Idee: Schauen Sie sich an, was erfahrene Rennradfahrer in der gewünschten Region machen. Dank Strava ist das gut nachvollziehbar und Sie können einschätzen, wie schwierig die Strecke sein dürfte. Wollen Sie diese Runde dann auch fahren, können Sie sie vom Computer aus als Navigationsdatei herunterladen.

Vollbeladen

Bikepacking als Abenteuer

94

Kaum einer wird es so weit treiben können wie der Extremsportler Jonas Deichmann, der auf dem Fahrrad auf eigene Faust quer über ganze Kontinente fährt und dabei einen Rekord nach dem nächsten erreicht. Aber immer mehr Radsportler träumen nicht nur von einer langen Radfahrt, bei der sie weit über ihre bekannten Grenzen hinausfahren und Neues entdecken. Es gibt eine lebhafte Szene von Veranstaltungen, aber auch Einzelreisen, bei denen Sportlerinnen und Sportler mit dem Rad über mehrere Tausend Kilometer fahren. Sei es vom Nordkap in Norwegen nach Tarifa in Südspanien, von Süddeutschland durch die Alpen bis nach Nizza oder beim Three-Peaks-Rennen von Wien nach Barcelona.

Ein Stück Freiheit

Das Schlüsselwort bei vielen dieser Reiseabenteuer heißt »Bikepacking«. Das englische Wort bedeutet so viel wie volle Beladen des Rades. Und wer sich die Routiniers auf der Route anschaut, kann auch staunen: Was die alles dabeihaben, verwundert schon. Insbesondere, wenn man

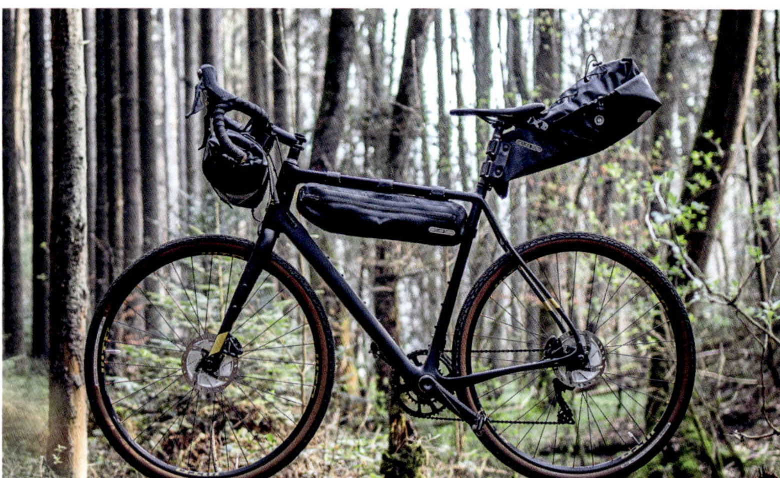

Viele Taschen am Rennradrahmen – das ermöglicht auch längere Reisen.

daran denkt, wie den Hobbyfahrer schon eine Regenjacke in der Trikottasche irritieren kann.

Bikepacking ist zugleich die Beschreibung für technische Lösungen und auch Begriff für eine neue Nische im Radsport, die oft in Verbindung mit Gravelbikes genannt wird (siehe Kapitel 52). Mit Bikepacking erleben Rennradfahrer ein Freiheitsgefühl, das sich Autofahrer im Wohnmobil erhoffen. Schicke neue Rennradläden bieten ein passendes Sortiment an, das die Abenteuerlust der Radreisenden noch beflügelt. Sie wollen auf eigene Faust so weit wie möglich kommen, das Fachwort heißt auf Englisch *self-support*, also Eigenunterstützung.

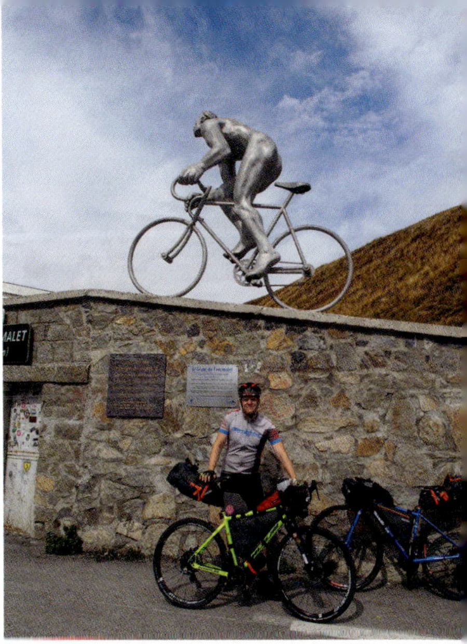

Bikepacking und Bergerlebnis gehen durchaus zusammen.

Überall Taschen

Man muss Packmeister sein für ein solches Abenteuer. Aber die Produktentwicklung macht den Radlern heute vieles leichter. Vorn unterm Lenker lässt sich in einer Rolle der Schlafsack verstauen, andere Taschen für die wichtigsten Dinge des Alltags wie Geld und Essen werden direkt daneben montiert. Auf die Taschen am Oberrohr kann man jederzeit während der Fahrt zugreifen. Sehr wichtig für die lange Strecke ist das große, dreieckige Gepäckstück, das an den drei Rohren befestigt wird und im Inneren des Rahmens mitfährt. Hier lagert während der Fahrt das eher schwere Gepäck, etwa ein Zelt. Hinten am Sattel findet man häufig lang gestreckte Taschen. Sie bieten weit mehr Platz als klassische Satteltaschen und sind damit als weiteres Lager für Kleidung und anderes Gepäck gut geeignet. Außerdem schützen sie vor Spritzwasser vom Hinterrad.

Beim Bikepacking muss man sehr gut planen, um das Maximale rauszuholen. Die unterschiedliche Geometrie der Fahrräder erklärt, dass sich je nach Rad verschieden viel verstauen lässt. Billig ist das Hobby auch nicht, denn die Taschen sind ja ausgeklügelte Produkte mit sehr leichten Textilien, großer Beständigkeit gegen Regen und anderes Wetter und mit Zugsystemen, die sie in einer kompakten Form halten.

Typenkunde

95 Welche Fahrerprofile es gibt

Große Rundfahrten können nur ganz wenige Radsportler gewinnen, obwohl es sehr viele enorm leistungsstarke Sportler gibt. Manche Beobachter wundern sich auch darüber, warum bei der Tour de France ein Fahrer das Trikot des Gesamtführenden trägt, obwohl in der Woche davor doch viermal ein anderer Athlet im Sprint die Tagesetappen gewann – und dieser Fahrer keine einzige. Mit ein bisschen genauerer Beobachtung und Kombinationsgabe hat man schnell geschlossen, dass im Radsport eine Aufgabenteilung am

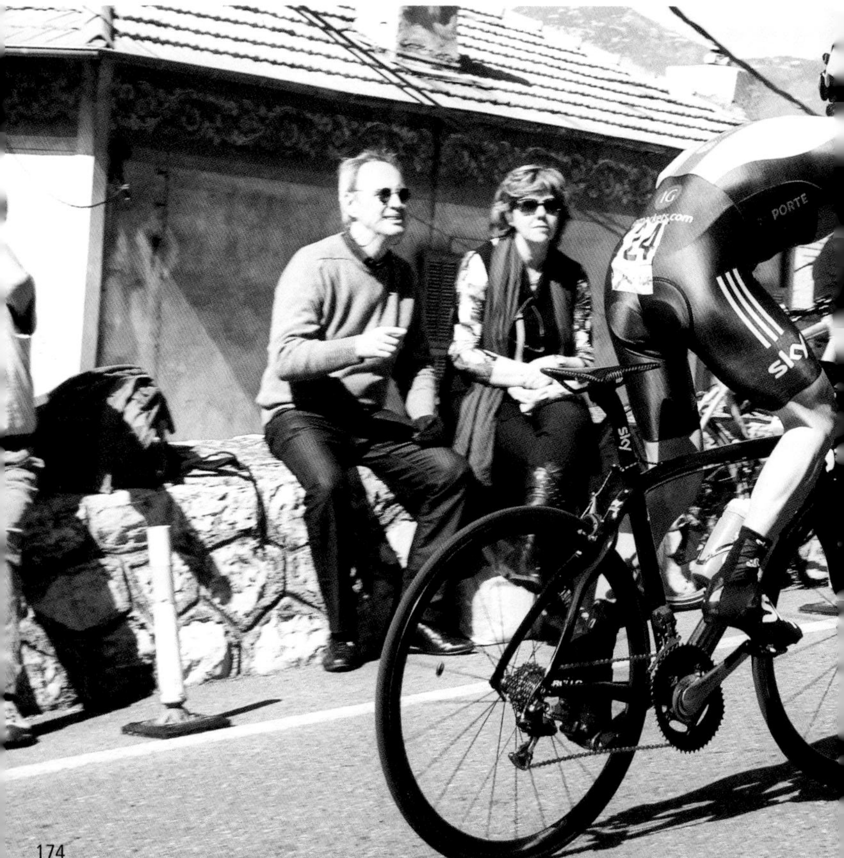

Werk ist. Nicht alle Radler sind gleich begabt, nicht alle haben ähnliche Körperprofile – also sind sie auch alle für unterschiedliche Aufgaben geeignet. Daher hier ein paar klassische Fahrertypen:

Die Bergziege

Bergziegen sind Fahrerinnen und Fahrer, die aus sehr wenig Körpermasse proportional sehr hohe Leistungen gewinnen können. Diese Sportler sind nicht nur drahtig, sondern gerade in Wettkampfphasen oft optisch kaum von Magersüchtigen zu unterscheiden. Ihre spezifische Stärke haben diese Sportler in der Fähigkeit, über lange Zeit einen gewünschten Leistungswert zu halten, ohne dabei zu viel Laktat anzuhäufen, also zu

Ein klassischer Bergfahrer bringt viel Kraft und wenig Masse mit aufs Rad.

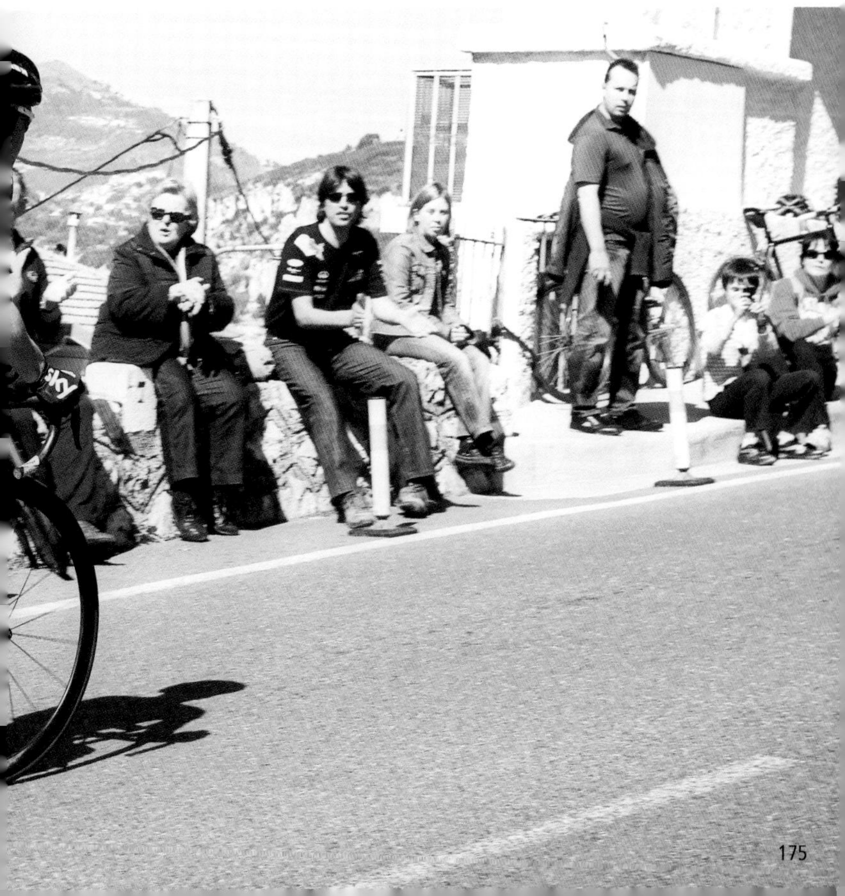

übersäuern. Hier ist das geringe Körpergewicht von Vorteil, da nicht mehr Leistung erbracht werden muss, um zusätzliches Gewicht zu transportieren. Bergfahrer liefern allerdings nicht die absolut höchsten Wattwerte – in der Ebene sind sie oft froh, wenn sie in einem zügigen Grüppchen mithalten können.

Der Rouleur

Es gibt einen Fahrertyp, der in jedem Terrain halbwegs passabel durchkommt, der aber weder in den Bergen noch bei einer Sprintentscheidung am Zielstrich die Nase vorn hat. Rouleure heißen so, weil sie sehr gut rollen können – tempohart. Diese Allrounder sind für Radsportmannschaften sehr wichtig, weil sie dauerhaft auf hohem Niveau unterstützend für ihre jeweiligen Kapitäne mitfahren. Gut sind sie zudem im Zeitfahren, oft auch wegen ihrer starken Aerodynamik. Siegchancen haben sie allerdings eher selten. Dafür muss einiges zusammenpassen. Beispielsweise eine Flucht weniger Fahrer dieses Typs, bei der kein endschneller Athlet im Windschatten mitzieht.

Der Puncheur

Sie sind die Helden fürs Mittelgebirge oder für harte Eintagesrennen. Puncheure nennt man Athletinnen, die einen punch haben, die also zuschlagen können, so die englische Wortbedeutung. Puncheure verfügen über mehr Masse als Bergziegen, bringen aber absolut auch mehr Power in

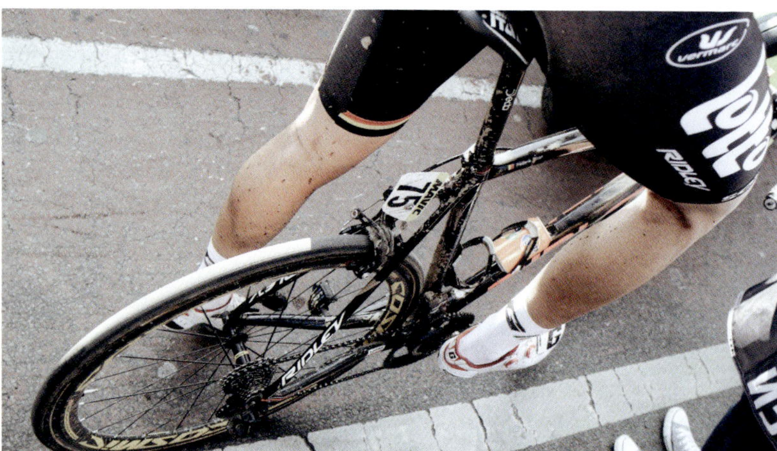

Ein Rouleur kommt mit mehr Masse – hier die Beine des Belgiers Fredrik Frison.

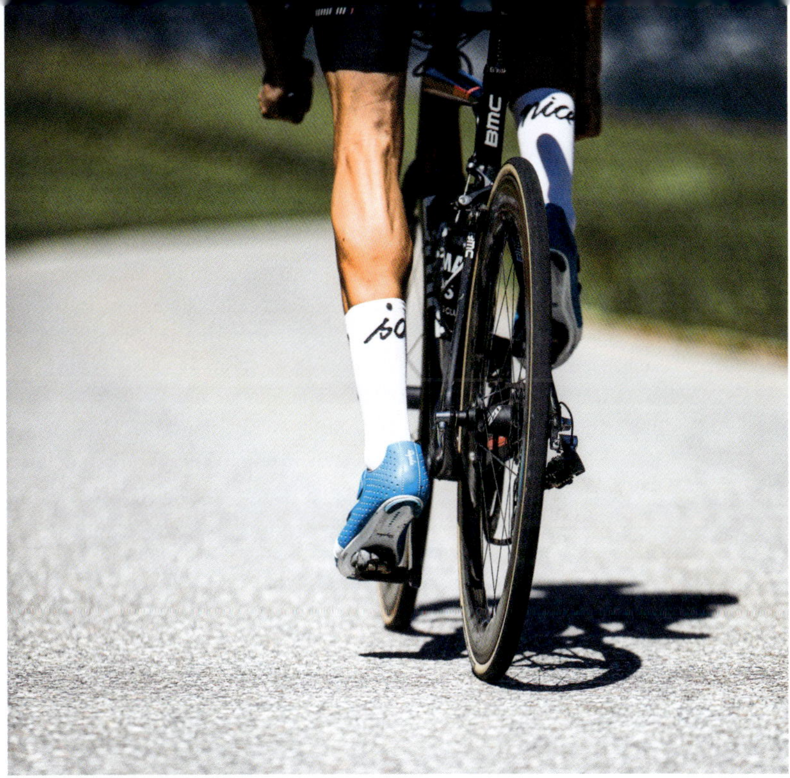

Schmal und lang – so geht es für Bergziegen einfacher hinauf.

die Pedale. Das gilt allerdings nur für kurze, sehr knackige Anstiege wie bei den Frühjahrsklassikern in den Ardennen. Dort setzen sie wiederholt mit erheblichen Wattleistungen Akzente. Puncheure erholen sich schnell und können erneut attackieren. An langen Bergen jedoch sind sie chancenlos.

Die Sprinterin

Sie ist den ganzen Tag nicht zu sehen, nur um dann auf den letzten Kilometern von ihren Teamkameradinnen in die beste Position für ihren großen Auftritt gebracht zu werden. Sprinterinnen sind die explosivsten Fahrertypen – weil sie in der Lage sind, aus ihren großen Muskeln für sehr kurze Zeit die absolut größte Power zu liefern. Üblicherweise sind diese Typen im Feld verhältnismäßig groß und schwerer als der Wettbewerb. Das macht das Geschäft für sie nicht leicht, denn gerade bei längeren Rundfahrten müssen sie ja auch die Berge bestehen. Und dafür sind sie nicht gemacht.

Großer See

Das schwedische Volksfest Vätternrundan

96

Mit mehr als 20 000 Teilnehmern (2019) ist die Vätternrundan das größte Rennen für Jedermann auf der Welt. Für Radsportenthusiasten in Skandinavien gehört sie zu den Fixpunkten des Jahres, und auch Touristen lockt sie aus gutem Grund an. Diese Rundfahrt hat sich den Flair eines schwedischen Familienfests bewahrt, obwohl sie heute eine Massenveranstaltung ist. Der Reiz der Köttbullar mit Püree an der Verpflegung hat die Jahrzehnte überstanden und immer mehr Athletinnen und Athleten angezogen: 1966 fuhren nur 300 Teilnehmer um den zweitgrößten See des Königreichs, seither wurden es immer mehr.

Die Vätternrundan bietet eine gute Gelegenheit für einen Leistungstest auf der langen Strecke. Wer am Vättern bestehen möchte, muss 297 Kilometer hinter sich bringen. Die Vätternrundan ist, anders als etwa das sehr erfolgreiche 312-Kilometer-Rennen auf Mallorca, mehr oder weniger flach. Wobei auf der langen Runde etwa 2000 Höhenmeter allein dadurch zusammenkommen, dass es immer wieder hinab geht an das Ufer des wunderschönen Sees und auf die Straßen etwas weiter den Hang hinauf.

Zeit bis Mitternacht

Das Rennen beginnt und endet in Motala, einer beschaulichen Stadt, die sich Mitte Juni für die Besucher herausputzt und dem Andrang kaum gewachsen ist. Bei dieser Massenveranstaltung können nicht alle Fahrer hintereinander starten. Vielmehr beginnt die Blockabfertigung der eingeteilten Teilnehmerinnen um 19.30 Uhr am ersten Veranstaltungstag. Da ist es um diese Jahreszeit in Schweden noch sehr lange hell, sodass die Abendstarter irgendwann den Sonnenuntergang vom Rad aus miterleben – und sie nur gute fünf Stunden später wieder aufgehen sehen. Die letzten Starter verlassen Motala um 6.30 Uhr am folgenden Morgen und haben dann Zeit bis Mitternacht.

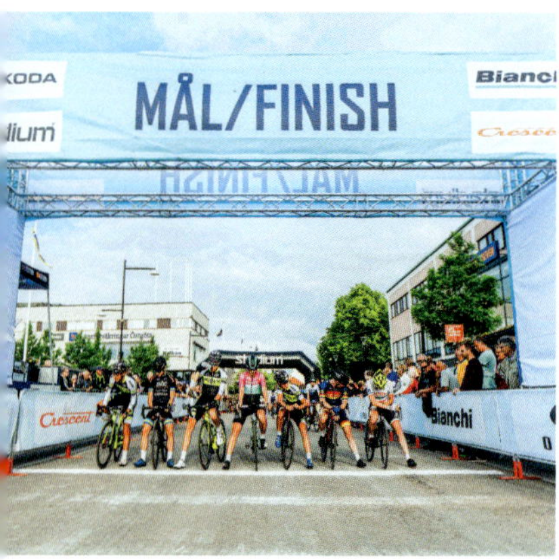

Das Ziel einer 300-Kilometer-Runde

97

Das Murmeltier

Die Panoramafahrt La Marmotte

Es erstaunt jedes Jahr, wie viele Skandinavier man nicht nur bei der Vätternrundan (siehe vorheriges Kapitel) antrifft, sondern auch in den hohen Alpen bei einem der prestigeträchtigsten Marathons der Radsportszene. La Marmotte heißt dieses Rennen, genauer La Marmotte Alpes, denn es gibt auch eine Ausgabe in den Pyrenäen. Aber vor allem die Veranstaltung in den französischen Alpen hat Kultcharakter. La Marmotte, das Murmeltier, ist etwas für Kletterkünstler.

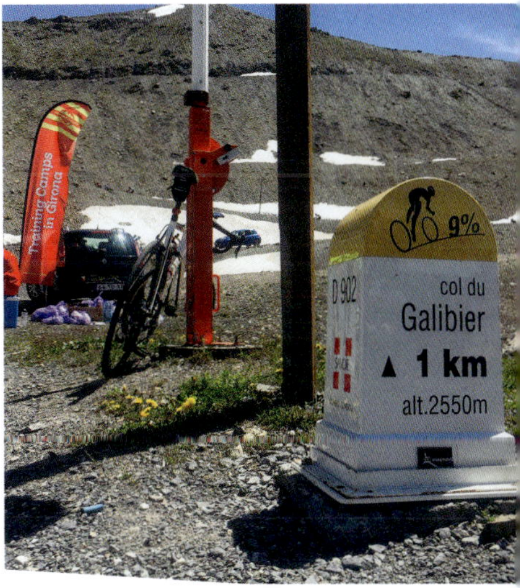

Kurz vor dem Höhepunkt der Marmotte

Und daher ist es eben umso erstaunlicher, dass Abertausende Teilnehmer nicht nur aus dem alpinen Umland starten, sondern vor allem aus Dänemark, Norwegen, Schweden, zudem auch aus Belgien und den Niederlanden. Das Höhenprofil lässt selbst geübte Bergfahrer schwitzen. Es geht von Bourg-d'Oisans zunächst über den Tour-de-France-Stammpass Glandon, dann hinab ins nächste Tal, hinauf über den Télégraphe und auf den Riesen Col du Galibier, dann in einer rasenden Abfahrt wieder bis zum Startort. Doch dort ist nicht Schluss: Nach gut 160 Kilometern im Sattel beginnt der Schlussanstieg – der berühmt-berüchtigte Weg hinauf nach Alpe d'Huez.

Seit 1982 beliebt

La Marmotte gibt es seit 1982, viele Teilnehmer kommen Jahr für Jahr wieder – obwohl sich an der Strecke nichts ändert. Die Hotels in der Region sind Monate im Voraus ausgebucht, in Bourg-d'Oisans tummeln sich noch mehr Radsportler als ohnehin im Sommer. Trotz harter Konkurrenz im Terminkalender ist am Status der Marmotte als Alpen-Abenteuer nicht zu rütteln.

Ganz unten

Bei Füßen und Schuhwerk braucht es Köpfchen

98

Zwar ist Rennradfahren kein Laufsport oder Wandern, doch die Rolle der Füße sollten wir deshalb niemals unterschätzen. »Leider spielen aber ganz oft nur die Optik und der Preis die entscheidende Rolle«, sagt Sebastian Klaus, der als Experte für Biomechanik beim Kölner Anbieter Komsport überregional anerkannt ist. Man dürfe niemals außer Acht lassen, dass die Kraft aus dem gesamten Körper über die Füße auf die Pedale geleitet wird. Genauer: Oben in der Hüfte leitet der Körper die Kraft übers Knie ins Sprunggelenk, von dort ins Längsgewölbe des Fußes und schließlich in dessen Quergewölbe. Es lohnt sich, diesen Teil mal in die Hand zu nehmen und die Statik zu verstehen. Bei der Schuhauswahl umso mehr, weil die Schuhe in Länge und Breite gut zum eigenen Untersatz passen sollten. »Man muss klar sagen: Komfortable Schuhe sind auch die Schuhe, in denen wir die beste Leistung erbringen«, sagt Klaus.

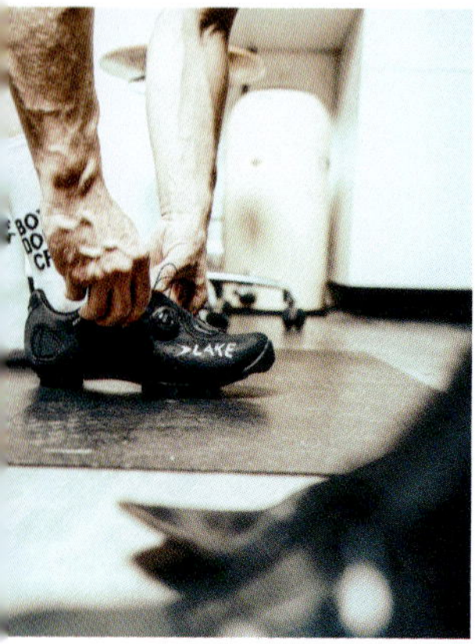

Das Schuhwerk ist wichtiger Verbindungspunkt.

Ein paar Variablen kann jeder selbst leicht kontrollieren: Vorne vor den Zehen darf – wie übrigens auch beim Laufschuh – keine große Lücke zum Schuh klaffen. Zwei bis drei Millimeter, mehr Luft soll nicht sein. Sodann sollten die Schuhe angemessen breit sein. Verschiedene Hersteller gelten als unterschiedlich breit in ihren Grundtypen. Mavic etwa wird grundsätzlich eher Schmalfüßen gefallen, während Giro den mittleren Breiten eher passt, Lake dagegen für breite Füße eher geeignet ist. Allerdings haben die Hersteller oft auch Extrabreiten im Angebot. Wichtig ist auch: Ist die Sohle breit genug, um den Fuß wirklich aufzunehmen? Idealerweise nimmt man also ein Abbild vom Fuß und vergleicht es mit der festen Sohle.

Die Pedalplatten justieren

Passen die Schuhe, dann kann immer noch eine Menge schieflaufen. Denn die Cleats, also die Platten unter dem Schuh, müssen bestmöglich passend zur Anatomie der Fahrerin an der Sohle befestigt werden. »Da jeder Mensch hier andere Rotationen im Körper hat, lässt sich das nie über einen Kamm scheren«, erklärt Klaus. Eine Grundaussage: Die Achse der Pedalplatte sollte für die bestmögliche Kraftübertragung etwa fünf Millimeter hinter dem Großzehengrundgelenk platziert werden. Inwiefern man dann noch eine Neigung nach links oder rechts schafft, hängt wiederum davon ab, wie der Athlet das Fahrgefühl erlebt. Zwickt es an der Innenseite, sollten die Fersen auch nach innen gedreht werden – und umgekehrt, falls die Außenseite zwickt.

Mit Einlagen die Statik anpassen

Ein wichtiger Faktor auch im Profisport ist der Inhalt der Schuhe: Einlagen können nicht nur für Menschen mit ärztlich dokumentierten orthopädischen Leiden die eigene Statik ändern. Sebastian Klaus ist hier einer der führenden Anbieter von Einlagen, die die Stellung des Fußes anpassen. Dadurch lässt sich die gesamte Körperhaltung beeinflussen. Das beugt im Stehen Rückenbeschwerden vor, beim Rennradfahren kann es ebenfalls Leiden mindern und auch neue Kräfte mobilisieren helfen. Die Einlagen gibt es aus Carbon, Glasfaser und Kunststoff. Es gibt Stangenware, mit denen sich schon Vorteile erzielen lassen – oder maßgefertigte Stücke, die Schwachstellen des Körpers auszugleichen helfen.

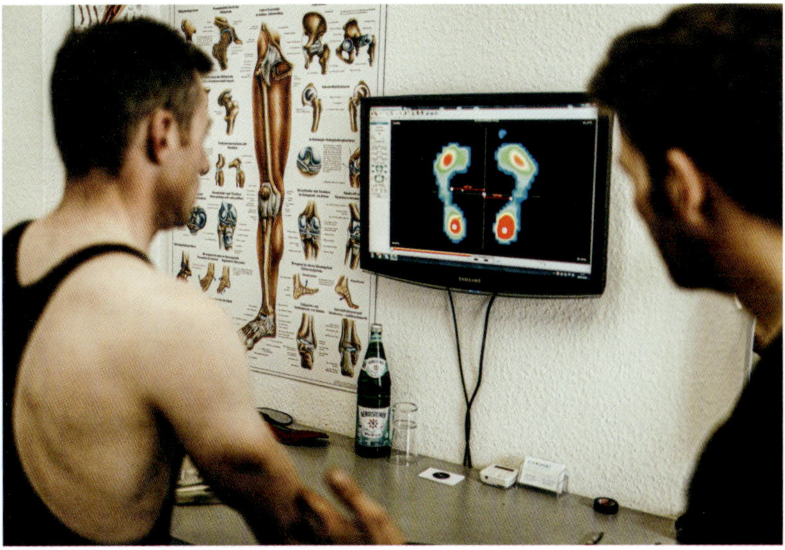

Auswertung der Belastung auf der Fußsohle

Fanatisch

99

Die Helden der Landstraße stehen am Rand

Beeindruckend, wie viele es sind. Und es werden immer mehr. Je weiter sich das Auto die Serpentinen hinaufzieht über die neblige Straße, desto mehr Menschen stehen am Rand, lehnen an den Felsblöcken, haben es sich neben ihren Rennrädern bequem gemacht. Es ist der 27. Mai, unten im Tal war es noch sommerlich, hier oben, auf fast 2700 Metern Höhe, sieht es aus wie im tiefen Winter, nur die Straße ist eben frei. Doch was heißt das schon, sie ist voll mit Menschen, die darauf warten, dass hier gleich irgendwann die Profis hinaufjagen auf dem Weg zur Entscheidung des Giro d'Italia.

Nachvollziehen, was die Profis leisten

Wer sich das Treiben am Colle dell'Agnello an jenem Tag anschaut, oder das Treiben am nächsten Anstieg, oder das Treiben an den Tagen danach, kann nur zu einem Schluss kommen: Mögen die Fahrer zwar so bezeichnet werden – die eigentlichen Helden der Landstraße sind die Fans, die sich stundenlang mit dem Rad hinaufschwingen, nur um oben auf die Besten

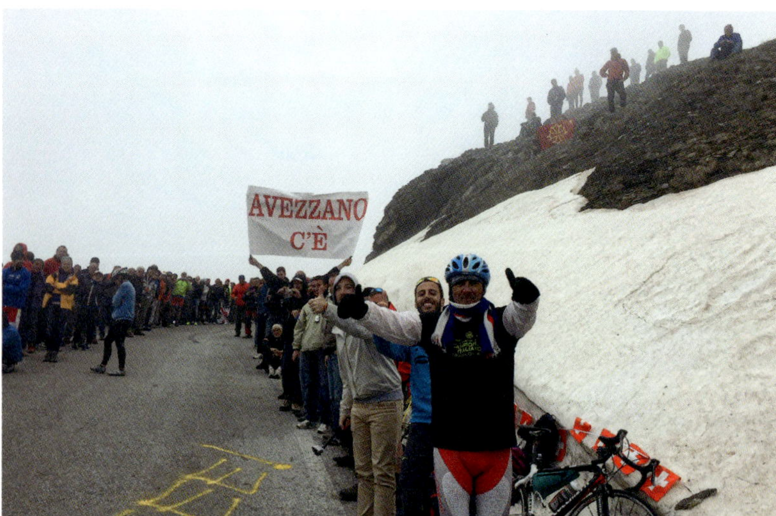

Auf dem Weg zum höchsten Pass beim Giro d'Italia ist man nicht allein.

ihres Lieblingssports zu warten, sie anzufeuern, anzuschieben, aufzumuntern. Diese Fans können nachvollziehen, was die Profisportler durchleiden.

Wer als Rennradfan zu einem Profirennen geht und den falschen Fokus aufs Geschehen legt, könnte leicht enttäuscht zurück nach Hause gehen. Der Blick auf die Athleten ist kurz. Wen man genau gesehen haben mag, erkennen gerade auf flachen Etappen nur echte Experten. Was genau im Rennen davor und danach geschieht: Man weiß es nicht.

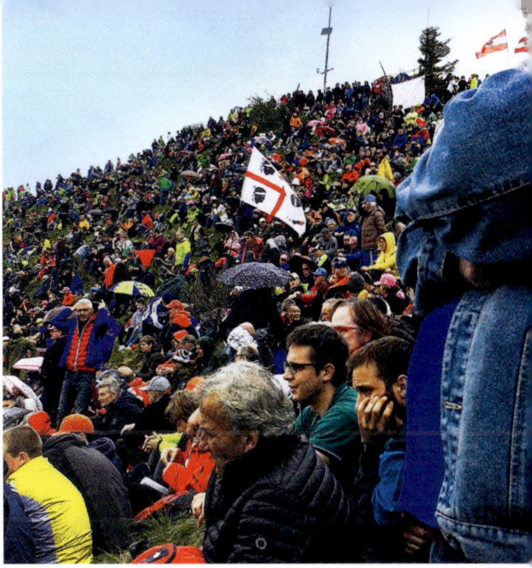

Am Monte Zoncolan wird aus dem Hang ein Theater.

Aber darum geht es hier gar nicht. Stellt man sein Bewusstsein nochmal scharf, dann sind die Fans des Radsports, jene an der Strecke, die ehrlichsten Vertreter einer bewundernswerten Leistungsgesellschaft. Sie feuern an (okay, manchmal sind sie auch wirklich fies, aber da muss vorher schon einiges zusammengekommen sein), sie erkennen an, was die Frauen und Männer auf ihren Rädern da abziehen.

Besuch als Happening

Für jemanden, der den Rennradsport mag, der ihn vielleicht sogar liebt, ist deshalb der Besuch an der Strecke ein Happening. Auf dem Weg nach Alpe d'Huez stehen die Abertausenden und verwandeln den Berg in ein Inferno. Auf dem matschigen Untergrund von Valkenburg stoßen sie mit Bier an und schreien für die tollkühnen Crosser. Auf dem Weg zur Muur van Geraardsbergen in Flandern machen sie aus einem verwinkelten Stück Kopfsteinpflaster einen Stadion-Steilrang. Aus dem Monte Zoncolan, einem Berg in den Karnischen Alpen Italiens, wird ein riesiges Amphitheater, in dem man sich stundenlang kaum noch bewegen kann, wenn man eine gute Sicht haben möchte.

Das ist die Euphorie eines flüchtigen Sports, dem man so nahe kommen kann, ohne dafür etwas zu bezahlen. Es ist auch diese Euphorie, die uns Hobbyfahrer auf unseren Trainingsrunden immer wieder in den Sinn kommt. Den Jubel, das Spektakel, sehen wir vor unserem inneren Auge – erst recht, wenn wir uns an den großen Stellen des Radsports einmal selbst ausprobieren.

Le Jargon

100

Ein paar wichtige Begriffe fürs Hobby

Warum die Überschrift auf Französisch? Weil Französisch die Sprache des Radsports ist. Klar, man hätte oben Glossar schreiben können. Aber der Autor wollte natürlich neugierig machen. Man kann als vollkommener Ignorant durch die Radsportwelt kommen, aber schön ist das nicht. Daher hier ein paar wichtige Begriffe, die immer mal wieder fallen – oder in eine Konversation eingestreut werden können:

Peloton

Das Peloton ist die geschlossene Gruppe von Radfahrern, der Hauptkörper eines Rennens. Auch eine große Gruppe von Hobbyfahrern kann man als Peloton bezeichnen. Klingt einfach gut.

Bidon

Hast du noch Wasser in der Flasche? Oder: Ist noch was in deinem Bidon? Was klingt schöner? Klar – aber bitte auf den korrekten Nasallaut am Wortende achten.

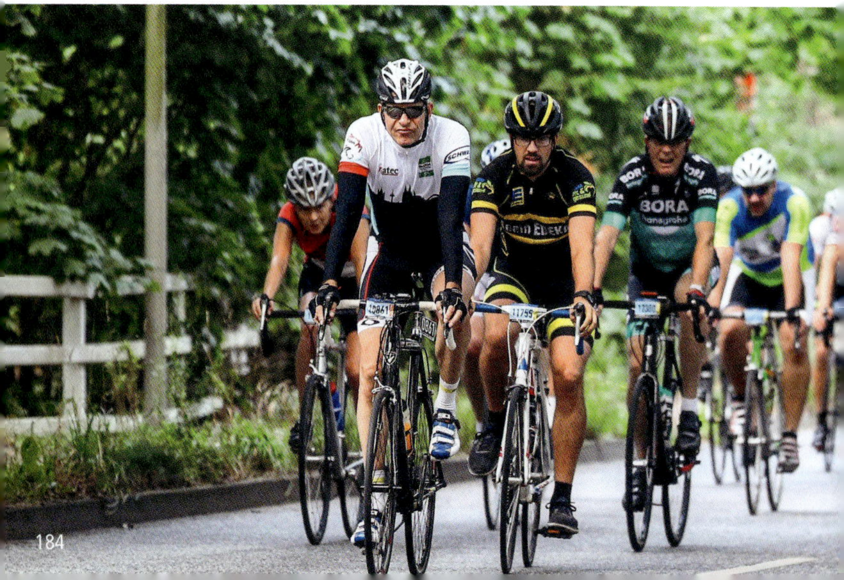

Kette rechts

Jetzt wird Druck gemacht. Wenn die Kette ganz rechts liegt, ist man schnell – denn sie liegt vorne und hinten auf den, Achtung: dicksten Gängen. Geht auch als aufmunternder Gruß: Kette rechts!

Chamois

Hier wird aus einem eingenähten Synthetik-Polster ein gegerbtes Leder. Das klingt viel besser. Der Begriff kommt natürlich aus dem Französischen und zeigt an, dass Radfahrer früher auf gegerbtem Leder von Gämsen, Ziegen und ähnlichen Tieren Komfort suchten.

Gute Beine haben

Egal wie unwissenschaftlich: Ich hatte gute Beine. Das Gefühl war gut. Die Form fühlte sich also gut an. Ob das Ergebnis dann stimmt, ist eine andere Sache.

Gut aussehen

Es ist klar, dass sich dieser Begriff nicht auf die Kleidung bezieht oder die gepflegte Haut. Vielmehr ist es der Gesamteindruck, den ein kompetenter Beobachter von seinen Mitathleten gewinnt und der, bei positiver Bewertung, so einfach ausgedrückt wird.

Bei den Cyclassics kommt Speed zum Hobby.

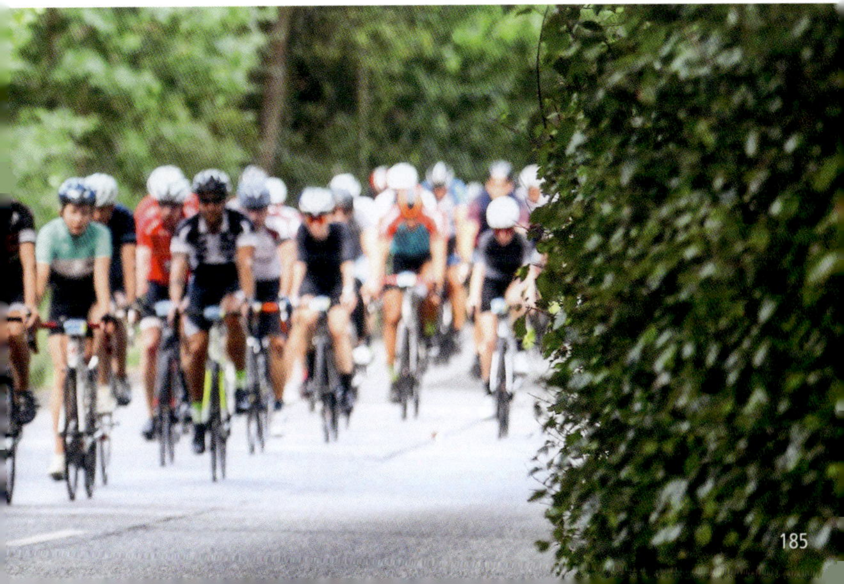

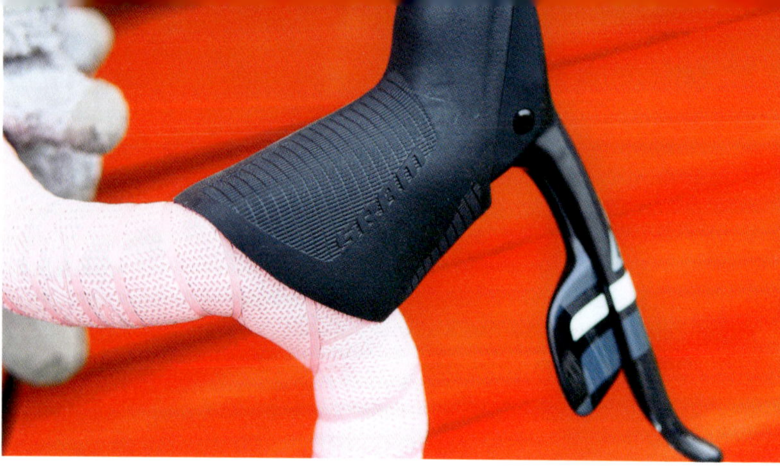

Da dran zieht man, wenn man nochmal Gas gibt.

Tapete lassen

Wer die Tapete lässt, muss sich auf einige Zeit der Schmerzen einstellen. Bei vielen Stürzen gehören Schürfwunden dazu. Dann ist die Haut, die Tapete eben, ab.

Den Stehgeiger spielen

Geht es bergauf und ist der Flachlandheld plötzlich zu schwer und der Berg zu steil, dann kommt dieses Sprachbild zum Vorschein: Der Stehgeiger fidelt auf der Stelle, während die Bergziegen aus dem Blick huschen.

Col

Der Schlüsselbegriff für alle, die nach oben wollen. Der Col ist nicht etwa der Gipfel eines Bergs oder der Name des Gesteinshaufens, sondern der französische Begriff für den Pass. Auch hier gibt es schöne Synonyme: Joch, Bergsattel, Klause.

Lutschen

Eine oder einer, der nur hinterherfährt, ohne selbst für die Gruppendynamik körperliche Beiträge zu leisten, lutscht am Hinterrad.

Das Hinterrad verlieren

Das kann passieren, wenn man aus Versehen vergisst, den Schnellspanner an der Hinterachse zu montieren. Ansonsten aber ist es eher der Vorgang, der einem Stärkeunterschied folgt. Wer sich schwertut, kommt irgendwann nicht mehr mit und verliert Kontakt zu den Vorderleuten.

Ein Loch zufahren

Stolz kann man sein, wenn man das Hinterrad zwar verloren hat, dann aber wieder reagieren konnte. Wer es schafft, die Lücke zur vorderen Gruppe zu schließen, hat das Loch zugefahren.

Chasse-patate

Dieses wunderschöne französische Wort ist dann geboten, wenn man beim Versuch der Aufholjagd zwischen den Gruppen allein hängenbleibt. Manchmal ist es erstaunlich, wie schwierig es ist, auf Vorderleute aufzuschließen. Die Kartoffel-Jagd, so der französische Begriff, bezeichnet eine völlig sinnlose Kraftverschwendung ohne taktischen Wert.

Am Horn ziehen

Jetzt reißt man sich nochmal zusammen. Wer am Horn zieht, greift vorne an den Bremshebeln den Rennlenker, baut maximale Spannung auf und drückt in die Pedale. Jetzt geht es nochmal um alles.

DNF

Hat's nicht gepackt, kam nicht ins Ziel: *did not finish*.

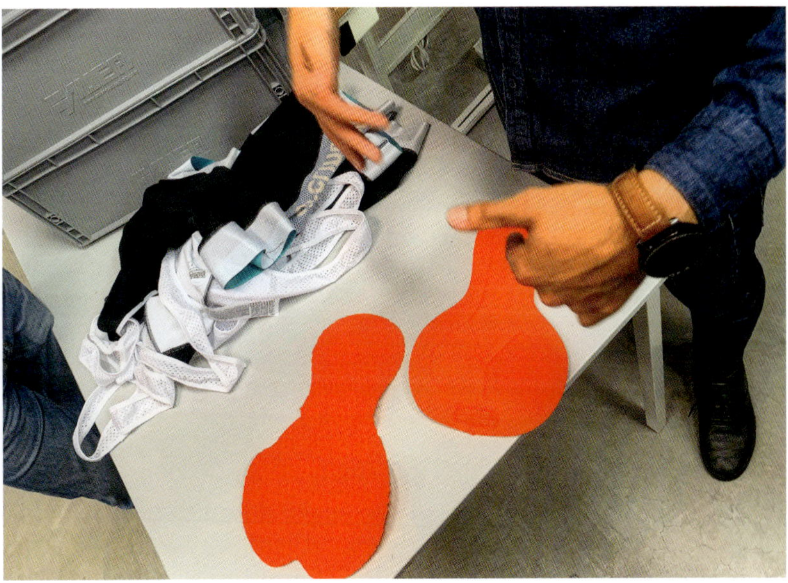

Man könnte dieses Stück Polster nennen – oder eben Chamois.

Saubermachen

101 Nach der Runde: putzen

Jetzt, ganz am Ende dieses Büchleins, geht es um die eine Sache, die man oft vergisst, für die man vielleicht zu faul ist oder die in einer Mietwohnung manchmal einfach unbequem ist: das Putzen. »Du kannst doch nicht mit einem ungeputzten Rad zu einem Rennen kommen«, sagte der Fotograf Philipp Hympendahl, routinierter Rennfahrer, Langstrecken-Veteran, Rennrad-Ästhet der alten Schule und Freund, als der Autor ebendies gewagt hatte. Auch dem Nachbarn, Trainings-Experten, mehrfachen Marmotte-Bezwinger und ebenfalls Freund Orhan Akkus sind die Räder des Autors schon häufiger negativ aufgefallen. Mit einer schwarzen Kette und Matschspritzern am Rahmen verdirbt man sich natürlich erste Eindrücke und den Ruf.

Herausputzen bei jedem Anlass

Es ist so einfach: Der Code des Radsports besagt, dass die Athletin oder der Athlet sich nicht nur für das seit Monaten angepeilte Rennen, sondern auch für jede RTF und auch für jede Trainingsrunde herausputzt. Klar, der eigene Kleidungsstil ist dabei wichtig. Aber das Essenzielle ist: das Fahrrad.

Was also tun? Ab in den Keller, ab nach draußen, mit Lappen, Mikrofasertüchern, Spülmittel oder Spezialreiniger, Wasser und Kettenbürste bewaffnet an das Rad und hinfort mit dem Schmutz.

Im Idealfall haben Sie fließendes Wasser. Dann können Sie direkt nach der Trainingsfahrt das Rad damit abspülen, danach einseifen, das Mittel einwirken lassen und dann abspülen und auch ausgiebig trocknen – das gilt für das ganze Rad. Wer will schon Wasserflecken haben – oder gar Korrosion (je nach Stelle und Material)? Achtung: Man vergisst häufig die Felgen oder Speichen, wenn man zu sehr auf den Rahmen achtet. Übrigens: Bloß nicht mit Hochdruck-Wasser auf die Räder halten, sagen alle Experten, denn in den Lagern könnte der entstehende Dampf für Schäden sorgen.

Zeit und Akribie sind gefordert

Dann sind Kette und gesamter Antrieb dran: Dieser Arbeitsgang braucht Zeit. Zwischen den Ritzeln am Hinterrad hängt oft eine Menge Dreck, den man mit einer Bürste, einem Streichholz oder speziellen Werkzeugen herausbekommt. Gleich in der Nähe sind die Röllchen, die zum hinteren Schaltwerk gehören. Da sammelt sich sehr viel klebrig schwarze Masse, wie auch an der Kette: Öl, Schmutz, Straßenabrieb, Erde. Auch die Kettenblätter sind Teil des Putzprogramms. Und dann die Kette selbst, immer und immer wieder ziehen Sie sie durch die Lappen, bis sie glänzt, als wäre sie neu. Danach natürlich schmieren – das ist auch wichtig.

Sein Gefährt dergestalt in einen glanzvollen Zustand gebracht, gewinnt ein Rennradfahrer die Anerkennung seiner Artgenossen. Und die ist wichtig, wenn man diesen Sport so richtig ernstnimmt.

Andererseits: Bei einem schwierigen Marathon in Belgien traf der Autor an einem Frühjahrssamstagmorgen einen jungen Mann, der gut in Schuss war. Sein Rad sah aus, als wäre er damit gerade durch eine Matschgrube gefahren. Kann man so antreten? Er habe einfach keine Zeit gehabt, sagte der Mann. Man musste ihn für einen halten, der das Rennradfahren nicht ernst genug nimmt. Doch dann fuhr er los. Und wie er fuhr!

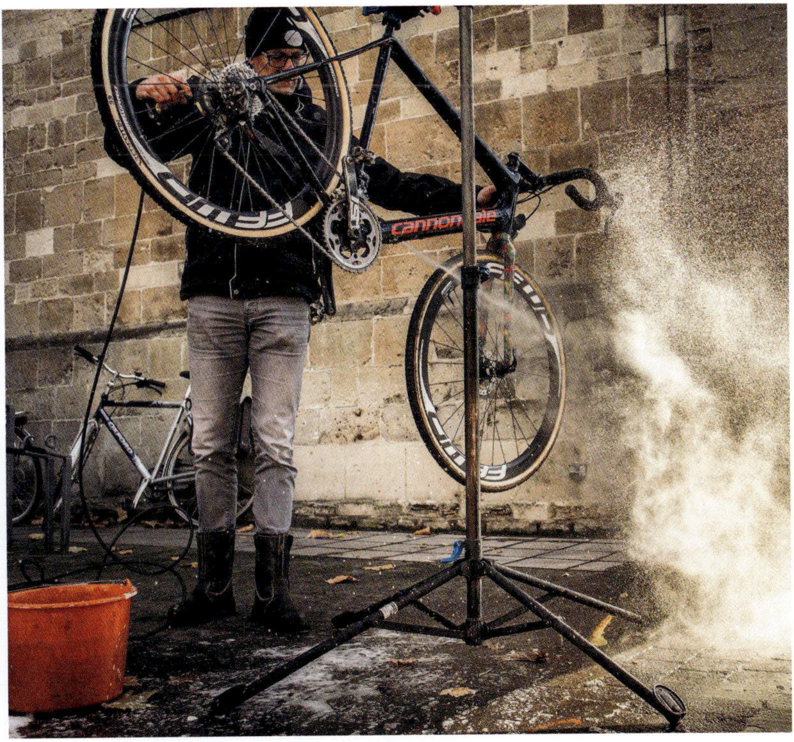

Soll man nicht machen, machen aber viele Profimechaniker: Reinigung mit Hochdruck

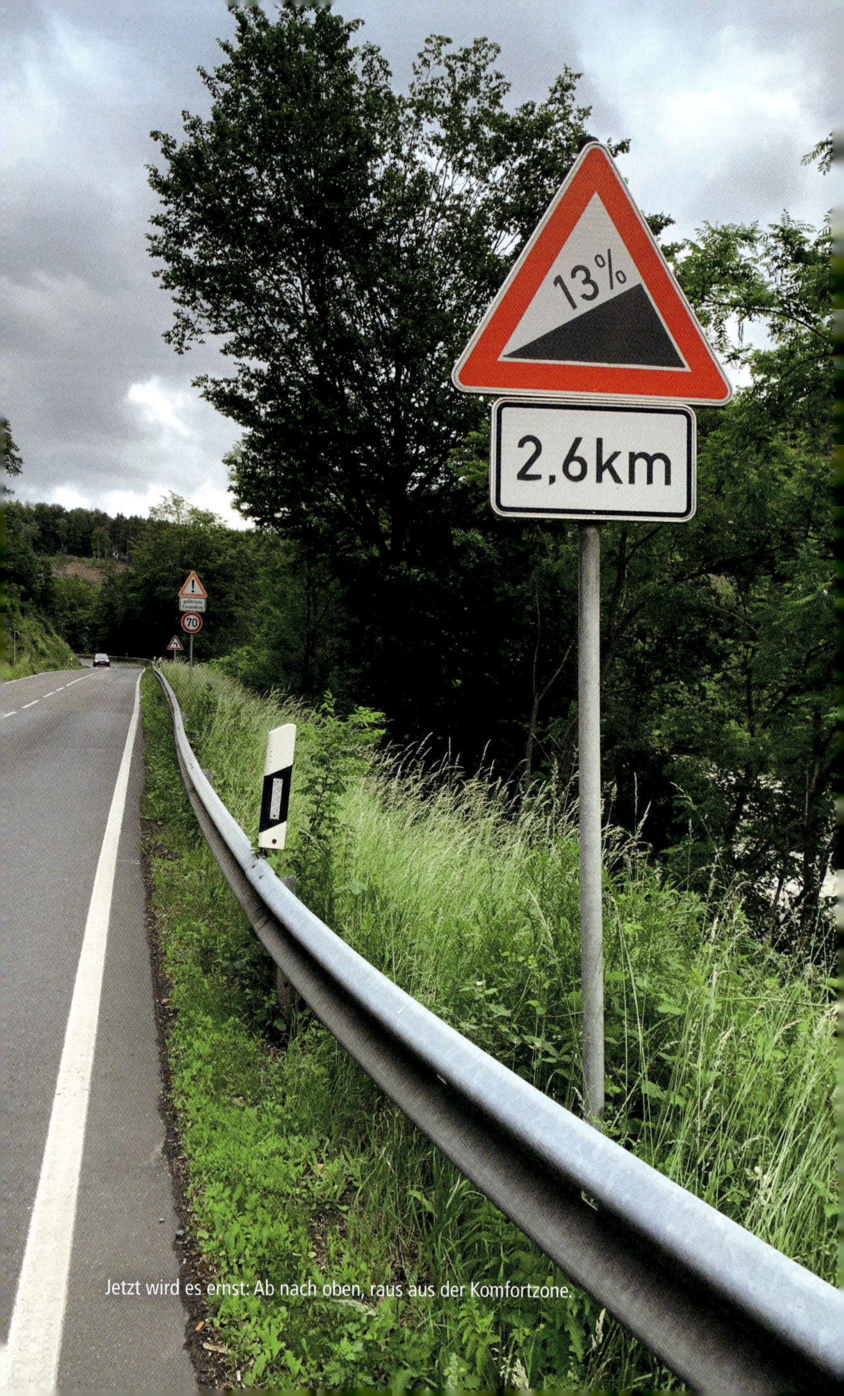

Jetzt wird es ernst: Ab nach oben, raus aus der Komfortzone.

Bildnachweis

2: Orhan Akkus; 5: Ridley; 6: Ridley; 8: Tim Farin; 9: Unsplash/Paolo Candelo; 10: Martin Paldan/GripGrap; 11: Cannondale/Pressedienst Fahrrad; 12: Library of Congress, Bain Collection; 13: Library of Congress, Bain Collection; 14: Unsplash/Markus Spiske; 15: Paul Lange & Co. OHG; 16: Philipp Hympendahl; 17: Unsplash/Markus Spiske; 19: Strava/ Emily Maye; 21: Powerbar; 22: Martin Paldan/GripGrap; 23: Tim Farin; 24: Wikimedia Commons/Jules Beau; 25: Pixabay/stokpic; 26: JR und Anita Vent; 27: JR und Anita Vent; 28/29: Unsplash/Yomex Owo; 30/31: Eric Salard; 32: Saris Group/Powertap/Pressedienst Fahrrad; 33: Tim Farin; 34: sportograf; 36: Paul FOULONNEAU 3SO L'agence; 38: Georg Wallner/Fargo Circle Studio/Tubolito; 39: Georg Wallner/Fargo Circle Studio/Tubolito; 40: Georg Wallner/Fargo Circle Studio/Tubolito; 41: Tim Farin; 42: Unsplash/Jens Herrndorff; 43: Pixabay/Ben_Kerckx; 44: Komsport/Nils Gaury; 47: SRM; 48: Cannondale/Pressedienst Fahrrad; 50: SKS Germany; 53: Unsplash/Simon Connellan; 54: Paul FOULONNEAU 3SO L'agence; 56: Unsplash/Simon Connellan; 57: GripGrap; 58: Unsplash/Simon Connellan; 59: Tim Farin; 60: Wahoo/David Emmite; 61: Wahoo/David Emmite; 62: Zwift; 63: Unsplash/Chuttersnap; 64: Tim Farin; 65: Martin Paldan/GripGrap; 66: Schwalbe; 67: Georg Wallner/Fargo Circle Studio/Tubolito; 68/69: Pixabay; 71: SRAM/Pressedienst Fahrrad; 72: Wikimedia/SLUB Dresden; 73: Martin Paldan/GripGrap; 74: Abus/ Pressedienst Fahrrad; 75: Abus/Pressedienst Fahrrad; 76: Unsplash/Jacek Dylag; 77: Unsplash/Simon Connellan; 78: Tim Farin; 81: Wikimedia/Wladyslaw/Lizenz:CC BY-SA 2.5; 82: NK Tegenwindfietsen; 83: Unsplash/Stage 7 Photography; 85: Ridley; 86: SRAM/Pressedienst Fahrrad; 87: Paul Lange & Co. OHG; 88: Ernst Lorenzi/Ötztal Tourismus; 89: Ernst Lorenzi/Ötztal Tourismus; 90: Ridley; 91: Ridley; 92: Club Audax Paris; 93: Daniel Koke; 94: RTI Sports GmbH; 95: Georg Wallner/Fargo Circle Studio/Tubolito; 96: Endura; 99: Martin Paldan/GripGrap; 100: STAPS; 102: Rudy Project/Matteo Zanga; 103: Unsplash/Hannes Glöckl; 104: Canyon/Dan Zoubek; 105: Canyon/Stefan Siman; 106: SKS Germany; 107 oben: Wikimedia/Glory Cycles/CC BY 2.0 unverändert; 107 unten: Unsplash/Markus Spiske; 108: sportograf; 109: sportograf; 110: Moritz Werner; 111: Moritz Werner; 113: Unsplash/brennmick; 115: Georg Wallner/Fargo Circle Studio/Tubolito; 116: Orhan Akkus; 117: Wikimedia/ludovic/CC BY-SA 2.0; 118: Martin Paldan/GripGrap; 119: Martin Paldan/GripGrap; 120: Unsplash/Mikael Seegen; 121: Pixabay/Tedmcdonald; 122: Getty for Ironman; 123: Tim Farin; 124: Pixabay/kropekk_pl; 125: Unsplash/Simon Connellan; 126: Rapha; 127: Pressedienst Fahrrad/Christian Mang; 128: Martin Paldan/ GripGrap; 129: Tim Farin; 130: Anton Vos; 131: Martin Paldan/GripGrap; 133: Unsplash/ Ronit Shaked; 135: Pixabay/Stocksnap; 136: Unsplash/Moritz Mentges; 137: Unsplash/ Karim Manjra; 138: Paul Lange & Co. OHG; 139: Pressedienst Fahrrad; 140: Cosmic Sports/Pressedienst Fahrrad; 141: Pressedienst Fahrrad/Thomas Geisler; 142: Unsplash/Tracey Hocking; 143: Unsplash/Louis Hansel; 145: Unsplash/Seyi Ariyo; 146: Unsplash/Mitchell Griest; 147: Pixabay/mikefoster; 149: Martin Paldan/GripGrap; 150: Florian Wiesmann; 151: Unsplash/Markus Spiske; 152: Tim Farin; 153: Tim Farin; 154: Pixabay/ Fred1966; 156: Martin Paldan/GripGrap; 157: Unsplash/Alberto Frías; 158: Jelle Vermeersch/Kwaremont; 159: Peter de Voecht/Kwaremont; 160: Christian Parth; 161: Uwe Geißler/TOUR; 163: Georg Wallner/Fargo Circle Studio/Tubolito; 164: Pixabay/geralt; 165: Unsplash/Yuris Alhumaydy; 166: Unsplash/Joanes Andueza; 167: Tim Farin; 169: Unsplash/Stefano Bernardo; 170: Fahrer Berlin/Pressedienst Fahrrad; 171: Garmin; 172: Ortlieb/Pressedienst Fahrrad; 173: Pressedienst Fahrrad; 174/175: Unsplash/Simon Connellan; 176: Unsplash/Simon Connellan; 177: Georg Wallner/Fargo Circle Studio/Tubolito; 178: Vätternrundan/Petter Blomberg; 179: Tim Farin; 180: Komsport/Nils Gaury; 181: Komsport/Nils Gaury; 182: Tim Farin; 183: Tim Farin; 184/185: Getty for Ironman; 186: Gunnar Fehlau/Pressedienst Fahrrad; 187: Tim Farin; 189: Martin Paldan/GripGrap; 190: Tim Farin.

Impressum

Verantwortlich: Kerstin Thiele
Redaktion & Lektorat: Birgit Günther
Layout: BUCHFLINK Rüdiger Wagner
Repro: Cromika, LUDWIG:media
Herstellung: Bettina Schippel
Printed in Slovenia by Florjancic

★★★★★

Sind Sie mit diesem Titel zufrieden? Dann würden wir uns über Ihre Weiterempfehlung freuen.
Erzählen Sie es im Freundeskreis, berichten Sie Ihrem Buchhändler oder bewerten Sie bei Ihrem nächsten Onlinekauf. Und wenn Sie Kritik, Korrekturen oder Aktualisierungen haben, freuen wir uns über Ihre Nachricht an Bruckmann Verlag, Postfach 40 02 09, D-80702 München oder per E-Mail an lektorat@verlagshaus.de.

Unser komplettes Programm finden Sie unter www.bruckmann.de

In diesem Buch wird aus Gründen der besseren Lesbarkeit das generische Maskulinum verwendet. Weibliche und anderweitige Geschlechteridentitäten werden dabei ausdrücklich mitgemeint, soweit es für die Aussage erforderlich ist.

Die Deutsche Nationalbibliothek verzeichnet diese Publikation in der Deutschen Nationalbibliografie; detaillierte bibliografische Daten sind im Internet über http://dnb.d-nb.de abrufbar.

Umschlagrückseite: SRM
Umschlaginnenseite vorne: Philipp Hympendahl
Umschlaginnenseite hinten: Philipp Hympendahl

4. aktualisierte Auflage

Infanteriestraße 11a
80797 München

ISBN 978-3-7343-0454-5